النظام الرئاسي

والتحول السياسي في تركيا

النظام الرئاسي

والتحول السياسي في تركيا

تحرير

برهان الدين ضوران

نبي ميش - محمود الرنتيسي

دار جامعة حمد بن خليفة للنشر

HAMAD BIN KHALIFA UNIVERSITY PRESS

الطبعة العربية الثانية عام ٢٠١٨

دار جامعة حمد بن خليفة للنشر
صندوق بريد ٥٨٢٥
الدوحة، دولة قطر

www.hbkupress.com

نشر هذا الكتاب بالتعاوين بما بين دار جامعة حمد بن خليفة للنشر و مركز الدراسات السياسية والإقتصادية والإجتماعية

الترقيم الدولي: ٩٧٨٩٩٢٧١٢٩٧٣٥

تمت الطباعة في الدوحة-قطر.

مكتبة قطر الوطنية بيانات الفهرسة– أثناء– النشر (فان)

النظام الرناسي والتحول السياسي في تركيا / تحرير برهان الدين ضوران، نبي ميش، محمود الرنتيسي. – الطبعة العربية الثانية.

الدوحة: دار جامعة حمد بن خليفة للنشر، 2018.

صفحة؛ سم

تدمك: 978-9927-911-73-5

1.حزب العدالة والتنمية (تركيا). 2. تركيا -- السياسة والحكومة – القرن 21. ب. ضوران، برهان الدين، محرر، نبي، ميش، محرر، الرنتيسي، محمود، محرر. ج. العنوان.

DR603.N59 2018

956.103– dc23

201827111295

الفهرس

كلمة التحرير

بقلم: برهان الدين ضوران
نبي ميش
محمود الرنتيسي

تقف تركيا اليوم على عتبة مرحلة من التطور السياسي والاقتصادي، فقد انتهت عملية التحول الديمقراطي في تركيا بإقرار الانتقال إلى نظام الحكم الجمهوري الرئاسي، وتتقدم تركيا حاليا بخطى حثيثة في غمار مرحلة سياسية جديدة تعد من المراحل الأهم في تاريخها نحو تطبيق كامل للنظام الرئاسي مغادرة النظام البرلماني مع الانتخابات الرئاسية في عام ٢٠١٩ بعد أن أسفرت نتائج التصويت على التعديلات الدستورية في ١٦ نيسان ٢٠١٧- عن قبول تلك التعديلات بنسبة ٣, ٥١ بالمئة في مقابل ٦٥, ٤٨ صوتوا ضدها.

ولم تختر تركيا التحول إلى النظام الرئاسي ترفا أو رفاهية بل لأن النظام البرلماني والعديد من تفاعلاته احتوت على عوائق أمام مضي تركيا نحو استقرار أكبر وسرعة وفعالية وتطور أحسن ولذلك كان المطلب بالانتقال إلى النظام الرئاسي تعبيرا عن حاجة حقيقية ولم يكن طرح هذا التغيير مقتصرا على حزب العدالة والتنمية بل تم طرحه في فترات سابقة لكن لم تتح له الفرصة للانتقال إلى حيز الواقع وهي ميزة تحسب لحزب العدالة والتنمية حيث استطاع نقل الأفكار إلى أرض

الواقع بالرغم من الصعوبات والتحديات الموجودة.

وفيما تحظى العمليات الانتخابية في تركيا دائما بصدى واسع في المشهد الإقليمي والدولي فإن عملية الاستفتاء على التعديلات الدستورية في ١٦ نيسان حظيت بزخم كبير جدا وتفاوتت ردود الأفعال الدولية حولها وقد برز بشكل واضح موقف العديد من الدول الأوروبية التي حاولت التأثير في المشهد من خلال عرقلة أنشطة المقيمين الأتراك المؤيدين للتعديلات الدستورية على أراضيها ومنعت عددا من الوزراء من الحديث في هذه الفعاليات في الوقت الذي سمحت فيه للمعارضين للتعديلات بالعمل بحرية وامتد ذلك إلى توتر في العلاقات الثنائية معها.

وفي ذات السياق صدرت العديد من القراءات القاصرة أو غير الصحيحة التي تناولت النظام الرئاسي في صورة أنها تعطي صلاحيات مطلقة لرئيس الجمهورية، وأنّها أُعدّت خصيصًا للرئيس التركي الحالي رجب طيب أردوغان ؛ ليمَارس نوعًا من الوصاية والتسلّط تجاه الشعب التركي، وهذا أمر بعيد جدًّا عن القراءة الصحيحة لتحولات هذا النظام، وبنود الدستور التي صُوِّت عليها، وأقرّت من الشعب التركي، وهو ما يجعل من المهمّ إبراز حجم هذه الإشكاليات، والوقوف على هذا المتغير (الانتقال إلى النظام الرئاسي)، وسبر أغوار المشهد السياسي التركي، من أجل قراءة حصيفة لمجريات المشهد التركي في السنوات القادمة، وهذا ما يقدّمه الكتاب بالبحث والتحليل من خلال شرح النظام الرئاسي وحاجة تركيا إليه وتقييم سياقه والانتقادات الموجهة إليه مع تفنيد وتصحيح كثير من الرؤى المعاكسة والمغلوطة التي رافقت عملية التصويت الأخير على

التعديلات الدستورية، وما تمخض عنها.

يبدأ هذا الكتاب بعرض قيم للأستاذ الدكتور برهان الدين ضوران رئيس مركز سيتا للدراسات السياسية والاجتماعية والاقتصادية والدكتور نبي ميش رئيس قسم السياسة الداخلية في مركز سيتا ويقدمان فيه معلومات حول أنظمة الحكم سواء النظام الرئاسي أو البرلماني أو نصف الرئاسي مبينا أن الأنظمة الحكوميّة المطبّقة في العالم شهدت تغيّرات وتحوّلات كثيرةٍ عبر الزمن بهدف الوصول إلى شكلٍ أفضل من الناحية الديمقراطيّة وقابلية الإدارة. ويمكن لتطبيق نماذج الحكومات هذه أن تبدي تبايناً من دولةٍ إلى أخرى تَبَعاً للثقافة السياسيّة والبنية الحزبيّة السياسيّة وتصميم المؤسسات الدستوريّة والتقدّم الاقتصاديّ الخاص بكل بلد.

ويعزو الباحثان عملية مناقشة تغيير النظام السياسيّ القائم في بلد ما والانتقال إلى نظام حكومة جديد؛ إلى الأزمات السياسيّة الّتي يعيشها ذلك البلد. وبتعبيرٍ آخر، لا تدخل أيّ دولةٍ أو نظامٍ في عملية تغيير نظامه السياسيّ الّذي لا ينتج المشاكل. فإذا عجز نظام الحكم في بلدٍ ما وبشكلٍ مرتبطٍ بعلم الاجتماع السياسي وتجربته التاريخية؛ عن تأمين الاستقرار السياسيّ، ولم يعد تطوير الديمقراطيّة أمراً ممكناً؛ ينطلق حينها نقاشٌ مكثّفٌ حول النظام من أجل تجاوز هذه المعضلة. إنّ الفوضى وحالة عدم الاستقرار السياسيّ الدوري المتكرّر في بلدٍ ما يتعلّق مباشرةً بالتمزق التدريجيّ للبنية الحزبية نتيجة الصراع بين الأحزاب السياسيّة، وعجزها بالتالي عن إنتاج سلطات قويّة. وفي مثل هذا الوضع، ترفع الانتخابات المبكّرة المتكرّرة على نحوٍ مكثّف والمساومات السياسيّة الّتي تجري من أجل تشكيل

الحكومة؛ من وتيرة الهشاشة السياسيّة. وينخدش نتيجة لهذا الأمر ويتضرّر إيمان الشعب وثقته بالمؤسّسة السياسيّة، وتحتلّ البنى الوصائية المنتفعة من هذا الأمر عبر الزمن مركز النظام. ويظهر البحث عن نظام مختلف في جدول أعمال بلد ما إن عجز هذا البلد عن الحصول على نتيجةٍ في سعيه الطويل لتخطي الأزمات التي يعيشها من خلال التغييرات «داخل النظام القائم» في دستورها أو قوانينها.

وفي تركيا تم إطلاق عملية البحث عن تغيير النظام السياسيّ في أعقاب الأزمات الّتي عاشتها في عهود النظام البرلماني والائتلافات، وإدارات الحكم غير الفاعلة. فالائتلافات غير المنسجمة الّتي شكّلتها الأحزاب المنحدرة من رؤى سياسيّة متباينة كانت السبب في تعرّض عمل النظام للانقطاع في معظم الأحيان. وهذا الوضع يُعتبر نتيجةً للفوضى السياسيّة الّتي أحدثها التمزق في بُنى الأحزاب السياسيّة. ويتناول هذا العرض الذي بين أيدينا مناقشات تحوّل النظام السياسيّ في تركيا منذ فترةٍ تزيد عن أربعين عاماً. وقد تمّ تحليل مناقشات التحوّل من خلال التركيز بشكل أكبر على مسوّغات الأحزاب السياسية والسياسيين الذين أطلقوا المناقشات في عهدهم وعهد حزب العدالة والتنمية الّذي تمّت خلاله مناقشة هذه القضيّة بشكلٍ مكثّفٍ وملموسٍ كما يركز البحث على عملية التحضير للنظام الرئاسي الجمهوري المقدم للاستفتاء بعد اتفاق حزب العدالة والتنمية وحزب

الحركة القومية، وخلفيتها.

أما محمد أوتشوم كبير مستشاري الرئيس التركي فيرى في مساهمته بعنوان مسيرة الإصلاح الديمقراطي في تركيا أن ١٦ نيسان ٢٠١٧ كان بداية لمرحلة جديدة من النضال الديمقراطي في تركيا معتبرا أن التعديل الدستوري الذي أقرّ في الاستفتاء الشعبي الذي أجري في ١٦ نيسان ٢٠١٧، لم يكن خطوة تجديدية في منهجية القانون الوضعي من حيث نموذج النظام الرئاسي وحسب، بل كان أيضاً خطوةً أطلقت الإصلاح في النظام السياسي بجميع أبعاده. ويقول أوجوم أن التعديل الذي جرى في ١٦ نيسان كان التعديل التاسع عشر على الدستور ولكن التعديلات التي سبقته كانت تحمل ميزة التصحيح داخل النظام الموجود لكن التعديل الذي جرى في ١٦ نيسان كان تعديلا مصمما للإصلاح ويرى أوجوم أن أي تصحيح داخل النظام مهما كان عميقا فسوف يحافظ على البنية الأساسية للنظام القديم ومع ذلك يرى أوجوم أنه ليس من الصواب الاستهانة بالتعديلات السابقة فقد كان لها دور في تهيئة الظروف من أجل إصلاح النظام. ويضيف أوتشوم بأن عملية الإصلاح الأولى التي تنطلق مع النظام الدستوري الجديد تحتاج إتمام قوانين الانسجام التي ستساهم في تحديد عملية الإصلاح وبلورتها في المجال القانوني، واتخاذ خطوات لتحديد محتواها. وعندما يدخل نموذج حكومة الرئاسة الجمهورية حيز التنفيذ عقب أول انتخابات عامة، وبعد إجراء التنظيمات المتعلقة بالحكومة عن طريقً المراسيم، وفي تلك المرحلة سنصل إلى النضج الذي سيمكننا من تقييم كيفية انطلاق طور الإصلاح

الثاني ومساره.

ويضع أوتشوم القارئ في صورة الأهمية التي يتمتع بها التعديل الدستوري في١٦ نيسان بأبعاده المتعددة. ويتناول هنا التعديل الدستوري في١٦ نيسان من جوانب عدة مثل توقيته، ومقاربته من حيث القانون السياسي، ومعاييره الديمقراطية ومحتواه. كما سيتم في الجزء الأخير من الدراسة تقييم أمورٍ مثل الشرعية، والمصالحة، والتعددية، والفردية.

وفي تقييم سياق النظام الرئاسي المقترح لتركيا يقف البرلماني والسياسي التركي أحمد إييمايا في مساهمته على المناقشات التي تناولت نظم الحكم الرئاسية وشبه الرئاسية والبرلمانية في تركيا ويقدم للقارئ صورة عن طبيعة النقاش الجاري حول النظام الرئاسي.

مؤكدا وجود حاجة ملحة لصياغة دستور جديد، يتوافق مع المعايير الديمقراطية على المستوى الاجتماعي؛ فلا تكفي التعديلات الدستورية الجزئية على النظام الرئاسي. وإن الانتقال إلى نظام رئاسي هو -بلا شك- إصلاح من شأنه أن يؤدي إلى تحولات أخرى، وسيساعد على تحقيق مكاسب حضارية.

وعلى عكس المناقشات الجارية والتحليلات حول الخصائص الهيكلية لأنظمة الحكم المختلفة، وإيجابياتها وسلبياتها، يقيّم هذا التحليل التحوّل الجاري في تركيا. إذ يناقش العملية السياسية والاجتماعية الفعلية في إطار مناقشة النظام الرئاسي، وتضع هذه المناقشات أساسًا منطقيًّا يمكن من خلاله تقييم التغييرات المرتقبة في

النظـام السياسـي التركـي. ومن ثَـمّ، يتنـاول التحليـل ا البحث التاريخـي حـول المناقشـات التـي تناولـت هـذا الموضوع،كما يهـدف أيضًـا إلـى تقديـم صـورة واضحـة عـن طبيعـة الجدل الدائـر حـول النظام الرئاسـي.

ويقـدم لنـا هذا العـرض في نهايتـه خلاصة من الاسـتنتاجات المهمـة مـن قبيـل أن نظـام الوصاية في تركيـا كان يعرقـل تطور نظـام الحكم لكـن الإصلاحات الدسـتورية التي جـرت في الأعوام ٢٠٠٧ و٢٠١٠ قلصـت مـن نفـوذ نظـام الوصايـة. لذلـك، عـادت العمليـة الديمقراطيـة إلـى مسـارها الصحيـح منذ ذلـك الحين. وبمقارنـة مـع نماذج أخرى يـرى الكاتب أن النموذج الرئاسـي الذي اقترحـه حـزب العدالة والتنمية يعد نموذجًا رشـيدًا ومتطورًا يأخذ بعيـن الاعتبار أوجـه القصور في النموذج الأمريكـي. وبغض النظر عـن نوع النظام المقبول وسـماته، فـإن انتخاب رئيـس الجمهورية (عـن طريـق التصويت الشـعبي) ليس شـرطًا للعملية بـل للنظام، نظرًا لظروفنـا التاريخية.

ويؤكـد الكاتـب أن الـذي ينبغـي أن يهتـم بـه هـو الانتقـال إلى دسـتور ديمقراطـي، والتخلـص مـن الدسـتور غيـر الديمقراطـي المعيـب الـذي وضعـه نظـام الانقلاب. وقـد أخفقت المؤسسـات السياسـية بالوفـاء بالتزاماتهـا تجـاه الأمـة وتاريخهـا . ولـم يعد مـن المحتمـل، غياب دسـتور جديـد، أو وجود عيـوب مخجلة في الدسـتور الحالـي؛ لـذا كان لابـدّ مـن إنهاء هـذا الوضع.

وفـي معالجـة مـن زاويـة مختلفـة يحلـل الأكاديمـي والباحث محمـد زاهـد صوباجـي بإسـهاب إمكانيات الإسـهام فـي التحوّل

البيروقراطي في تركيا حيث يرى أن النظام الرئاسي الجمهوري الذي تمّت الموافقة عليه في استفتاء ١٦ نيسان ٢٠١٧ يقدّم جملة من الفرص لتحويل هذه البيروقراطية الوصائية ويضع الكاتب هنا أعين القراء على جانب مهم في النظام التركي حيث يعتبر أن التوفيق بين القيم الديمقراطية ومتطلبات البيروقراطية يشكّل إحدى المشكلات الرئيسة في الدول المعاصرة. فمتطلبات الطبيعة البيروقراطية -بحسب العلوم السياسية الرئيسة السائدة- تسبّب إشكاليةً للديمقراطية. فالمطلوب في العلاقة بين السياسي والبيروقراطي تقليديًّا هو قيام السياسي بتحديد السياسات، وتطبيق البيروقراطي لهذه السياسات، وموجب التوفيق بين الديمقراطية والبيروقراطية يقتضي ممارسة رقابة كثيفة من قبل السياسيين على البيروقراطيين، وأن يكون البيروقراطيُّ مسؤولاً أمام السياسي. لكن الممارسة السياسية والإدارية الواقعية ليست هكذا، إذ تؤدّي البيروقراطية دورًا مهمًّا في تشكيل السياسة العامة، بل ربما تؤدّي البيروقراطية في بعض الدول، مثل تركيا دورًا أكثر هيمنةً من دور السياسيين في عمليات اتخاذ القرارات السياسية وتشكيل السياسات. ومع ذلك، تتمتع البيروقراطية في تركيا بموقعٍ متميزٍ في تقليد الإدارة البيروقراطية في عملية تشكيل السياسة، حتى إنها تفتح الطريق أمام النخب البيروقراطية لتكون وصيّةً على السياسة.

إنّ الجدل حول التحول البيروقراطي في سياق تغيير النظام السياسي يتعلّق في الأساس بإعادة بناء العلاقة على نطاقٍ واسعٍ بين السياسة والبيروقراطية في تركيا من جديد، بتعبيرٍ آخر: لا يقتصر تغيير النظام السياسي في تركيا على تأسيس توازنٍ ورقابةٍ بين الهيئة التشريعية والتنفيذية فحسب، بل يهدف كذلك

إلــى إنشــاء توازنٍ جديــد بيــن البيروقراطيــة والسياســة المدنية. ويــرى الكاتــب أنــه كما هو الحــال فــي كلِّ دولــة ديمقراطيَّــة فإن أحــد الأهــداف الأساســية للإصلاحــات التــي أُجريت فــي الفترة الأخيــرة فــي تركيا، والهدف مــن نتيجة الإصلاحــات المذكورة هو تحويــل البيروقراطيــة مــن نخبــة الموقع إلــى نخبة وظيفيَّــة ذات قيمــة أدائيــة، وتحديــد دورها في عملية السياســة العامــة، وحطِّه إلى مســتوى الخبــرة التقنيَّة.

ويركــز الأكاديمــي علــي يشــار صاريبــاي علــى العلاقــة بيــن الأحــزاب السياســية والنظام السياســي فــي تركيا مؤكــدا أنه على الرغم من أن الأحزاب السياســية ليست الأشــكال الوحيدة للتنظيم في أي نظام ديمقراطي، إلا أنها تجســد إرادة الشــعب بشــكل قوي، وقــد أُجــري عدد كبيــر مــن البحــوث التجريبية لتوضيــح العلاقة الدورانيــة بيــن أنواع النظــم الانتخابيــة، والنظام الحزبــي والنظام السياســي. ويعــرض في هــذا الجزء مــن الكتاب قوانيــن الأحزاب السياســية وآليــات عملهــا، وعــرض مقدمــة عــن أنــواع الأحزاب وأنظمتهــا. ويجــادل بعــض المختصّيــن أنه كلمــا كان النظــام أكثر ديمقراطيــة، كانت الأحزاب السياســية أكثــر ديمقراطية، وكلما زاد حــرص الأحزاب علــى أن تعمل بطريقــة أكثر ديمقراطيــة، ازدادت القــدرة الديمقراطيــة للنظام السياســي على التوســع.

أمــا الباحثــان ســردار غولنــر ونبــي ميش فقــد تنــاولا الإطار الدســتوري للنظــام الرئاســي في تركيــا، حيث ســلّطا الضوء على الخلفيــة التاريخيــة التــي مهدت لعمليــة الانتقال للنظام الرئاســي الــذي جــرت حوله نقاشــاتٌ منذ أكثر مــن أربعين عامًــا في الحياة السِّياســيَّة التركيّة لتجاوز أزمة نموذَج النّظــام البرلماني. وللقضاء علــى الوصاية البيروقراطية، وتأمين التحــوّل الدّيمقراطي، وتأمين

الاستقرار السّياسيّ والاقتصاديّ، وتحقيق الإدارة السّريعة والفعّالة. ويرى الباحثان أن النّظام الجمهوريّ الرئاسيّ هو أهم ثمرات الوفاق الذي حصل في المشهد السياسيّ بعد محاولة انقلاب ١٥ تمّوز. كما تتناول هذه الدراسة جوانب النّظام الجمهوريّ الرئاسيّ التي برزت في التّصميم الدّستوري، وتشرح عددًا من الصلاحيات والتعديلات الواردة في التعديلات الدستورية.

وينطلق النّظام الجمهوريّ الرئاسيّ من البحث عن نظام حكومةٍ معدّل؛ مصمّما دستورًا جديدًا في مسائل شتّى، مثل انتخابات السّلطتين التّشريعيّة والتّنفيذيّة، وشكلِ تجديد الانتخابات، ومهامّ السّلطة التّنفيذيّة، وبعض التّرتيبات الخاصة بالقضاء، وأصول محاكمة رئيس الجمهوريّة والوزراء واستجوابهم، ونوّاب رئيس الجمهوريّة، وصلاحيّات رئيس الجمهوريّة في إصدار القرارات، ومصادقة الموازنة وغيرها.

يتبيّن من موجبات تصميم النظام الرئاسي أنه أُعدّ لتخطّي الأزمات التي كانت تحصل في النّظام البرلمانَي التركي، ويحول دون أن يولِّد النظام الجديد أزمات جديدةً أخرى. فبينما يُعَدّ عدم امتلاك السّلطتين التّشريعيّة والتّنفيذيّة صلاحيّة إنهاء مدة عمل بعضهما من خصائص النّظام الرئاسيّ على سبيل المثال- يجري تنظيم النظام الجمهوريّ الرئاسيّ بشكل مختلف. فقد أُدْرِجَ في النّظام الجمهوريّ الرئاسيّ من النّموذج التّركي مَنْحُ كلٍّ من السّلطتين التّشريعيّة والتّنفيذيّة الصّلاحيّة المتبادلة في تجديد كلٍّ منهما انتخاب الآخر لتخطّي حالات الطرق المسدودة في النّظام السّياسيّ الأمريكيّ، وهو الأمر الذي كان موضوع

جدلٍ منذ وقت طويل. وهكذا أُدرِج تنظيم يسمح للسّلطتين التّشريعيّة والتّنفيذيّة في التّوجه إلى انتخابات جديدة بصورة متبادلة في حالات وصول النّظام إلى طريقٍ مسدود نتيجة أزمةٍ قد تقع بينهما.

ويتّضح أنّ أحد أهم الدّواعي لإجراء التّعديلات الدّستوريّة لها علاقةٌ بضرروة إنهاء الأزمات التي أوجدها نظام الوصاية الذي بناه دستورا ١٩٦١ و١٩٨٢. وقد تطرّقت الموجبات العامّة إلى بعدين مهمّين بهذا الخصوص: أولهما يتعلّق بتجاوز حدود النّظام البرلمانيّ بإعطاء رئيس الجمهوريّة صلاحيّات واسعة جدًّا بموجب دستور ١٩٨٢. والبعد الثّاني له علاقةٌ بمسألة الرئاسة المزدوجة التي ظهرت في النّظام، مع الانتقال إلى فترة انتخاب رئيس الجمهوريّة بأصوات الشّعب بعد عام ٢٠٠٧، وعدم قدرة نظام الحكومة الحالي على تحقيق الاستقرار،

وقد تبيّن في ضوء التّجارب الدّستوريّة السّابقة أن حلول المشكلات التي يعانيها النّظام البرلمانيّ لن تكون مجدية مع تحوّل النّظام إلى نظام شبه رئاسيٍّ بصورة فعليّة. وإلى هذا السّبب تستند موجباتٌ إعداد التّعديلات الدّستوريّة في نموذج يناسب النّظام الرئاسي. ويشمل مقترح التّعديلات الدّستوريّة تعديلات تتضمّن بالأكثر نظام الحكومة. إذ أجريت تعديلاتٌ دستوريةٌ في مجالات مثل انتخابات السّلطتين التّشريعيّة والتّنفيذيّة، وشكل تجديد الانتخابات، ومهام السّلطة التّنفيذيّة، وبعض التّرتيبات الخاصة بالقضاء، وأصول محاكمة رئيس الجمهوريّة والوزراء واستجوابهم، ونوّاب رئيس الجمهوريّة، وصلاحيّات رئيس الجمهوريّة في إصدار القرارات، ومصادقة

موازنـة الدولـة. ولـم تُجْـر أي ترتيبـات جديـدة في مجـالات مثل خصائـص الدّولة الأساسـيَّة وصفاتهـا المركزيّة، ونظـام الحريّات والحقـوق العامـة، وبنية السّـلطة التّشـريعيّة، وواجبـات المحكمة الدّسـتوريّة وانتخـاب أعضائها.

والتّعديـل الأهـمّ في المقتـرح هو إلغـاء ازدواجيّة الرئاسـة في السّـلطة التّنفيذيّـة النّاجمـة عن النّظـام البرلمانـي. وبالتّعديلات الحاصلة في الدّسـتور أُدرِج تعيين نوّاب رئيـس الجمهوريّة والوزراء وكبـار موظفـي الحكومة، وتأسـيس الـوزارات وإلغاؤهـا، وتحديد مهامهـا وصلاحياتهـا؛ ضمن مهام ومسـؤوليّات رئيـس الجمهوريّة الـذي يمثـل رئيـس الدولـة، إلـى جانـب كونـه يملـك صلاحيّات السّـلطة التنفيذيّة.

ومـن جهـة أخـرى أُجريت تعديـلاتٌ متعـدّدةٌ فيما يخـص آليّة عمـل البرلمـان. فرُفـع عـدد نـوّاب البرلمان مـن ٥٥٠ إلـى ٦٠٠ وخُفِّضـت سـنّ الترشّـح للانتخابـات إلـى ١٨ عامًـا. فضـلاً عن إجـراء الانتخابـات البرلمانيّة والرئاسـيّة بصورة متزامنـة مرّةً كل خمسـة أعـوام، وحصـر صلاحيّـات عـرض القوانيـن -باسـتثناء قانـون الموازنـة- في يد النـوّاب. ويعطى كلٌ من رئيـس الجمهوريّة والبرلمـان صلاحيّـات متبادلةً في تجديـد كلٍّ منهما انتخاب الآخر في حـال وصـول النّظام إلـى طريقٍ مسـدودٍ.

وتتطرق هذه الدراسـة إلـى جوانب النّظام الجمهوريّ الرئاسـيّ التـي برزت في التّصميم الدّسـتوري. فالأوسـاط التي تعترض على تغييـر النّظـام بعد تبلوره في إطاره الدسـتوريّ على شـكل النّظام الجمهـوريّ الرئاسـيّ تقـوم بتحليـل التّعديـلات الدّسـتوريّة مـن

وجهة نظرٍ برلمانية. وبذلك تجري مناقشة النّظام الجمهوريّ الرئاسيّ المصَمَّم بحسبٍ النّظام الرئاسيّ في مستويات خاطئة. فبينما تُناقَش آليّات الرقابة والتوازن في العلاقةٍ الموجودة في السّلطتين التّشريعيّة والتّنفيذيّة على سبيل المثال؛ يجري الاستفهام حول عدم وجود أمور، مثل التّصويت على الثّقة والاستجواب في النّظام الجديد. أوً تُقارَن (صلاحيات الرئيس في اتخاذ الإجراءات التنظيمية) تحت مسمّى (الأوامر التّنفيذيّة) في الأنظمة الرئاسيّة مع (القرار بحكم القانون) في الأنظمة البرلمانيّة. وبنفس الشكل لا يتم التّفريق بين آلية إعطاء قرارٍ بأن يُجدّد كلٌ من السّلطتين التّشريعيّة والتّنفيذيّة انتخاب الآخرٍ في حال وصول النّظام إلى طريقٍ مسدود، وبين صلاحيّة رئيس الجمهوريّة أو رئيس الدّولة فيٍ النّظام البرلمانيٍ بأن يحلّ البرلمان لوحده.

وبهذا المعنى تهدف هذه الدراسة إلى مناقشة النّظام الجمهوريّ الرئاسيّ بالتّركيز على نموذج الحكومة الرئاسيّ. ولا بدّ من البيان هنا عن وجود ترتيبات من شأنها أن تعزّز دولة القانون والديمقراطيّة، مثل إلغاء الأحًكام العرفية التي لا تمتّ إلى نظام الحكومة بصلة مباشرة، وانفتاح قرارات الشّورى العسكرية العليا على الرقابة القضائيّةً، وانفتاح مؤسسة القوّات المسلّحة التركية على الرقابة.

أما الباحث الأكاديمي خلوق ألقان فقد تطرق إلى موضوع مهم وهو صلاحيات السلطة التشريعية في الرقابة على السلطة التنفيذية في النظام الرئاسي التركي ويرى الباحث أن المناقشات المتعلقة بمشروع تغيير الدستور المتعلق

بالنظام الجديد تتركز بشكل رئيس حول تقليص سلطات الهيئة التشريعية- بمنطق مغلوط هو منطق النظام البرلماني، وهذا يبعد المناقشة عن الواقع. كما أن هذه الدراسة تتناول المناقشات المتعلقة بالموضوع من زاوية سلطات الهيئة التشريعية الرقابية على الهيئة التنفيذية، حيث ستُبحَث في البداية الاختلافات بين النظامين الرئاسي والبرلماني من حيث رقابة التشريع للتنفيذ، ثم تُحلَّل التغييرات التي سيُستفتَى عليها من منظور المنطق العام للنظام الرئاسي.

ويضع الباحث القراء من خلال طرح جيد في صورة المقارنة بين النظام الرئاسي والنظام البرلماني من حيث السلطة الرقابية ففي النظام الرئاسي، تستمد السلطتان التشريعية والتنفيذية مشروعيتهما من الشعب مباشرة من خلال عمليتين انتخابيتين منفصلتين، بخلاف النظام البرلماني الذي تستمد فيه السلطة التنفيذية مشروعيتها من البرلمان. ويمثّل السلطة التنفيذية شخص واحد والأنظمة الرئاسية هي أنظمة ذات شرعية ديمقراطية مزدوجة.

ويرى الباحث أن التحوّل إلى النظام الرئاسي لا يمكن أن يتحقق بمجرد تغيير ثماني عشرة مادة من الدستور الحالي، بل لا بد من دعم النظام الجديد من خلال تعزيز فعالية الرقابة لدى السلطة التشريعية خاصة، وإجراء الترتيبات اللازمة في موضوع النظام الانتخابي والأحزاب. وهذه الترتيبات التي تقرّب العلاقة بين الناخب والنائب ستعزّز رقابة السلطة التشريعية على

التنفيذيـة أيضًـا.

وفـي السياق القضائـي/ القانوني فـي النظـام الجمهوري الرئاسـي الـذي يعتبر مـن الجوانـب الأساسـية إذ أن كثيرين عـدّوا النظام الرئاسـي بدايـة لتراجـع السـلطة القضائية وهنا يسلط الباحـث جـم دوران أوزون الضوء على النظام الرئاسـي مـن زاويـة قضائيـة خاصة موضحا هـذه الجوانب ومشـيرا إلى وجـود مشـكلات جدية تسـبب بهـا النظـام المطبق فـي اختيار أعضـاء المجلـس الأعلـى للقضـاة والمدعيـن العاميـن، ويتنـاول هذا البحـث التعديـلات المتعلقـة بالمجلـس الأعلى للقضـاء والمدّعيـن العامّيـن، وموجباتهـا، والنقاشـات الدائـرة حولهـا. كمـا يضـع الباحـث القـراء فـي سـياق تاريخـي للنقاشـات حـول الدسـتور والعراقيـل التـي كانـت تقـف أمـام الدسـتور الجديـد وكيـف أزيـل جـزء مـن هذه العراقيـل عندمـا وقعـت محاولـة انقلاب ١٥ تمـوز. فحصل توافـقٌ سياسـيٌ ومجتمعـيٌ ضـد محاولـة الانقـلاب وتنظيـم فتـح اللـه غولـن الإرهابـي، وظهر مـا سُـمِّيَ لاحقًـا بـ(روح ينـي قابـي)، فجـرت لقـاءاتٌ وقمـمٌ مشـتركةٌ بيـن زعمـاء الأحـزاب السياسـية، ونُوقشـت مكافحـة تنظيـم فتـح اللـه غولـن الإرهابـي ومـوادّ أخـرى فـي جـدول الأعمـال، فكان إعـادة إحيـاء عملية البحـث عن الدسـتور الجديـد التي يتم العمـل علـى شـلّها منذ عـام ٢٠١١؛ واحداً مـن الموضوعات التـي تناولتهـا الأجنـدات فـي نهايـة هـذه الأعمـال. وفـي نهايـة اللقـاءات التـي جـرت بيـن الزعمـاء خُطِّـطَ لتنفيـذ العمليـة علـى مرحلتيـن؛ الأولى: إجـراء الترتيبـات المتعلقة

بالقضاء، والثانية: إعداد دستورٍ جديدٍ شامل.

ويضعنا الكاتب في عملية توثيقية عندما يستعرض الاجراءات التي نفذت سابقا عندما أسست لجنة برلمانية توافقت على أن تُلغَى المحاكم العسكرية، ومنها المحاكم العسكرية من الدرجة الأولى، ومحاكم القضاء العليا (محكمة الاستئناف العسكرية، والمحكمة الإدارية العسكرية العليا)، وإجراء بعض التعديلات في المواد التي تنظم استقلالية القضاء وحياده.

ومن خلال المساهمات الثرية التي يجمعها الكتاب بين دفتيه نتمنى أن يقدم الكتاب للقاريء إضافة جيدة في فهم ضرورات التحول للنظام الرئاسي التركي من وجهة نظر أكاديمية وسياسية بالإضافة إلى رسم صورة متكاملة للكفاح الذي تم ولا يزال في تركيا من أجل الانتقال للنظام الرئاسي.

تحول النظام السياسي في تركيا والنظام الجمهوري الرئاسي[1]

برهان الدين ضوران - نبي ميش

المدخل

يتم تعريف أنظمة الحكم على الأكثر بناءً على الكيفيّة الّتي يتمّ بها تصميم العلاقة دستورياً بين أجهزتها التشريعيّة والتنفيذيّة والقضائيّة. وهذا الموضوع يخضع عموماً لتصنيفين أساسيين هما: وحدة السلطات التي تجمع صلاحيات التشريع والتنفيذ في يدٍ، وفصل السلطات الّذي يتمّ فيه تقاسم هذه الصلاحيات بين الأجهزة المختلفة بشكلٍ يوفّر التوازن والرقابة. ويتمّ بشكلٍ عامٍّ تطبيق الأنظمة الديمقراطية المرتكزة على فصل السلطات على شكل ثلاث حكومات. هي: النظام الرئاسي الّذي يكون فيه الفصل بين السلطات شديداً، والنظام البرلماني الذي يتم فيه تنظيم التوازن بين السلطات بشكل أنعم، والنظام نصف الرئاسي الذي هو مزيج من النظامين الرئاسي والبرلماني. إلى جانب نموذج نظام الحكومة البرلمانية الّذي تجتمع فيه السلطتان التنفيذية والتشريعيّة في جهاز السلطة التشريعية، والذي كان مطبّقاً في السنوات الّتي كان

(١) هذه المقالة محدثة عن الدراسة الصادرة بالعنوان التالي: [نبي ميش وبرهان الدين ضوران، «التحول السياسي في تركيا والنظام الجمهوري الرئاسي»، إصدارات مركز الدراسات السياسية والاقتصادية والاجتماعية (ستا)، إسطنبول ٢٠١٧، ص ١٥ — ٥٥].

يطبق فيها دستور عام ١٩٢١ في تركيا، أو الذي لا يزال مطبقاً في بعض الدول الديمقراطية الصغيرة كسويسرا باعتباره نموذج حكم ديمقراطيّ من نوع آخر.

لقد شهدت هذه الأنظمة الحكوميّة المطبّقة في العالم تغيّرات وتحوّلات كثيرةٍ عبر الزمن بهدف الوصول إلى شكلٍ أفضل من الناحية الديمقراطيّة وقابلية الإدارة. ويمكن لتطبيق نماذج الحكومات هذه أن تبدي تبايناً من دولةٍ إلى أخرى تَبَعاً للثقافة السياسيّة والبنية الحزبيّة السياسيّة وتصميم المؤسسات الدستوريّة والتقدّم الاقتصاديّ الخاص بكل بلد. كما أن الإصلاحات التي جرت داخل النظام من أجل تخطي الأزمات التي تظهر أثناء التطبيق؛ جعلت من تحوّل هذه النماذج الحكوميّة عبر الزمن أمراً ممكناً. وفي الوقت الحاضر؛ كما أن هناك دولٌ تطبق واحدةً من هذه الأنظمة الحكوميّة بشكلٍ ديمقراطيّ، هناك أيضاً دولٌ تطبّقها بشكلٍ مخالف للديمقراطيّة كثيرةٌ إلى حدٍّ كبير. وبالتالي نرى أن التقييمات التيٍ تتناول نظام الحكم بشكلٍ مباشرٍ في بلدٍ ما من أجل تحليل توطين الديموقراطية في هذا البلد وتعزيزه؛ لا تعكس إطار المسألة بشكلٍ كاملٍ.

وعملية مناقشة تغيير النظام السياسيّ القائم في بلدٍ ما والانتقال إلى نظام حكومةٍ جديدٍ؛ متعلقّةٌ بالأزماتٍ السياسيّة الّتي يعيشها ذلكٍ البلد. وبتعبيرٍ آخر، لا يدخل أيّ دولةٍ أو نظامٍ في عملية تغيير نظامه السياسيّ الّذي لا ينتجٍ المشاكل. فإذا عجز نظام الحكم في بلدٍ ما وبشكلٍ مرتبط بعلم الاجتماع السياسي وتجربتهٍ التاريخية؛ عن تأمين الاستقرار السياسيّ،

ولم يعد تطوير الديمقراطيّة أمراً ممكناً؛ ينطلق حينها نقاشٌ مكثَّفٌ حول النظام من أجل تجاوز هذه المعضلة. إنّ الفوضى وحالة عدم الاستقرار السياسيّ الدوري المتكرّر في بلدٍ ما يتعلّق مباشرةً بالتمزق التدريجيّ للبنية الحزبية نتيجة الصراع بين الأحزاب السياسيّة، وعجزها بالتالي عن إنتاج سلطات قويّة. وفي مثل هذا الوضع، ترفع كلٌّ من الانتخابات المُبكّرة المتكرّرة على نحوٍ مكثّف والمساومات السياسيّة الّتي تجري من أجل تشكيل الحكومة؛ من وتيرة الهشاشة السياسيّة. وينخدش نتيجة لهذا الأمر ويتضرّر إيمان الشعب وثقته بالمؤسّسة السياسيّة، وتحتلّ البنى الوصائية المنتفعة من هذا الأمر عبر الزمن مركز النظام. ويظهر البحث عن نظامٍ مختلفٍ في جدول أعمال بلدٍ ما إن عجز هذا البلد عن الحصولٍ على نتيجةٍ في سعْيه الطويل لتخطي الأزمات التي يعيشها من خلَال التغييرات «داخل النظام القائم» في دستورها أو قوانينها.

لقد تم إطلاق عملية البحث عن تغيير النظام السياسيّ في تركيا في أعقاب الأزمات الّتي عاشتها في عهود النظام البرلماني والائتلافات، وإدارات الحكم غير الفاعلة. فالائتلافات غير المنسجمة الّتي شكّلتها الأحزاب المنحدرة من رؤى سياسيّة متباينة كانت السبب في تعرّض عمل النظام للانقطاع في معظم الأحيان. وهذا الوضع يُعتبر نتيجةً للفوضى السياسيّة الّتي أحدثها التمزق في بُنى الأحزاب السياسيّة، والصراعات بين مجموعات الانتماءات المختلفة داخل النظام البرلماني.

والعجز السياسي الذي اتسمت به عهود الفوضى وعدم الاستقرار السياسي سهّل الطريق للانقلابات العسكريّة، وتعرضت الديمقراطية في كثير من الأحيان للتعليق[٢]. ونتيجة لعدم الاستقرار السياسي، أعاق التحكم بالحقل السياسي من قبل البُنى الوصائية المدنية والبيروقراطية؛ توطين المؤسسات والثقافات الديمقراطيّة في تركيا. ونتيجة لهذا لم تتبلور الديمقراطية بأيّ شكلٍ من الأشكال. وعلى علاقة بالعوامل السياسية؛ اقتصر تطور المستوى الديمقراطيّ على عهود السلطات المدنية القويّة، ولم يتم إنتاج سياسة ديمقراطيّة مستدامة طويلة الأمد. وبسبب التكرّر المستمر والمتواصل لهذه الحلقة المفرغة على وجه التحديد؛ تمّ إطلاق نقاشات تحوّل النظام السياسي في الحياة السياسيّة التركية بغية تجاوز أزمة النظام البرلماني في نموذجه التركيّ. وقد مال أنصار وجوب تحويل النظام السياسي بشكل أكبر إلى ضرورة أن يكون هذا التحوّل في إطار نموذج النظام الرئاسي.

وهذا البحث يتناول مناقشات تحوّل النظام السياسيّ المندرج على جدول الأعمال في تركيا منذ فترة تزيد عن أربعين عاماً. وقد تمّ تحليل مناقشات التحوّل من خلال التركيز بشكل أكبر

(٢) انظر: علي أصلان ونبي ميش وعبد الله أرن، «التحول الديموقراطي لرئاسة الجمهورية في تركية»، تحليلات (ستا)، العدد: ١٠٣، (أغسطس/آب ٢٠١٣). نبي ميش وعلي أصلان، «سياسة أردوغان ومهمة الرئاسة المؤسِّسَة»، تحليلات (ستا)، العدد: ١٠٩، (أيلول ٢٠١٤). علي أصلان، «النظام الرئاسي من أجل تركية: التحول الديموقراطي، الاستقرار، التحول المؤسسي»، تحليلات (ستا)، العدد: ١٢٢، (نيسان ٢٠١٥).

على مسوِّغات الأحزاب السياسية والسياسيين الذين أطلقوا المناقشات في عهدهم. وبهذا المعنى تمّ العمل على وضع الجوانب المشتركة للموجبات التي تشير إلى ضرورة تحول النظام السياسي إلى النموذج الرئاسي على وجه الخصوص خلال الأربعين عاماً. وعهد حزب العدالة والتنمية الّذي تمّت خلاله مناقشة هذه القضيّة بشكلٍ مكثّفٍ وملموسٍ؛ يشكل بؤرة الارتكاز في البحث. كما تمّ العمل على وضع خارطة موجبات الأوساط التي عارضت مناقشات تحول النظام السياسي. وأخيراً، تركز البحث على عملية التحضير للنظام الرئاسي الجمهوري المقدم للاستفتاء بعد اتفاق حزب العدالة والتنمية وحزب الحركة القومية، وخلفيتها.

الخلفيّة التاريخيّة لتحول النظام السياسي وموجباته

ثمّة أمران يتمّ أخذهما بعين الاعتبار في عملية البحث عن نظامٍ جديد؛ أوّلهما: مسألة أي الأنظمة السياسية أفضل من أجل تجاوز الأزمات القائمة. وثانيهما: كيفيّة وضع نموذجٍ يتمّ فيه تفادي مواجهة الأزمات ذاتها في شكل الحكومة الّتي سيتمّ الانتقال إليها. وبهذا المعنى تمّت مناقشة الصياغة الدستوريّة للنظام السياسيّ الجديد الذي سيتمّ الانتقال إليه في تركيا مع الأخذ بعين الاعتبار أربعة عوامل مهمّة(٣). أوّلها: أمور تتصدّر أزمة النظام السياسي القائم حالياً مثل: «الاستقرار السياسيّ»، «قابلية الإدارة»، «التماسك الديمقراطي»، «المشروعيّة المزدوجة في إدارة الحكم». ثانيها: في ضوء هذه المناقشات، أي ميّزات

---

(٣) نبي ميش، «تصميم النظام السياسي المقترح من قبل حزب العدالة والتنمية»، مجلة كريتر، كانون الأول ٢٠١٦.

النظام الّذي سيتمّ الانتقال إليه نتيجة هذه المناقشات ستكون هي الحلّ؟. ثالثها: تحديد الأزمات الناجمة عن التصميم الدستوري لنموذج الحكم الذي سيتمّ الانتقال إليه في تطبيقاته السابقة في البلدان الأخرى، وما هو نوع التحسينات التي أجريت في نظام الحكم المعنيّ من أجل تجاوز هذه الأزمات. ورابعها: ما هي الآليات الفاعلة الّتي ستتأثر بها هذه العناصر مباشرةً، والّتي ستحدد الثقافة السياسيّة للدولة الّتي ستجري فيها الصياغة الدستوريّة.

وقد تمّت مناقشة مسألة تحويل النظام السياسي السائد منذ حقبة طويلة في السياسة التركية إلى النموذج الرئاسي من هذه الزوايا بما فيه الكفاية[٤]، واعتباراً من سبعينيات القرن الماضي

(٤) توجد أدبيات واسعة تتناول النقاشات التي دارت حول النظام الرئاسي في تركية. من أجل هذه النقاشات في الفترة الأخيرة انظر: علي أصلان، «النظام الرئاسي من أجل تركية: التحول الديموقراطي، الاستقرار، التحول المؤسسي»، تحليلات (ستا)، العدد: ١٢٢، (نيسان ٢٠١٥). نبي ميش، علي أصلان، م. أركوت أيواز، هزال ضوران، تطبيقات النظام الرئاسي في العالم، (تقرير ستا، إسطنبول ٢٠١٦، ط ٢). سردار غولن أر، الرقابة والتوازن في النظام الرئاسي: أمريكة، البرازيل، الأرجنتين، المكسيك، شيلي، كورية الجنوبية، (تقرير ستا، إسطنبول ٢٠١٦). محمد زاهد صوبَجي وعزير كوسه أوغلو، الإدارات المحلية في الأنظمة المحلية، (تقرير ستا، إسطنبول ٢٠١٦). خلوق ألقان، يوسف تكين، ي. شوقي حق يَمَز، «أنظمة الحكومات والنموذج الرئاسي في تركية»، تقريرASEM، (٣٠ نيسان ٢٠١٥). برهان قوزو، النظام الرئاسي بكل جوانبه، (باب عالي للمنشورات الثقافية، إسطنبول ٢٠١١). سراب يازجي، الأنظمة الرئاسية والنصف رئاسية: تقييم من أجل تركية، (منشورات جامعة بلغي، إسطنبول ٢٠١٣). قاسم أردم، هدائي سنجان، قدير جندان، أنظمة الحكومات المقارنة: النظام الرئاسي، إعداد حوًانا يابجي قايا، (رئاسة خدمات البحوث في مجلس الشعب التركي الكبير، أنقرة ٢٠١٥). إعداد تَيومَن أرغول، النظام الرئاسي، (اتحاد نقابة المحامين، أنقرة ٢٠٠٥). مجلة يني تركية، عدد خاص بالنظام الرئاسي، العدد: ٥١، السنة التاسعة، (آذار – نيسان ٢٠١٣). جَمْ أقطاش (جمع وإعداد)، مفترق حرج: النظام البرلماني – النظام الرئاسي، (منشورات جامعة قوج، إسطنبول، ٢٠١٥).

أخذ الأحزاب السياسية والسياسيّون القادمون من رؤى سياسيّة مختلفة ينتصرون لتحوّل النظام السياسيّ بموجبات محتلفة. وقد ذكرت الأحزاب في برامجها جوانب الخلل في النظام البرلماني، وارتأت أن الحلّ الوحيد لتجاوز هذه المعضلات يتمثّل في تغييرات أساسية في النظام السياسيّ. واحتلّت هذه المسألة مكاناً لها في الإعلانات والبيانات الانتخابيّة على نحوٍ واسع، وقاموا بالكشف عن أشكال التغيير الّتي سيقومون بها في النظام السياسيّ فيما لو تمّ انتخابهم. وقد تحدث المدافعون عن ضرورة تحوّل النظام السياسي إلى نموذج حكم رئاسيّ عن هذه الحاجة من خلال التركيز على الأزمات السياسيّة المتصدّرة في عهودهم.

يمكن العودة بتاريخ انطلاقة المناقشات حول النظام الرئاسي في تركيا إلى سبعينيّات القرن الماضي. وكان حزب النظام الوطني (ملي نظام) والسلامة الوطني (ملي سلامت)[5] الذي يشكّل تيار الرؤية الوطنيّة (ملي غوروش) هو من أطلق مناقشات تحوّل النظام السياسيّ القائم في هذه المرحلة إلى نموذج الحكم الرئاسيّ. وقد أعرب حزب النظام الوطني المؤسس سنة ١٩٧٠م في برنامجه عن ضرورة انتخاب رئيس الجمهوريّة وفق نظام الدرجة الواحدة وتهيئة وإعداد نظام الجهاز التنفيذي وفقاً للنظام الرئاسي ليكون الجهاز التنفيذيّ أكثر استقراراً وقوّةً ويتمكّن من

(٥) حزب ملي سلامت هو نفسه ملي نظام، ومؤسسهما أ. د. نجم الدين أربكان، والتيار الذي انبثق عنه هو ملي غوروش، وتغيير الاسم جاء نتيجة التقلبات السياسية المتلاحقة التي مر بها الحزب، فكان في الثمانينيات بعد حل الأحزاب السياسية وحظر إعادة تشكيلها؛ حزب رفاه، ثم فضيلت، ثم سعادت، (ملاحظة من المترجم).

العمل بسرعة أفضل[٦] . وأعاد الحزب اقتراح الانتقال إلى نظامٍ رئاسيّ في بيانه الانتخابيّ الّذي أطلقه حزب السلامة الوطني سنة ١٩٧٣م. وتضمن ضرورة الانتخابات وفق نظام الدرجة الواحدة، واتحاد منصبي رئيس الحكومة ورئيس الدولة في منصبٍ واحد. «لقد كان حزب السلامة الوطني مع قرار تأسيس نظام دولةٍ وبرلمانٍ وحكومةٍ ديمقراطيٍّ ملائمٍ لخصوصيتنا وشخصيتنا الوطنيّة، ومن هذه الجملة سيتمّ جلب نظام رئاسي، وستتوحّد رئاسة الجمهورية التي تمثّل رئاسة الدولة مع رئاسة الوزراء الّتي تمثّل رئاسة الحكومة، وسيتوفّر للتنفيذ والأداء القوّة والسرعة وقوّة التأثير، وسينتخب الشعب الرئيس وفق نظام الدرجة الواحدة، وسيتولّد بذلك التحام الشعب وتكامله مع الدولة بشكلٍ تلقائيٍّ، ولن يبقى مكان للتكهنات والمضاربات الداخلية والخارجية الّتي تفني نظامنا في موضوع انتخاب رئيس الجمهورية»[٧].

بدوره يذكر ألب أرسلان توركش الّذي شغل منصب أمين حزب الحركة القوميّة لحقبة طويلة في كتابه 'الأشعة التسعة' رؤيته التي قال فيها: «إن التفيذ القوي والسريع يكون ممكناً فقط عندما يتم جمع السلطة التنفيذية في يد واحدة، لهذا السبب ندافع عن النظام الرئاسي باعتباره يتناسب مع تاريخنا وتقاليدنا». وحسب توركش: «إنّ انقسام رئاسة السلطة التنفيذية للدولة الوطنيّة إلى قسمين أمر مرفوض تماماً لكونه يسبّب

(٦) «حزب ملِّي نظام: البرنامج والنظام الداخلي»، دار نشر حق طانر، إسطنبول، ص ١٠، https://www.tbmm.gov.tr/eyayin

(٧) «حزب ملي سلامت، البيان الانتخابي عام ١٩٧٣» مطبعة دار الفاتح لنشر، إسطنبول ١٩٧٣، ص ١٧. https://www.tbmm.gov.tr/eyayin

إضعاف السلطة». وانطلاقاً من هذه الرؤية قال توركش: «إنّنا عازمون على قرار توحيد رئيس الجمهورية ورئيس الوزراء تحت مسمّى رئيس الدولة، وعلى جعل المسؤول عن جهاز السلطة التنفيذية شخصاً واحداً»، وأطلق اقتراح النظام السياسيّ الهادف إلى تجاوز أزمات السلطة على الشكل التالي: «في حال تحقّقت رؤيتنا هذه التي أسميناها بالنظام الرئاسي سيتمّ حينها انتخاب رئيس الدولة من قبل الشعب وفق أصول وقواعد الاستفتاء، وهكذا ستترسّخ قواعد وأساسات الديمقراطية الوطنية من خلال تأمين مشاركة الشعب في إدارة الحكم، واشتراكهم بالذات في صنع القرارات التي سيتمّ اتّخاذها في المواضيع الّتي تمسّهم وتهمّهم»[٨] . وضمن هذا السياق، فإنّ كلا التقليدين السياسيّين، أي الحزبين السياسيين والتيار السياسي الذي يمثله كل منهما، قد عَزَوا ضرورة الانتقال إلى نظام رئاسي في هذه المرحلة بشكلٍ كبير إلى «أزمة السلطة» و «الفوضى السياسيّة» الّتي انبثقت عن عهود الائتلافات[٩] .

وفي فترة صياغة الدستور الجديد بُعيد الانقلاب العسكري في ٢١ أيلول سنة ١٩٨٠ تمّ إدراج كلٍّ من النظام الرئاسي وشبه النظام الرئاسي على جدول الأعمال بشكلٍ متزامن، وجرت النقاشات بشكلٍ أكبر حول انتخاب الشعب لرئيس الجمهورية ضمن هذين النظامين السياسيّين[١٠]، ويعود ذلك إلى أن الأزمة

(٨) ألب أرسلان توركش، الأشعة التسعة، (أعده للنشر: جنكيز زنغين، بِلْغَه أوغوز للنشر، ٢٠١٥).

(٩) ألب أرسلان توركش، النظرات الأساسية، (منشورات دركاه، إسطنبول ١٠٧٥)، ص ١٥٦ - ١٦٤.

(١٠) انظر: عثمان بالجي غيل، الدستور الذي تم مناقشته في ندوتين ومقترح الإصلاحات، (منشورات بريكيم، إسطنبول ١٩٨٢).

التي عاشها مجلس الشعب التركي الكبير بسبب عجزه عن انتخاب رئيس الجمهورية، وكذلك المآزق الّتي عيشت في عمليات انتخاب رؤساء الجمهورية التي تكرّرت في أكَثر من ١١٥ جولة في الفترة الّتي أدّت إلى انقلاب ١٩٨٠م؛ نعم هذه الأزمات أنبأت بشكلٍ واضحٍ وصارخٍ عن ضرورة وجود نظامٍ جديد. ولكن الإرادة الّتي صنعت دستور عام ١٩٨٢ قامت بتعريف منصب رئيس الجمهورية بأنّه واجبٌ يقوم في أساسه على «التطابق الأيديولوجيّ» ويحفظ نظام الوصاية، ولذلك قامت بالكفّ عن هذه المناقشات؛ لأنه في حال انتخاب الشعب لرؤساء الجمهورية لم يكن هناك احتمالٌ لانتخاب رئيسٍ للجمهورية ضمن الأيديولوجية التي أرادوها. وجاء الانخفاض الحاصل في عدد الأصوات الانتخابية لحزب الوطن الأم خلال الانتخابات المحلية التي جرت سنة ١٩٨٤ بمعدّل خمسة بالمئة مقارنةً بالانتخابات العامة الّتي أجريت في العام الذي سبقه؛ لتحمل طورغوت أوزال عقب الانتخابات على تقييمها على أنّها مرحلة تشكّل احتمال العودة مجدّداً إلى حقَب الائتلافات، فقام باستشارة الموجودين حوله في موضوع نظَامٍ رئاسيّ(١١)، لكنّ المناقشات في هذه المسألة تأجلت إلى الاستفتاء الشعبي اتّقاءً لحدوث أيّ نزاع بينه وبين رئيس الجمهورية كنعان أورَن.

واصل طورغوت أوزال المناقشات حول ضرورة انتقال تركيا إلى نظامٍ رئاسيّ بشكلٍ مكثّف من عام ١٩٨٨م وإلى

(١١) «مناقشات على مدى ١٠ أعوام»، صباح، ٥ تشرين الأول ١٩٩٩، http://arsiv.sabah.com.tr/1999/10/05/p08.html. انظر أيضاً: خليل شيوغين، الخروج من الأزمة وإعادة الهيكلة والنظام الرئاسي هو الأمل بالنسبة لتركية، (منشورات وقف تطوير الديمقراطية في العالم التركي، أنقرة ١٩٩٧)

وفاته[١٢] . ودافع عن النظام الرئاسي الّذي نظر إليه «كمولّد للتغيير» بعد اعتقاده بأن البرلمانية النيابيّة على الطراز التركيّ قد بطّأت من عجلة الإصلاحات الواجب إجراؤها، ووصفه بأنّه أفضل نموذجٍ يلائم تركيا[١٣] . وقد أثبت طورغوت أوزال خلال دفاعه عن النظام الرئاسي أن حكومات الائتلاف في تركيا لم تفلح في تحقيق إدارة حكم فاعلة ومؤثّرة. وأكد على أنّ النظام الرئاسي سيخدم تكامل الدولة مدّعياً بأن الاختلافات المجتمعيّة والخيارات والثقافات السياسيّة المتشكّلة تَبَعاً للمناطقية والعشائرية تنشط التفتت السياسي في تركيا. وحسب أوزال: «إذا كانت المجتمعات في دولة ما تعيش بشكلٍ عرقي وإثني وسط قاعدة جماهيريّة أوسع، فإنّ نظام الرئاسة يناسب هؤلاء بشكلٍ أفضل». وإنْ تمّ ربط الانتخابات السياسيّة لمجتمعٍ متعدّد الأطياف بالنظام البرلماني؛ فإنّ التنوّعات الإثنية والاختلافات الدينية والمذهبيّة والعوامل الّتي تحتلّ مكاناً لها خارج إطار التنافس الخدمي متمثّلة بالعشائرية والمحاباة البلديّة والمناطقية تدخل إلى البرلمان[١٤] . والبرلمان المؤسس وفق هذا النمط من الديناميكات كان عاجزاً عن التركيز على الفعاليات التشريعيّة وكان التوافق والتفاهم السياسي يزداد تعقيداً بشكلٍ تدريجيّ.

لم يكتف أوزال بتبرير الأسباب الكامنة وراء شعوره بضرورة النظام الرئاسَيّ، بل قدم كذلك إطار عملٍ موجّهٍ نحو الماهية

(١٢) «صيغة حزب الوطن الأم من أجل الانتخابات المحلية والتعديلات الدستورية، صندوق مزدوج في أكتوبر/ تشرين الأول»، ملّيَّت، ٨ شباط ١٩٩٨ .

(١٣) «أوزال ووجهات نظره المختلفة»، ملّيَّت، ١٧ تموز ١٩٩٠، ص ١١ .

(١٤) محمد برلاس، ذكريات طورغوت أوَزال، (كتب الصباح، إسطنبول ١٩٩٤، ص ١٤١).

الّتي يجب أن يكون عليها شكل الرئاسة في تركيا. وحسب أوزال، كان يجب الحفاظ على الصلاحيات الموجودة في دستور عام ١٩٨٢ حين ينتخب الشعب رئيس جمهوريته، وأن يتمّ انتخاب رئيس الجمهورية تَبَعاً لنظام الأكثريّة المطلق المؤلّف من جولتين خلال خمس سنوات. كما كان ينبغي إجراء انتخابات الرئيس بالتزامن مع انتخابات مجلس الشعب الكبير، وكان يجب أيضاً أن يُنتَخَب رئيس الجمهوريّة مجدّداً في حال اتّخاذ المجلس قراراً بإجراء انتخاباتٍ مبكّرة[١٥].

لقد كان العامل الأهم الّذي تصدّر دفاع أوزال عن النظام الرئاسي هو أن الحكومات الائتلافية تفتح الطريق أمام الفوضى وانعدام الاستقرار، ذلك أنّ النظام البرلماني في مجتمعٍ يتمتّع بالعديد من الثقافات من الإرث العثماني كان يعقّد التوافق والانسجام باستمرار. وفي سياق هذا المعنى، كان يؤمن بضرورة وجود انسجام مباشر بين النظام السياسيّ لدولةٍ ما وبنية نسيجها المجتمعي[١٦]. لقد كان أوزال من خلال هذا النمط من التحديدات كان يدافع عن ضرورة إدارة تركيا التي هي الإرث المتبقي من إمبراطورية عظيمة وفق نموذج رئاسة يشبه النموذج الأمريكي، رابطاً بين التجربة التاريخيّة للمجتمعات الأوروبيّة والحكومات الملكيّة والنظام البرلماني. وأمام الانتقادات الّتي تتهم النظام الرئاسي على الطراز الأمريكي سيقود «إلى الانقسام» و«الفيدرالية»؛ كان يجيب بقوله: «أنا ضد الفيدرالية».

(١٥) «أوزال يقترح تركية جديدة»، ملّيَّت، ٣٠ تشرين الثاني ١٩٩٠. «ثلاثة أحزاب وثلاثة دساتير»، ملّيَّت، ١١ تشرين الثاني ١٩٩٠، ص ٩.

(١٦) «النظام الرئاسي يوحد لا يفرق»، ملّيَّت، ١٧ تشرين الثاني ١٩٩٢، ص ١٩.

عارض سليمان دميرال (الّذي سيطالب لاحقاً بنظام رئاسي) مساعي طورغوت أوزال من أجل نظام رئاسيّ. وكان دميرال يرى أن رغبة أوزال في الانتقال إلى نظامٍ رئاسيّ مرتبطةً بانحسار دعمه المجتمعي تدريجيّاً. وفي هذا السياق، أدى رفض عرض الانتخابات المحلية المبكرة لعامٍ واحد بنسبة ٦٥٪ في استفتاء ٢٥ أيلول سنة ١٩٨٨م؛ إلى تصعيدٍ الانتقادات الّتي وجّهها دميرال لحزب الوطن الأم وأوزال. وكانت هذه الانتقادات تتركز عادة حول انتخابات رئاسة الجمهورية، وكانت مزاعم دميرال في الأساس تدور حول خسارة حزب الوطن الأم، لقاعدته من الدعم الشعبي المشروع وقيامه بالعمل على تبكير الانتخابات سنة؛ إثر انحسار معدّل الأصوات الّتي أدلت بالقبول «نعم». وزعم دميرال بأن انتخاب رئيس الجمهورية الجديد في هذا الوضع من قبل المجلس الّذي يهيمن عليه حزب الوطن الأم لن يكون فعَلاً صحيحاً، واقترح بانتخاب رئيس جديد من قبل الشعب[١٧]. وكانت الصيغة الّتي اقترحها دميرال، بالتزامن مع اعتراضه على انتخاب أوزال كرئيس للجمهورية «من قبل مجلسٍ فقد شرعيّته»؛ هي اختيار الشعب لرئيس الجمهورية. وبينما كان دميرال يدافع من ناحية عن انتخاب الشعب لرئيس الجمهورية، كان من ناحية أخرى يَخُطُّ بنفسه تحت النفي مؤكِّداً بأنّ مقترحه ليس نظاماً رئاسياً كما يخطط له أوزال[١٨]. كان سليمان دميرال قد بلور مقترحاته، وبدأ منتصف عام ١٩٨٩م بتحضير مقترحٍ لتعديل الدستور بشكلٍ يتيح انتخاب رئيس الجمهورية عبر التصويت العام. لم يتمكّن من جمع التواقيع الكافية من أجل اقتراحه

(١٧) «صيغة دميرال: أن يكون رئيس الجمهورية بين صلاحيات التدخل والتصديق»، مليّت، ٢٣ تشرين الأول ١٩٨٨، ص ٨.

(١٨) «صيغة دميرال»، مليّت، ٢٣ تشرين الأول ١٩٩٨، ص ٨.

الّذي اقتربت منه الأحزاب الأخرى على حذرٍ، تاركةً مسافة بينها وبينه، باستثناء حزبه «الطريق القويم (DYP)»، لكنّه شغل جدول الأعمال فترةً طويلةً خلال عمليات انتخاب رئيس الجمهورية[١٩] .

وفي كانون الأول عام ١٩٩٠ كان الحزب القويم بزعامة سليمان دميرال قد أضفى مزيداً من البلورة على مناقشات تعديل الدستور الذي احتفظ به في جدول الأعمال فترة طويلة، ونقل الموضوع إلى جدول الأعمال في مؤتمر الحزب العام. وكان قد قدّم في مبادرته لتعديل الدستور الأقرب إلى نموذج حكومة نصف رئاسية، مقترح «رئاسة جمهوريّة معَزَّزة». وكان المقترح يمنح رئيس الجمهورية صلاحيات عرض تشريعات القوانين للاستفتاء الشعبي، وحلّ مجلس النوّاب، وتحديد المبادئ الأساسيّة الّتي سيتمّ تطبيقها في سياسة الأمن الوطني والسياسة الخارجيّة. وكان يقترح كذلك تغييرات من مثل: رفع إلزاميّة التصويت على الثقة أثناء بدء الحكومةٍ بمهامها، وجلب نظام الانتخابات بمرحلتين، وأن يصبح المجلس بقُمْرَتين[٢٠] .

لكن سليمان دميرال الذي عارض أوزال في دفاعه عن النظام الرئاسي، واتهمه بأنه يريد «سلطنة» أطلق بنفسه عام ١٩٩٧ في فترة توليه رئاسة الجمهورية مناقشات ضرورة تحول تركيا إلى النظام الرئاسي، وقال: «أنا أقيم في جانقايا منذ أربع سنواتٍ وثلاثة أشهر، قمت خلالها بالمصادقة على ست حكوماتٍ

(١٩) «حزب الطريق القويم عازم ويقول: 'لنر ماذا يفعل حزب الوطن الأم'»، ملِّيَّت، ٧ نيسان ١٩٨٩، ص ٩.

(٢٠) «حزب الطريق القويم يقدم للمجتمع دستوراً جديداً»، ملِّيَّت، ٢٠ تشرين الثاني ١٩٩٠، ص ١٦.

بالتمام، وهذا الوضع شئنا أم أبينا جعل من الحكومة النيابية مثاراً للجدل. تجري الانتخابات، لكن المجلس عندما يعجز عن إنتاج حكومة؛ تظهر الصعوبات، وهذا يقود تركيا إلى البحث عن نظامٍ نصف رئاسي، أو رئاسي، وهذا ما أظهرته الظروف، فماذا يحصل؟ تنتقل من الحكومة الّتي ينتخبها المجلس إلى الحكومة الّتي ينتخبها الرئيس»[٢١] . وبينما كان دميرال يدافع عن النظام الرئاسي كان يورد موجبات أوزال كما هي بالترتيب، ويقول: «إنّ النظام الرئاسي شرطٌ لتوفير الاستقرار السياسيّ. ولا بد من الفصل بين السلطتين التنفيذيّة والتشريعيّة. والنظام الرئاسي أمرٌ مُلِحٌ لا مفر منه، وإن على تركيا مناقشة هذا النظام». وفي معرِض رده على الانتقادات الموجّهة إلى النظام الرئاسيّ، وأنه سيجلب الديكتاتوريّة؛ كان دميرال يجيب على النحو التالي: «إن أكثر مثال ملموس لهذا هو الحكم الاستباقي الرائج والّذي يمكن إيجازه على شكل أن النظام الرئاسي يمكن أن يقود إلى الديكتاتورية، وقول هذا يحتاج إلى بيانٍ وتحليلٍ جيِّدٍ لموجبات هذا التحديد، وهذا ما لا يتم القيام به»[٢٢] .

موجبات حزب العدالة والتنمية في الدفاع عن النظام الرئاسي

أما رجب طيب أردوغان الزعيم الذي دافع عن النظام الرئاسي لأطول فترة في حياة تركيا السياسية فقد بيَّن منذ عهده في رئاسة البلدية بأن هذا النظام ضروري بالنسبة لتركيا . ومناقشات النظام الرئاسي في عهد حزب العدالة والتنمية، والتي أدرجت في جدول الأعمال بشكلٍ

---

(٢١) «تركية يجب أن تُدار بالنظام الرئاسي»، ملّيَّت، ١٩ أيلول ١٩٩٧ .

(٢٢) «دميرال: يجب مناقشة النظام الرئاسي»، حريَّت، ٢١ تشرين الأول ١٩٩٧ .

أكبر منذ عام ٢٠٠٥ و؛ انتقلت إلى أبعاد مختلفة في أعقاب «أزمة ٣٦٧» وعرقلة الانتخابات الرئاسيةً عام ٢٠٠٧ً. فقد انطلق النقاش حول انتخابات رئاسة الجمهورية عام ٢٠٠٧ منذ عام ٢٠٠٥ مطوراً سيناريو لإنتاج الأزمة. وحيكت خيوط السيناريو للحيلولة دون انتخاب مرشح حزب العَدالة والتنمية الذي كان يملك الأكثرية الكافية لانتخاب رئيس الجمهورية في المجلس. فبعد انقلاب ١٩٦٠ كان رؤساء الجمهورية باستثناء طورغوت أوزال يُنتخَبون من قبل الكتلة الوصائية ضمن شرط «الانسجام الأيديولوجي». فكانت تتم عرقلة احتمال انتخاب المرشحين الذين لا يملكون هويةً قوميةً علمانيةً ويُعتقد أنهم «سيلحقون الضرر» بنظام الوصاية بأزماتٍ مصطنعة. وكان انتخاب رئيس الجمهورية من قبل المجلسً يسهّل علىً البنى الوصائية الحصول علىَ النتيجة. وفي هذا النظام القائم على الحفاظ على الشعب بعيداً عن الدولة قدر المستطاع كانت المطالب بانتخاب رئيس الجمهورية من قبل الشعب تُقمَع بسهولة[٢٣]ً. وهكذا وُضعَت عملية خلق الأزمة لعرقلة انتخاب مرشح حزب العدالَة والتنمية؛ حيز التطبيق على مراحل منذ عام ٢٠٠٥. ففي المرحلة الأولى أثيرت المشاكل حول انتخابات رئاسة الجمهورية عام ٢٠٠٧ باعتبار أن حكم حزب العدالة والتنمية في عامه الأخير. وكان الحزب المعارض، حزب الشعب الجمهوري يرى بأن «المجلس العتيق والمهترئ» لا يمكنه أن ينتخب رئيس الجمهورية[٢٤]. المشكلة في الواقع

---

(٢٣) علي أصلان ونبي ميش وعبد الله أرن، «التحول الديموقراطي لرئاسة الجمهورية في تركية»، تحليلات (ستا)، العدد: ١٠٣، ص ١٥-٢٣ (أغسطس/آب ٢٠١٣).

(٢٤) «بايكال: ينبغي أن نناقش الانتخابات»، حريَّت، ١٢ كانون الثاني ٢٠١٦.

لم تكن في «ترهل» المجلس ولا في «اهترائه»، بل في التوقعات بأن يفقد حزب العدالة والتنمية في الانتخابات المبكرة الأصوات البرلمانية التي تمكنه من انتخاب رئيس الجمهورية.

في المرحلة الثانية أُطلق جدلٌ ونقاشٌ قائمٌ على سياسة التوتر حول انتخاب مرشح زوجته محجّبة. فوصول مرشح حزب العدالة والتنمية إلى قصر جانقايا تم تشفيره على أنه «نقطة انكسارٍ صريحٍ للجمهورية التي تبلغ من العمر ٨٠ عاماً»[٢٥]. فكان الزعيم العام لحزب الشعب الجمهوري دينيز بايكال يرى أن انتخاب شخصٍ زوجته محجّبةٌ لمنصب رئيس الجمهورية «نضالٌ من أجل أن يكون الحجاب رسمياً، ووضعه ضمن نظام الدولة الدستورية الرسمية في تركيا»[٢٦]. وفي المرحلة الثالثة من الأزمة تم اختلاق أزمة من خلال أصول الانتخاب التي لم تكن تشكل أي مشكلة أثناء انتخاب رؤساء الجمهورية الأسبقين في المجلس. فحسب الأطروحة التي تحدث عنها الرئيس الأسبق لمؤسسة سوق المال علي إحسان قره جان في الأول من كانون الأول ٢٠٠٦[٢٧]، وكررها لاحقاً مدعي الجمهورية العام الفخري للمحكمة الاستئنافية صبيح قَنَط أوغلو: «بما أن التصويتين الأوليين من أجل انتخاب رئيس الجمهورية يتطلب أغلبية ثلثي العدد الكامل للأعضاء؛ فإن التصويت الأول سيتم اعتباره

(٢٥) «نعود إن لزم الأمر إلى رأي الشعب»، حريّت، ١٦ أيار ٢٠٠٦.

(٢٦) «الحجاب في جانقايا [القصر الرئاسي] يدخل تركية في أزمة»، راديكال، ١٣ حزيران ٢٠٠٥.

(٢٧) علي إحسان قره جان، «نقطة الدستور الأهم في انتخابات الرئاسة» دنيا، ١ كانون الأول ٢٠٠٦.

ملتغياً إن لم يشارك في التصويت ٣٦٧ نائباً على الأقل»[٢٨] . وعلى الرغم من أن هذا الجدل اعتبر في أول ظهوره أداة لإنتاج الأزمات؛ فإن الكتل الوصائية الموالية للنظام القديم اعتبرت هذه الأطروحة أسلوباً «إنقاذياً». من أجل ذلك انطلقت في المرحلة الرابعة من الأزمة دعواتٌ لتدخل الجيش في السياسة. وانطلقت عمليةٌ جديدةٌ لتهيئة الظروف المواتية للتدخل العسكري من خلال إقامة حملات بعنوان يدعو الجيش «لإبداء رأيه في عملية الانتخابات الرئاسيةً»[٢٩] . ثم جاءت المرحلة الخامسة من الأزمة حيث أقيمت تجمعات الجمهورية في المدن الكبيرة تحت عنوان: «حماية القلعة الأخيرة للجمهورية» رافعين شعار: «ستبقى جانقايا منيرةً»[٣٠] ، وذلك بمساندة الجيش وقيادة حزب الشعب الجمهوري وحزب العمال.

في ٢٤ نيسان ٢٠٠٧ رشح حزب العدالة والتنمية عبد الله غول لرئاسة الجمهورية. وفي ٢٧ نيسان أجريت الجولة الأولى من الانتخابات الرئاسية في المجلس. ولم يدخل حزب الشعب الجمهوري إلى المجلس انسجاماً مع سياسة توليد الأزمة بعدم توفر «٣٦٧» نائباً في المجلس. وتخلف حزب الوطن الأم وحزب الطريق القويم الذين يملكان مقاعد قليلة جداً في المجلس عن خوض الانتخابات التي أجريت في المجلس؛ كانت فرصةً انتهزها حزب الشعب الجمهوري

(٢٨) صبيح كَنَط أوغلو «عدد نواب العدالة والتنمية لا يكفي للرئاسة»، جمهوريَّت، ٢١ كانون الأول ٢٠٠٦.

(٢٩) عبد القادر سَلْوِي، «بقيت الرسالة في الوسط» يني شفق، ٢٠٠٦، ١٢ كانون الأول ٢٠٠٦. «دعم مَن الضباط المتقاعدين لتجمع ١٤ نيسان» حريَّت، ٩ نيسان ٢٠٠٦.

(٣٠) أوزدمير إنجه، «بيان مرسين يورت داش: 'سيبقى جانقايا منيرةً'، حريَّت، ٣٠ كانون الأول ٢٠٠٦.

للوصول بالانتخابات إلى المحكمة الدستورية. وشارك في تصويت الجولة الأولى ٣٦١ نائباً بالإجمال، وحصل عبد الله غول على ٣٥٧ صوتاً. ولجأ حزب الشعب الجمهوري إلى المحكمة الدستورية من أجل إلغاء الجولة الأولى بحجة أن عدد الأصوات لم يبلغ ٣٦٧ صوتاً. ولم يكتف حزب الشعب الجمهوري بذلك، فمارس ضغوطاتٍ سياسية على المحكمة الدستورية عندما قدم زعيم الحزب بايكال بياناً قال فيه: «إن لم تصادق المحكمة الدستورية على قرار ٣٦٧ ستذهب البلاد إلى الصراعات»[٣١].

وفي المرحلة السادسة من الأزمة تم نشر «مذكرة إلكترونية» في صفحة الإنترنت الرسمية لرئاسة هيئة الأركان العامة في ٢٧ نيسان ٢٠٠٧ أي في الليلة التي جرت فيها الجولة الأولى من الانتخابات الرئاسية، وتم الإعلان فيها عن أن الانتخابات الرئاسية يتم متابعتها بقلق. كما تضمن البيان تأكيداً على أن القوات المسلحة التركية سوف تعلن عن موقفها إن اقتضت الحاجة[٣٢]. وفي أعقاب أزمة الانتخابات الرئاسية المصطنعة والمطبقة باعتبارها عقلية إدارة؛ تمكنت الكتل الوصائية من الوصول إلى النتيجة المرجوة. ففي الأول من أيار ٢٠٠٧ وقبل أن يمر أربعة أيامٍ على لجوء حزب الشعب الجمهوري؛ أعلنت المحكمة الدستورية بأكثرية الأصوات إلغاء الجولة الأولى من الانتخابات بحجة أن ٣٦٧ هو العدد الكافي لعقد الاجتماع. فاستحال إجراء الانتخابات

(٣١) «بينما تتحاسب تركية مع الانقلابات؛ يجب على حزب الشعب الجمهوري أن يحاسب ماضيه»، مليِّت، ١٨ شباط ٢٠١١.

(٣٢) «بيان قاسٍ من قيادة الأركان»، صباح، ٢٩ نيسان ٢٠٠٧.

الرئاسية ضمن الشروط الموجودة في مجلس الشعب التركي الكبير.

في السادس من أيار أعيد إجراء الجولة الأولى من الانتخابات الرئاسية ولكن دون الوصول إلى العدد ٣٦٧. وبعد أن وصل النظام إلى طريقٍ مسدودٍ قرر حزب العدالة والتنمية تجديد الانتخابات وخوض انتخابات مبكرة في ٢٢ تموز. ودخل حزب العدالة والتنمية في توافق مع حزب الوطن الأم لإجراء سلسلة من التعديلات الدستورية. وهكذا أفضى الاستفتاء الشعبي الذي حصل في ٢١ تشرين الأول ٢٠٠٧ بمعدل ٦٨,٩٥٪ من الأصوات إلى قبول التعديلات التي تتضمن انتخاب رئيس الجمهورية من قبل الشعب. فكان ذلك نهايةً لعملية انتخاب رئيس الجمهورية من قبل المجلس، التي كانت دائماً تخلق الأزمات في النظام. ومع الانتقال إلى فترة انتخاب رئيس الجمهورية من قبل الشعب بدأت عملية «التحول الديمقراطي لمقام رئاسة الجمهورية»(٣٣).

وبعد قبول الاستفتاء تم الشروع بصورةٍ دستوريةٍ في انتخاب رئيس الجمهورية من قبل الشعب. ومع انتخاب رئيس الجمهورية من قبل الشعب فعلياً عام ٢٠١٤ تم الانتقال إلى نظام إدارةٍ يمكن تعريفها على أرض الواقع

(٣٣) علي أصلان ونبي ميش وعبد الله أرن، «التحول الديموقراطي لرئاسة الجمهورية في تركية»، تحليلات (ستا)، العدد: ١٠٣، ص ١٥-٢٣ (أغسطس/آب ٢٠١٣).

بالنظام نصف الرئاسي وإن لم يتم تعريفها بشكل دستوري في تركيا. أما قبول انتخاب رئيس الجمهورية من قبل الشعب دستورياً فقد تم اعتباره حاجة لتغيير النظام السياسي من خلال «الرئاسة المزدوجة في النظام» و«خليط الصلاحيات».

يمكننا إيجاز إطار الدفاع عن النظام الرئاسي في عهد حزب العدالة والتنمية ورجب طيب أردوغان بالعناوين التالية(٣٤) :

أ - بناء نظام يحول دون تكرار حدوث الفوضى السياسية التي كانت تحصل كثيراً في الفترات الماضية في تركيا.

ب - إنهاء فترة الحكومات الائتلافية التي هي نتيجة النظام السياسي البرلماني، والتي أنتجت الأزمات في الماضي، وجعلت المجال السياسي هشاً، ومزقت الأحزاب السياسية، وشلّت التقدم الديمقراطي والتنمية الاقتصادية في البلاد.

ت - إزالة المجالات الرمادية التي تجذّرت بالثقافة السياسية والتي تستفيد منها مجموعات النخبة المدنية/ البيروقراطية الوصائية.

ث - إلغاء ازدواجية الرئاسة في النظام السياسي.

ج - القضاء بشكل كامل على الأزمات السياسية التي يتم إنتاجها من خلال الأنظمة الرئاسية.

ح - تعزيز مشروعية السلطة التنفيذية من خلال وصفها بالجهاز التنفيذي المنتَخَب.

خ - توفير الإمكانية لتعميق الديمقراطية وترسيخها من

(٣٤) نبي ميش، «خارطة طريق حزب العدالة والتنمية في الدستور الجديد والنظام الرئاسي»، مجلة كريتر، تشرين الثاني ٢٠١٦.

خلال استدامة الإرادة الشعبية.

د - الفصل التام بين الجهازين التشريعي والتنفيذي وزيادة صلاحيات وفعاليات كل منهما في مجاله الخاص به.

ذ - تفعيل آلية اتخاذ القرارات السريعة عبر تعزيز السلطة التنفيذية.

ر - تكوين آلية محاسبة أمام الشعب من خلال جهاز تنفيذي ينتخبه الشعب مباشرة.

النظام الرئاسي والاعتراضات المقولبة

عند النظر إلى مناقشات تحول النظام السياسي في تركيا يُرى بوضوحٍ تكرار «الاعتراضات المقولبة»[٣٥] من إطارٍ معلومٍ في كل فترة. وعند مناقشة تحول النظام السياسي إلى نموذج الحكومة الرئاسية يتم تناول هذا الموضوع في أغلب الأحيان على أساس الهويات السياسية. وبما أن الدفاع عن النظام الرئاسي أتى عموماً من جانب الجهات الفاعلة التي تمثل الوسط السياسي؛ تشكل لدى مجموعات النخب الاستراتيجية نظرةٌ سلبيةٌ تجاه هذا النظام. وقد انطلقت مناقشات النظام الرئاسي في الأوساط السياسية والأكاديمية في الفترات التي تناولته الأجندات بالتركيز على الجهات الفاعلة التي أطلقت عموماً هذه المناقشات، لذلك تمت في البداية شخصنة الموضوع. فانطلقت الأطراف المعارضة للنظام الرئاسي في عهد طورغوت أوزال وسليمان دميرال ورجب طيب أردوغان تتهمهم بالسعي للبقاء في سدة الحكم. فنوقش النظام الرئاسي الذي أطلقه أوزال على

(٣٥) نبي ميش، «النظام الرئاسي والاعتراضات المقولبة»، ستار / الرأي المفتوح، ٢٢ شباط ٢٠١٥.

سبيل المثال بأنه «أهواء شخصية» أو «استعلاء أوزال الذي لا يمكن إيقافه»، ووُصِفَ بيان دميرال بشأن تغيير النظام السياسي بأنه استراتيجية لإطَالة عهده الرئاسي، والكلام ذاته ينطبق على رئيس الجمهورية أردوغان. وهكذا ابتعدت النقاشات عن تحليل ماهية المسألة وإطارها بصورةٍ فعالَّةٍ.

والاعتراض الثاني الأكثر رواجاً وقولبةً وابتعاداً عن صلب الموضوع في مناقشات النظام الرئاسي هو كليشة «تغيير النظام». ويكمن تحت هذا القول رد الفعل المعتاد في سياق «بقاء النظام» الذي يُذكر تاريخياً باستمرار باعتباره مؤسس المجال المجتمعي والسياسي في تركيا. وهذا النمط من البيان المستعمل في الماضي باعتباره تقينة إدارية تقوم على «تصور التهديد»؛ يتم استعماله بصورة وظيفية في مناقشات النظام الرئاسي كما يستعمل في جميع المجالات. فمثلاً نجد الزعيم العام لحزب اليسار الديمقراطي (DSP) بولنت أجاويد يعارض المناقشات التي أطلقها دميرال عندما كان رئيس الجمهورية على النحو التالي: «أعتقد أن مقترحات تغيير النظام مقامرةٌ خطيرةٌ .. لم أستسغها إطلاقاً. ولكن التصميم النظامي الذي يحاول دميرال تناوله في الأجندات يقترح أقسى الأنظمة الرئاسية في العالم. النظام الرئاسي هو عكس الديمقراطية البرلمانية التي أسسها أتاتورك. أعتقد أنه يحمل بعض الأشياء المثيرة للاعتراض بالنسبة للنظام الديمقراطي العلماني الموجود في تركيا. فلئن حاول ذاك الشخص أن يهدم الديمقراطية فمن يستطيع أن يمنعه وكيف

يمنعه»[٣٦] . وفي عام ٢٠١٦ جاء على لسان الزعيم العام لحزب الشعب الجمهوري والذي يعد امتداد الحزب اليساري كمال قليجدار أوغلو؛ نفس الاعتراض الذي جاء على لسان زعيم حزب اليسار الديمقراطي بولنت أجاويد عام ١٩٩٨ [٣٧].

والاعتراض الثالث هو أنه في حال الانتقال إلى نموذج النظام الرئاسي في تركيا سيتم الانتقال إلى بنية سلطوية وبالتالي إلى حكم الرجل الواحد. والحقيقة أن نشوء نظامٍ سياسيٍّ سلطويٍّ يعني العجز عن بناء آلية «التوازن والرقابة» بشكل فعالٍ. والنظام بالتالي يمكن أن يكون سلطوياً أو ديمقراطياً في النظام الرئاسي والنظام البرلماني على حد سواء. والجهات التي حملت مزاعم السلطوية في الأجندات من خلال النظام الرئاسي في تركيا لا يسلطون الضوء كثيراً على ما أنتجه النظام البرلماني من انعدام الاستقرار الذي أدى بدوره إلى عدم ترسيخ الديمقراطية. وسيكون بالتالي ثبات فترة ولاية الرئيس في الأنظمة الرئاسية، وإلزامية انتخابه بأصوات تفوق ٥٠٪، وسيلةً لتقريب النظام من المنطقية، وتعزيز مركز السياسة أكثر من كونه وسيلة لتحقيق سلطوية النظام.

ونقطة الاعتراض الرابعة للذين يعارضون الانتقال إلى النظام الرئاسي هو الزعم بأن النظام الرئاسي في حال تطبيقه في تركيا سوف يؤدي إلى تقسيمها. وهذا الزعم له علاقةٌ بالمخاوف السياسية التي يتم إنتاجها

---

(٣٦) «قمار تغيير النظام» مليَّت، ٢٨ نيسان ١٩٩٨.

(٣٧) «قلجدار أوغلو: تغيير النظام مطلوب»، NTV، ١٩ شرين الثاني ٢٠١٦.

باعتبار أن نموذج الحكم الرئاسي يتطلب نظام الولايات. والذين يدافعون عن هذا الرأي يضعون الجدل الدائر حول المسألة الكردية في سلة اعتراضاتهم، ويستعملون الحساسية المجتمعية المتكونة حولها، ويزعمون بأن النظام الرئاسي سوف يأخذ تركيا إلى هاوية الانقسام. لكن الذين يطلقون هذه المزاعم يتجاهلون تطبيقات النظام الرئاسي المختلفة حول العالم، ولا يتناولون في الأجندات إلا النظام الرئاسي الأمريكي، ويقرؤون النظام الأمريكي بصورة انتقائية. ويتجاهلون كذلك تطبيقات النظام الرئاسي في الدول الوحدوية، أو يفترضون أنه سيتم العمل على جعل النظام السياسي يتكيف مع بلد آخر دون تغيير الشكل الذي يتم به تطبيقه حالياً. أضف إلى ذلك، أن كون بنية الإدارة في دولة ما فيدرالية أو وحدوية ليس له علاقة مباشرة بنظام الحكومة. فهناك العديد من الأنظمة البرلمانية في العالم تملك بنية فيدرالية.

والاعتراض الآخر على النظام الرئاسي اعتراضٌ على النظام الرئاسي بذاته باعتباره نموذجاً للإدارة، وجاء هذا الاعتراض بالأكثر من الأوساط الأكاديمية والمتخصصين في هذا المجال. ففي الجدل الدائر حول التصميم الرئاسي في تركيا يتم التأكيد على حالة انعدام استقرار الحكم في البلدان التي تطبق هذا النظام وفي مقدمتها أمريكة اللاتينية باستثناء الولايات المتحدة الأمريكية، وعلى المشاكل الحاصلة في تشغيل الديمقراطية. اعتاد الأكاديميون في تركيا على إضفاء السلبيات على النظام

الرئاسي بذاته مستدلين بالنصوص[٣٨] المكتوبة حول المشاكل النابعة من تطبيق النظام الرئاسي في النصف الأول من التسعينيات[٣٩] . بيد أن النقطة التي ركزت عليها الأدبيات المتشكلة في تلك الفترة حول «مخاطر النظام الرئاسي»[٤٠] و«مناقب النظام البرلماني»[٤١] ؛ هي المشاكل التي واجهتها بلدان أمريكة اللاتينية في الفترة الانتقالية عند جعل النظام الرئاسي يتكيف مع بلدانهم.

تُقدّم بعض المقاربات التي تتناول مستوى العلاقة بين التحول الديمقراطي والنظام السياسي؛ النظام البرلماني على النظام الرئاسي من حيث التحول الديمقراطي، ولكن المسافة التي قطعتها البلدان التي تتم إدارتها بالنظام الرئاسي لا تؤكد صحة هذه المقاربة. فأولى أزمات النظام التي هدمت الديمقراطية حصلت عموماً في ديمقراطيات الأنظمة البرلمانية بعد الحرب العالمية الأولى، فعملت هذه الأنظمة على ترسيخ الديمقراطية من جديد حتى الثمانينات. ولكن أزمة الديمقراطية التي بدأتٍ في الثمانينات واستمرت حتى التسعينيات

---

(٣٨) جون، ج. لينز وأرتورو فالنزولا، فشل الديمقراطية الرئاسية: منظورات مقارنة، (مطبوعات جامعة جونز هوبكينز، بالتيمور، لندن ١٩٩٤).

(٣٩) من أجل بعض النماذج؛ انظر: النظام الرئاسي، (معده للطباعة تيومن أغول، منشورات اتحاد المحامين الأتراك، أنقرة، ٢٠٠٥). جَمْ أقطاش (جمع وإعداد)، مفترق حرج: النظام البرلماني – النظام الرئاسي، (منشورات جامعة قوج، إسطنبول، ٢٠١٥).

(٤٠) جون، ج. لينز، «مخاطر النظام الرئاسي»، مجلة الديمقراطية (Journal of Democracy) ١، العدد ١، (١٩٩٠)، ص ٥١-٦٩.

(٤١) جون، ج. لينز، «مناقب النظام البرلماني»، مجلة الديمقراطية (Journal of Democracy) ١، العدد ٤، (١٩٩٠)، ص ٨٤-٩١.

وقعت بالأكثر في بلدان أمريكة اللاتينية التي تطبق النظام الرئاسي. فكانت إشكالية النظام الرئاسي منذ التسعينات متعلقةً بالسيرورة التاريخية[٤٢]. ولكن بعد الحرب العالمية الأولى قطعت بلدان أمريكة اللاتية أشواطاً كبيرةً لترسيخ الاستقرار والتحول الديمقراطي في أنظمتها السياسية[٤٣].

جميع الحجج التي تقدمها الأوساط التي تم رسم إطارها هنا، والتي تقول إن النظام الرئاسي سوف يخلق نتائج سلبية من أجل تركيا توجد في واقع الأمر في الثقافة السياسية والنظام البرلماني من النموذج التركي[٤٤].

أ) إن أهم سبب لعدم توطيد الديمقراطية في تركيا هو أن التمزق السياسي الحاصل في النظام البرلماني يحافظ على ضعف بنى الحكومة.

ب) إن استمرار مشكلة العدالة في التمثيل من خلال نظام يضع حداً أدنى للدخول في البرلمان ناجمٌ من عدم بناء نظام انتخابات ديمقراطية في هذه الثقافة السياسية رغم تغيير قانون الانتخابات مرات عديدة في النظام البرلماني.

ت) إن كانت المؤسسة السياسية غير قادرة على أداء

---

(٤٢) انظر: Matthew S. Shugart وScott Mainwaring، «جون لينز، النظام الرئاسي والديمقراطية: تقييم نقدي»، السياسات المقارنة (Comparative Politics)، ج ٢٩، العدد ٤، (تموز ١٩٩٧)، ص ٤٤٩-٤٧١. المحرر: M.S. Shugart وS. Mainwaring، النظام الرئاسي والديمقراطية في أمريكة اللاتينية، (مطبوعات جامعة كامبردج، ١٩٩٧).

(٤٣) سرا بيازجي، الأنظمةالرئاسية والنصف رئاسية: تقييم من أجل تركية، (منشورات جامعة بلغي، ط ٣. إسطنبول ٢٠١٣) ص ٣-١٨.

(٤٤) نبي ميش، «النظام الرئاسي والثقافة السياسية»، صباح، ٢٣ كانون الثاني ٢٠١٦.

وظيفتها بشكل فعال باستثناء عهود القيادات القوية فالسبب في ذلك يعود إلى أن هذا النظام البرلماني من النموذج التركي يفتح الطريق لإمكانية تدخل البنى الوصائية.

ث) إن تفاقم الجدل حول عدم استقلالية القضاء وعدم حياديته له صلةٌ بكون الأنظمة القانونية في تركيا لها عاداتٌ وقوالب أيديولوجية ضمن شيفرات تاريخية. وهذا نتيجة لعجز النظام البرلماني عن بناء آليةً رقابةٍ وتوازنٍ في الثقافة السياسية التركية.

ج) إن كان الذين يعارضون النظام الرئاسي يشيرون إلى الاستقطاب السياسي واحتمالية إضفاء الطابع الشخصي على السياسة والإدراة؛ فإن هذا كان ولايزال موجوداً في النظام البرلماني القائم.

انتخاب رئيس الجمهورية من قبل الشعب بعد تعديل الدستور عام ٢٠٠٧ وعملية الانتقال إلى النظام الجمهوري الرئاسي:

مع بدء فترة انتخاب رئيس الجمهورية من قبل الشعب دستورياً بعد الاستفتاء الذي جرى عام ٢٠٠٧ أخذ النظام الرئاسي بعداً جديداً. فالنظام تغير دستورياً وتم الاقتراب من النظام الرئاسي. وفي هذا الوضع لا تتعدى الصلاحيات التي يمنحها دستور ١٩٨٢ لرئيس الجمهورية حدود النظام البرلماني. وعندما أضيف إلى هذا انتخاب رئيس الجمهورية من قبل الشعب فقد النظام البرلماني ميزاته. ومن المحتمل أن يبرز جدل حول الصلاحيات بين الجهازين المنتَخَبَيْن في نظامٍ من هذه الشاكلة والذين يملكان «مشروعيةً مزدوجةً»، أي بين رئيس

الجمهورية ورئيس الوزراء. قد تكون إدارة الأزمة ممكنةً إذا كان رئيس الجمهورية ورئيس الوزراء من نفس الحزب ولكن لا مفر من تعمق الأزمة إذا كانا من حزبين مختلفين[٤٥].

انطلاقاً من وجهة النظر هذه، استمر حزب العدالة والتنمية في الحديث عن ضرورة انتقال تركيا إلى النظام الرئاسي بعد التعديلات الدستورية التي جرت عام ٢٠٠٧. ولم يكتف بالدفاع عن تغيير النظام السياسي، بل دافع أيضاً عن ضرورة دستورٍ جديدٍ للبلاد. وكانت إحدى الخطوات الهامة فيما يتعلق بتغيير الدستور قد اتُخذَت عقب انتخابات ٢٠١١. فتم تشكيل لجنة التوافق الدستوري بحيث تضم ثلاثة ممثلين عن كل حزب تحت سقف مجلس الشعب التركي الكبير وبقيادة رئيس المجلس. إن تمثيل جميع الأحزاب في اللجنة عبر ثلاثة نواب من كل حزب، دون النظر إلى معدل التصويت أو عدد النواب، وامتلاك هذه الأحزاب سلطة متساوية في كتابة الدستور؛ كانت طريقةً تم اللجوء إليها لتسهيل التوافق، لكنها أفضت إلى نتيجةٍ معاكسةٍ تماماً على أرض الواقع[٤٦].

في المناقشات التي دامت قرابة عامين وقف حزب العدالة والتنمية إلى جانب تغيير الدستور لصالح النموذج الرئاسي، بل أعد كذلك مقترحاً دستورياً خاصاً به يتضمن النظام الرئاسي وقدمه للرأي العام. ورفض حزب الشعب الجمهوري

---

(٤٥) برهان الدين ضوران، البحث عن النظام الرئاسي باعتباره مرحلة»، صباح، ٢٦ أيار ٢٠١٦.

(٤٦) جم ضوران أوزان، «الحدث التركي الذي لا يتقادم، الدستور الجديد: أين كنا توقفنا؟» ستار الرأي المفتوح، ٣ كانون الثاني ٢٠١٦.

بدوره هذا المقترح، وأعلن وقوفه إلى جانب تعزيز النظام البرلماني. فكان المقترح الدستوري الخاص بحزب الشعب الجمهوري يتضمن إطاراً يستند بالأكثر على كودات كمالية من العهد القديم، يرمي إلى الحفاظ على الوضع الراهن. أما حزب الحركة القومية فقد تحرك في اللجنة بمنعكسات قومية قاسية، وأصرّ حزب السلام والديمقراطية (BDP) على وضعه الذي يستند على خطابات القومية الكردية الإثنية. فلم تستطع لجنة التوافق الدستوري أن تتفق إلا على ٥٩ مادة فيما يتعلق بالدستور الجديد. وعرض حزب العدالة والتنمية على المجلس مناقشة هذه المواد المتفق عليها في المجلس العام، لكن عرضه هذا لم يلق دعماً من الأحزاب الأخرى. وفي ١٨ تشرين الثاني ٢٠١٣ حُلّت اللجنة بعد أن قدم رئيس المجلس جميل جيجك تصريحاً بأن اللجنة أتمت مهمتها، وأن التوافق غير ممكن من أجل الدستور الجديد.

وبعد انتخابٍ مباشرٍ لرئيس الجمهورية من قبل الشعب عام ٢٠١٤ انتقل نظام تركيا السياسي بصورة فعلية إلى ما يمكن اعتباره نظاماً نصف رئاسي[٤٧]. فتم انتخابً رجب طيب أردوغان الذي حصل على ٥١,٨٪ من الأصوات في الجولة الأولى رئيساً للجمهورية بعد انتخابات ٢٠١٤. وأردوغان باعتباره رئيس الجمهورية المنتَخَب من قبل الشعب أعلن حتى قبل انتخابه أنه سوف يستعمل الصلاحيات الممنوحة له في دستور ١٩٨٢

(٤٧) روبرت ألجي، النظام نصف الرئاسي: النماذج الفرعية والأداء الديمقراطي، (مطبوعات جامعة أوكسفورد، أوكسفورد -نيويورك ٢٠١١)، ص ٢٤.

ومتحركاً بمهمة الرئيس «المؤسِّس»[٤٨]، وواعداً الشعب بأنه سيكون رئيس الجمهورية «المؤثر» و«التنفيذي» و«الموجّه والمشكِّل»[٤٩]. فاتبع بعد انتخابه سياسةً لتنفيذ وعده هذا. وأصبح تغيير النظام السياسي يتم تناوله كضرورةٍ أبعد من أن تكون مسألة اختيارية.

كان النظام الرئاسي أحد أهم عناوين البيان الانتخابي الذي أطلقه حزب العدالة والتنمية في انتخابات السابع من حزيران[٥٠] والأول من تشرين الثاني[٥١] عام ٢٠١٥. فشرع حزب العدالة والتنمية يبين للشعب أن النظام الرئاسي هو الخطوة الأخيرة للقضاء كلياً على الكتل الوصائية وإنهاء الحكومات الائتلافية لتغدو تركيا قوية ومستقرة. وقدمت الأحزاب الأخرى في بيانها الانتخابي وعوداً بتغيير الدستور، فكان ذلك سبباً في تشكيل لجنة توافق دستوري جديدة بعد الانتخابات. لكن هذه اللجنة حُلَّت بعد الاجتماع الثالث دون أن تبين حتى أصول عملها.

لم يجد حزب العدالة والتنمية الأكثرية اللازمة لتغيير الدستور رغم أنه تفرد من جديد بسدة الحكم بعد الانتخابات، فتولدت الحاجة إلى توافقٍ جديدٍ تحت سقف المجلس. لكن إعراض

(٤٨) نبي ميش وعلي أصلان، «سياسة أردوغان ومهمة الرئاسة المؤسِّسَة»، تحليلات (ستا)، العدد: ١٠٩، (أيلول ٢٠١٤). برهان الدين ضوران، المهمة التأسيسية للنظام الجمهوري الرئاسي، صباح، ٢ كانون الأول ٢٠١٦.

(٤٩) نبي ميش، «رئيس الجمهورية أردوغان والسياسة المؤسِّسَة»، ستار/ الرأي المفتوح، ١٧ آب ٢٠١٤.

(٥٠) «دائماً العدالة ودائماً التنمية في طريق تركية الحديثة، بيان الانتخابات العامة ٧ حزيران ٢٠١٥»، ص ٣٨-٤١، https://www.akparti.org.tr/

(٥١) «خارطة طريق تركية بالأمن والاستقرار، بيان الانتخابات العامة ١ تشرين الثاني ٢٠١٥»، ص ٣١-٣٤، https://www.akparti.org.tr/.

الأحزاب المعارضة عن مناقشة النظام الرئاسي في الإطار الدستوري جعل حزب العدالة والتنمية يؤجّل الخطوات التي سيخطوها في موضوع نظام الحكومة(٥٢). من جهة أخرى بقي رئيس الجمهورية رجب طيب أردوغان ورئيس الوزراء بن علي يلدرم يتحدثان عن ضرورة تغيير النظام السياسي البرلماني الذي يقوم على ازدواجية الرئاسة يقيناً منهما بأنه سوف يخلق أزمةً في المستقبل. وبقي الأمر كذلك إلى أن حدثت محاولة الانقلاب الدامية التي تم تنفيذها من قبل تنظيم غولن الإرهابي في ١٥ تموز. ومحاولة الانقلاب هذه التي يتم اعتبارها «محاولة لاحتلال تركيا» أُحْبِطَت بنضال المجتمع والبيروقراطيات الأمنية التي لم يكن لها يدٌ في الانقلاب. فكانت العملية التي سماها رئيس الجمهورية أردوغان «بحرب الاستقلال الثانية»(٥٣) سبباً في تعطيلٍ قصير المدى لجميع المسائل التي تتم مناقشتها في الأجندات السياسية، والتركيز على مكافحة تنظيم غولن الإرهابي الذي بات أمراً ملحاً.

بعد محاولة الانقلاب التي نفذها تنظيم غولن الإرهابي تولدت عملية شجعت على التوافق في السياسة، فتعززت آليات الحوار الاجتماعي والسياسي. كما أثارت هذه العملية الجرأة لدى الأحزاب السياسية على التوافق. فوجهات النظر المتقاربة التي تبناها حزب الشعب الجمهوري وحزب الحركة القومية تحديداً حول محاولة انقلاب ١٥ تموز أدت إلى ظهور ديناميكات جديدة في السياسة. وخلقت محاولة انقلاب ١٥

---

(٥٢) فخر الدين ألتون، «الآن وقت النظام الرئاسي»، مجلة كريتر، حزيران ٢٠١٦.

(٥٣) «أردوغان: ١٥ تموز سيكون عطلة رسمية»، مِلِّيَت، ٢٩ أيلول ٢٠١٦.

تموز إدراكاً ووعياً جديداً لدى المجتمع والسياسة حول بقاء تركيا[٥٤]. كما ظهرت الحاجة إلى إعادة هيكلة الدولة لتصفية التنظيم ذاتي الحكم الذي تموضع في آليات الدولة خلال زمنٍ طويل[٥٥].

انطلاقاً من وجهة النظر هذه، ذهب زعيم حزب الحركة القومية بهجلي إلى نقطة أبعد من دعم حزب العدالة والتنمية في مكافحة الإرهاب، فأعلن عن دعمه لتغيير الدستور بشكلٍ يتضمن تحول النظام السياسي في تركيا. ففي كلمته التي ألقاها في اجتماع مجموعة حزبه في المجلس في ١١ تشرين الأول صرح بهجلي بأن هناك مشاكل في نظام الحكم القائم في تركيا، وبأن هذه المشاكل ستتحول لاحقاً إلى أزمة حكم كبيرة. وأكد في هذا السياق على أن الصلاحيات التي يستعملها رئيس الجمهورية تشكل واقعاً فعلياً، وأنه يجب وضع هذا الواقع الفعلي في قالب قانوني. وكان أكثر ما يلفت الانتباه في كلمة بهجلي هو تشديده على تغير الأوضاع في تركيا بعد ١٥ تموز، واستحالة أن تعود الأوضاع إلى ما كانت عليه سابقاً. وقال زعيم حزب الحركة القومية: «لو قال شعبنا في الاستفتاء عكس ما نقوله في فليس لدينا شيء نقوله»، وأفاد أن المشهد الذي ظهر في ١٥ تموز يتطلب «عقداً مجتمعياً جديداً». كما صرح بهجلي أن هذا الطلب مسؤوليةٌ يجب أداؤها من قبل جميع الأحزاب السياسية، وأنهم مستعدون للتفاوض من أجل مقترح تعديلٍ دون المساس بالبنية المركزية والمواد الأربعة

(٥٤) انظر: نبي ميش، سردار غولنلر وآخرون، مراقبة الديمقراطية: الإدراك الاجتماعي لمحاولة انقلاب ١٥ تموز، منشورات ستا، إسطنبول ٢٠١٧.

(٥٥) نبي ميش، « »، مجلة كريتر، أيلول ٢٠١٨. علي أصلان، ١٥ تموز وأهمية النظام الرئاسي، صباح، ١٥ تشرين الأول ٢٠١٦.

الأولى من الدستور التي تشكل بالنسبة له خطوطاً حمراء[٥٦]. وفي كلمته التي نظر فيها إلى تغيير الدستور نظرة إيجابية قال دولت بهجلي: «في هذه الأيام التي تناضل فيها الجمهورية التركية من أجل بقائها» فأعطى إشارات إلى السياق الذي يضع فيه موجبات التوافق[٥٧].

وبعد أن صدرت ردود أفعال إيجابية من جناح حزب العدالة والتنمية على تصريحات بهجلي، قال هذا الأخير في ١٥ تشرين الأول: «ننتظر تقديم العرض على المجلس للتقييم»[٥٨]. بعد هذا البيان التقى رئيس الوزراء بن علي يلدرم وبهجلي في قصر جانقايا، وتباحثا موضوع الدستور الجديد. ومع هذا اللقاء بدأ حزب العدالة والتنمية يعد مسودة التعديلات الدستورية ثم قدمها لحزب الحركة القومية من أجل النظر والتفاوض. وفي ١٠ كانون الأول ٢٠١٦ تم تقديم عرض التعديلات الدستورية في شكله الأخير الذي شكله الحزبان والذي يتضمن تحول النظام السياسي؛ لرئاسة مجلس الشعب التركي الكبير بعد توقيع ٣١٦ نائباً من حزب العدالة والتنمية. كان هذا العرض مكوناً من ٢١ مادةً، لكنه تعرض للتعديل بعد المفاوضات التي أجريت في اللجنة الدستورية، فتم تقديمه للمجلس العام لمجلس الشعب التركي الكبير باعتباره مكوناً من ١٨ مادة. وبعد نقاشات حادة في المجلس العام تم تمرير عرض التعديلات الدستورية من

(٥٦) «مبادرة بهجلي للنظام الرئاسي»، إن تي في، ١١ تشرين الأول ٢٠١٦.

(٥٧) سردار غولنلر، «التوافق الذي يجعل النظام الجمهوري الرئاسي حقيقةً»، ستار/الرأي المفتوح، ٤ كانون الأول ٢٠١٦.

(٥٨) «تصريحات الزعيم العام لحزب الحركة القومية بهجلي حول النظام الرئاسي»، حريَّت، ١٥ تشرين الأول ٢٠١٦.

المجلس بأصوات حزب العدالة والتنمية وحزب الحركة القومية التي تجاوزت ٣٣٠ صوتاً وهو حدود الاستفتاء، وتم تقديمه لمصادقة رئيس الجمهورية ليصار إلى الاستفتاء الشعبي. وصرح زعيم حزب الحركة القومية دولت بهجلي أن دعمهم لتغيير الدستور لن يقتصر على المجلس، بل سيتعداه إلى تنظيم حملات «نعم» من أجل تمرير التغييرات من الاستفتاء.

النظام الجمهوري الرئاسي والتعديلات الدستورية:

وبعد مناقشات دامت قرابة أربعين عاماً بدأت الخطوات الملموسة تُتَّخَذ في مسار تحول النظام السياسي في تركيا، وذلك بحصول توافق بين حزب العدالة والتنمية وحزب الحركة القومية. فالقسم الأكبر من التعديلات الدستورية التي تم قبولها في مجلس الشعب التركي الكبير والتي تم تقديمها للاستفتاء يتكون من مواد تتضمن تحول نظام الحكومة. وقد جاء تصميم النظام الجديد الذي حصل بتغيير الدستور وفق النموذج الرئاسي[٥٩]؛ رغم تسميته «بالنظام الجمهوري الرئاسي»[٦٠]. في هذا النظام الجمهوري الرئاسي الجديد الذي يتم فيه انتخاب رئيس الجمهورية والجهاز التشريعي مباشرةً من قبل الشعب عاد الجهاز التنفيذي بإدارة رأس واحد، وأصبح رئيس الجمهورية مسؤولاً أمام الشعب مباشرةً، وتنظيم الانتخابات التشريعية والتنفيذية يتم بصورةٍ متزامنةٍ بحيث تتم مرةً كل خمسة أعوام.

(٥٩) من أجل تسمية رئيس الدولة في مختلف الأنظمة السياسية؛ انظر: فاروق ياوز، «التحول المفهومي الصحيح لرئاسة الجمهورية»، يني شفق، ٢ تشرين الثاني ٢٠١٦.

(٦٠) إسماعيل جاغلر، «اسم الرئاسة ليس مهما» ونموذج الرئاسة الحزبية، مجلة كريتر، تموز ٢٠٠٦.

كما أتيحت الفرصة أمام المجلس ورئيس الجمهورية أن يقيل كل منهما الآخر في حال وصول النظام إلى طريقٍ مسدود إثر أزمةٍ تندلع بين الجهازين التشريعي والتنفيذي، ويلزم عندها تجديد انتخابات كل من الجهازين بصورة متبادلة وفي وقت واحد.

وأسفرت التعديلات الدستورية التي تم إعدادها حسب نظام الحكومة الرئاسي عن إعادة تنظيم صلاحيات رئيس الجمهورية التنفيذية، والعمليات القضائية، وصلاحياتها في إصدار القرارات، وغير ذلك؛ بشكلٍ مختلف عما هي عليه في النظام البرلماني. وفي هذا النموذج الذي تم فيه الفصل بين السلطة التشريعية والسلطة التنفيذية تم الإلزام بألا يكون الوزراء أعضاءً في الجهاز التشريعي. نورد فيما يلي أبرز جوانب التعديلات الدستورية التي تم تنظيمها في ١٨ مادة[٦١]:

١. أضيف مبدأ «الحيادية» إلى المادة التاسعة من الدستور تأكيداً على أنه يتضمن حيادية القضاء إلى جانب استقلاليته.

٢. تم رفع عدد النواب من ٥٥٠ إلى ٦٠٠ باعتباره يتناسب مع ازدياد الكثافة السكانية.

٣. تم تخفيض سن انتخاب النائب من ٢٥ إلى ١٨ عاماً. كما تم إلغاء شرط أداء الخدمة العسكرية من بين المواصفات التي يجب توفرها ليكون الشخص نائباً.

٤. تم الإقرار على إجراء انتخابات الرئيس الذي هو رئيس الجهاز التنفيذي بالتزامن مع انتخابات مجلس الشعب التركي الكبير الذي هو الجهاز التشريعي، في نفس اليوم، مرةً كل خمسة

---

(٦١) من أجل النص الكامل للتعديلات الدستورية؛ انظر: «العرض القانوني بشأن إجراء التعديلات في دستور الجمهورية التركية»، http://www2.tbmm.gov.tr/d26/2/2-1504.pdf

أعوام. وفي الانتخابات الرئاسية تم اعتماد نظام الانتخابات ذي الجولتين الذي تم قبوله في استفتاء ٢٠٠٧.

٥. أعيد تنظيم المادة السابعة والثمانين من الدستور التي تتناول مهام مجلس الشعب التركي الكبير بشكلٍ يتناسب والنظام الجمهوري الرئاسي. وتم حذف العبارة المتعلقة بمراقبة الجهاز التنفيذي من قبل الجهاز التشريعي، وإلغاء صلاحيات مجلس الشعب التركي الكبير في إصدار القرارات بحكم القانون، والموجودة في نظام الحكومة الحالية. كما تم حذف مفهوم «مشروع القانون» من الدستور على اعتبار أن السلطة التنفيذية في النظام الرئاسي لن يقدم عرضاً بتغيير القانون.

٦. ومع التعديلات التي أجريت على المادة الثامنة والتسعين من الدستور تم الحفاظ على بحث المجلس واللقاءات العامة واستجواب المجلس الذي يعد من صلاحيات مجلس الشعب التركي الكبير في رقابة الجهاز التنفيذي، وتم الاتفاق على جعل آلية الرقابة «بالسؤال» كتابياً. وتم إلغاء الاستجواب الذي يُعتبر واحداً من طرق مراقبة الجهاز التنفيذي في الأنظمة البرلمانية ليتناسب مع النظام الجمهوري الرئاسي.

٧. تم إعادة تنظيم أصول الترشيح والانتخاب الخاص برئيس الجمهورية عبر دمج المادتين ١٠١ و١٠٢ من الدستور. وتم حذف العبارة التي تنص على قطع «الشخص المنتَخَب رئيساً للجمهورية صلته بحزبه إن وجدت»، فتم فتح الطريق أمام رئيس الجمهورية لأن يكون منتمياً إلى حزب. وتقرر أن يبقى رئيس الجمهورية على رأس عمله على مدار خمسة أعوام. وتم الإتيان بقاعدة أن يتم انتخاب الشخص نفسه مرتين على الأكثر. وتقرر ألا يكون رئيس الجمهورية عضواً في الجهاز التشريعي ورئيساً للجهاز التنفيذي في آن واحد. وتم الاتفاق على أن تتوفر الشروط

التالية في المرشح لرئاسة الجمهورية: أن يكون الشخص مواطناً تركياً لا يقل عمره عن الأربعين، وتلقى تعليماً عالياً، ويملك كفاءات تؤهله لأن يكون نائباً. وتقرر أن يحق للأحزاب الترشح لرئاسة الجمهورية شرط أن تحصل على ٥٪ من الأصوات على الأقل في الانتخابات الأخيرة أو على توقيع مئة ألف ناخبٍ على الأقل. وتم تنظيم الانتخابات بحيث يتم انتخاب من يحصل على أكثر من ٥٠٪ من الأصوات في الجولة الأولى، وفي حال فشل أي مرشح في الحصول على أكثر من ٥٠٪ من الأصوات تجرى يوم الأحد الثاني الذي يلي يوم الانتخابات جولةٌ جديدةٌ يتسابق فيها أول مرشحين حصلا على أكثرية الأصوات.

٨. ومع التغيير الذي حصل في المادة ١٠٤ من الدستور تقرر أن يكون رئيس الجمهورية رئيس الجهاز التنفيذي إلى جانب كونه رئيس الدولة. ونص الدستور الجديد على تعيين نواب رئيس الجمهورية والوزراء بمرسوم رئيس الجمهورية. ويمنح رئيس الجمهورية صلاحيات في القيام بإجراءات تنظيمية متعلقة بالجهاز التنفيذي. وتم رسم إطار هذه الإجراءات التنظيمة التي عُرفت بأنها صلاحية رئيس الجمهورية في إصدار المراسيم والقرارات على النحو التالي: لا يمكن لرئيس الجمهورية أن يصدر مراسيم في مجال الحقوق الأساسية والحقوق الشخصية والحقوق والواجبات السياسية. ولا يمكنه تنظيم مراسيم في مجالات تم تنظيمها بوضوحٍ في القانون. وفي حال وجود أحكام في القانون تخالف قرارات رئاسة الجمهورية يتم تطبيق أحكام القانون. وعندما يصدر مجلس الشعب التركي الكبير قانوناً في الموضوع ذاته يغدو قرار رئاسة الجمهورية غير نافذ. كما تم فتح الطريق أمام رئيس الجمهورية الذي لم يعد يستطع أن يعد مشروع قانون؛ أن يعبر عن رغبته في تغيير القانون عبر الرسائل

الموجهة إلى المجلس شرط ألا يكون ملزِماً. وتم منح رئيس الجمهورية صلاحيات في تعيين كبار رجالات الدولة وإقالتهم بمراسيم رئاسة الجمهورية المنظمة وفق الأصول المتعلقة بذلك.

٩. مع التعديلات التي أجريت على المادة ١٠٥ من الدستور تقرر إلغاء إعفاء رئيس الجمهورية من المسؤوليات الجزائية، وجعله مسؤولاً عن الأعمال التي تدخل أو لا تدخل ضمن مجال مهامه، وتجريمه من قبل المجلس، ومحاكمته في الديوان العالي، ويتوقف فتح التحقيق بحقه على موافقة أغلبية العدد الكامل لأعضاء المجلس، ويتم فتح تحقيق بحقه بموافقة أكثرية ثلاثة أخماس الأعضاء. وأصبح «لا يمكن لرئيس الجمهورية الذي فُتحت دعوى بحقه أن يقرر خوض الانتخابات»، وإقالة رئيس الجمهورية المحكوم عليه في الديوان العالي بجريمة تحول دون انتخابه.

١٠. تنص المادة ١٠٦ من الدستور على أنه يمكن لرئيس الجمهورية أن يعين أكثر من نائبٍ له، ويحدد نائباً عنه بالوكالة. وتقرر إنهاء وكالات الوزراء ونواب رئيس الجمهورية الذين يتم تعيينهم وإقالتهم من قبل رئيس الجمهورية إن صاروا أعضاءً في الجهاز التشريعي. وتقرر أن تكون مسؤولية أعضاء الجهاز التنفيذي سياسياً أمام رئيس الجمهورية، ومسؤوليتهم الجزائية أمام المجلس فيتم سوقهم إلى الديوان العالي باستجواب يقوم به المجلس. وتقرر أن يتم تشكيل الوزارات وإلغاؤها وتنظيم مهامها وصلاحياتها وبنية تشكيلاتها بمراسيم رئاسة الجمهورية.

١١. تقرر بالمادة ١١٦ من الدستور أن تقرر رئاسة الجمهورية ومجلس الشعب التركي الكبير تجديد الانتخابات بصورة متبادلة، وأن يقرر رئيس الجمهورية تجديد الانتخابات الرئاسية وانتخابات المجلس لوحده، أما مجلس الشعب التركي الكبير

فيحق له أن يقرر تجديد الانتخابات بأغلبية ثلاثة أخماس عدد أعضائه الكامل. في هذه الحال سيتم إجراء الانتخابات مرة أخرى وبصورة متزامنة إذا قرر الجهاز التشريعي أو الرئيس تجديد الانتخابات. وفي حال قرر المجلس تجديد الانتخابات خلال الولاية الثانية لرئيس الجمهورية يمكن لرئيس الجمهورية أن يكون مرشحاً مرة أخرى.

١٢ . مع التعديلات التي جرت في المادة ١١٩ من الدستور تم إلغاء أصول الأحكام العرفية، والتوقف عن أخذ رأي مجلس الأمن القومي في إعلان حالة الطوارئ. ومُنح رئيس الجمهورية صلاحية إعلان حالة الطوارئ بسبب صلاحياته التنفيذية. كما أعطي رئيس الجمهورية صلاحية إصدار قرارات بحكم القانون خلال فترة حالة الطوارئ، وتقرر إلزامية أن يتم إقرار هذه القرارات من قبل مجلس الشعب التركي الكبير خلال ثلاثة أشهر، وإلا سيتوقف أوتوماتيكياً العمل بالقرارات التي تم إصدارها في حالة الطوارئ.

١٣ . مع التعديل الذي حصل في المادة ١٤٢ من الدستور تم إلغاء محاكم التأديب والمحاكم العسكرية إلا في حالات الحروب.

١٤ . مع التعديل الحاصل في المادة ١٥٩ من الدستور تمت إعادة تصميم بنية المجلس الأعلى للقضاة والمدعين العاميين. وتم حذف كلمة «الأعلى» من اسم المجلس، وتغيّرت أصول انتخاب أعضائه. وتم تعيين وزير العدل رئيساً للمجلس، ومستشار وزير العدل عضواً بشكلٍ مشابه لما كان في النظام السابق باعتباره عضواً طبيعياً في المجلس. وتم تخفيض عدد أعضاء المجلس من ٢٢ إلى ١٣ عضواً. أما عدد الدوائر فقد تم تخفيضه من ثلاث دوائر إلى دائرتين. وتم تنظيم انتخاب الأعضاء بحيث يختار رئيس الجمهورية ٤ أعضاء من أصل ١١ عضواً، وينتخب

المجلس الأعضاء السبعة الآخرين.

١٥ . تم جمع الأحكام المتعلقة بالميزانية والواردة في المواد ١٦١ - ١٦٤؛ في مادة واحدة بعد تبسيطها، وجعلها تنسجم مع النظام الجمهوري الرئاسي. وتقرر أن يعد رئيس الجمهورية قانون الموازنة ويقدمها للمجلس. كما تم تقرر إصدار قانون الميزانية المؤقتة في حال لم يتم قبول قانون الموازنة في المجلس. فإن لم يتم صدور قانون الموازنة الجديدة يتم اعتماد ميزانية العام السابق وفق معدل التقييم الجديد ريثما يتم قبول قانون الموازنة الجديدة.

١٦ . بهذه المادة تقرر أن يتم تعديل الكلمات والعبارات اللازمة في مواد الدستور وإضافتها وحذفها من النص بما يتناسب مع النظام الجمهوري الرئاسي والتعديلات الأخرى، وإلغاء العمل ببعض المواد التي لا تتناسب والنظام.

١٧ . مع وضع التعديلات المتعلقة بالمادة المؤقتة المضافة إلى الدستور حيز التفيذ تقرر أن تجرى الانتخابات الرئاسية والانتخابات العامة الأولى في ٣ تشرين الثاني عام ٢٠١٩، والقيام بتعديل النظام الداخلي لمجلس الشعب التركي الكبير وبقية الترتيبات القانونية خلال ستة أشهر بموجب التعديلات التي دخلت حيز التنفيذ، وإجراء انتخابات أعضاء مجلس القضاة والمدعين العاميين خلال ثلاثين يوماً اعتباراً من وضع القانون حيز التنفيذ، وإلغاء المحاكم العسكرية خلال أربعة أشهر.

١٨ . بهذه المادة تبين التاريخ الذي سيدخل فيه التعديلات الدستورية المقترحَة حيز التنفيذ. وتقرر أن توضع العديد من المواد حيز التنفيذ مع الانتخابات الرئاسية والانتخابات العامة الأولى، وإلغاء الحكم المتعلق بقطع صلة رئيس الجمهورية بحزبه، ووضع التعديلات حيز التنفيذ بمجرد قبولها.

الخاتمة

انطلقت مناقشات السعي لتغيير النظام السياسي في تركيا منذ سبعينيات القرن الماضي. وكانت مسائل مثل عدم الاستقرار السياسي في فترة الحكومات الائتلافية في النظام البرلماني، وتحول انتخاب رئيس الجمهورية من قبل المجلس إلى أزمةً؛ أهم العوامل التي أدت إلى اندلاع هذه المناقشات. فتمـزُّقُ بنية الأحزاب السياسية في النظام البرلماني، وانعدام الاستقرار السياسي الناجم عن النزاعات بين مجموعات الهوية، سهّلت القيام بالانقلابات العسكرية فتم تعطيل الديمقراطية وإغلاق المؤسسات الديمقراطية. فاستحال تكوين بنى سياسية قوية، واضطرت الأحزاب السياسية التي من واجبها حمل النظام الديمقراطي؛ إلى الاستسلام، والعجز عن إنتاج سياسةٍ في مجال سياسي تم تعريفه.

والزعماء الذين كانوا يرون أن هذا النوع من النظام البرلماني يلحق الضرر بتركيا دافعوا عن ضرورة تحول النظام السياسي، وضرورة انتقال تركيا إلى النظام الرئاسي من أجل الخروج من هذه الحلقة المفرَغَة. ففي السبعينات بدأ الجدل مع نجم الدين أربكان، زعيم الأحزاب التي تنتمي لتقليد الرأي الوطني (ملّلي غوروش)، واستمر على يد الزعيم العام لحزب الحركة القومية ألب أرسلان توركش. ودافع طورغوت أوزال عن النظام الرئاسي منذ نهاية الثمانينات ودافع عنه سليمان دميرال في النصف الثاني من التسعينات. وفي الألفينيات دافع رجب طيب أردوغان عن النظام الرئاسي

الذي ظل موضوع الحديث في الأجندات السياسية مع بدء عملية انتخاب رئيس الجمهورية من قبل الشعب عام ٢٠٠٧. ومع انتخاب رئيس الجمهورية من قبل الشعب عام ٢٠١٤ اقترب النظام البرلماني في تركيا من النظام نصف الرئاسي بصورة فعلية.

بعد محاولة الانقلاب التي نفذها تنظيم غولن الإرهابي في ١٥ تموز ٢٠١٦ حصل توافق جديد في السياسة فاستطاع حزب العدالة والتنمية وحزب الحركة القومية أن يمرر من المجلس التعديلات الدستورية التي تؤمن إمكانية التحول النظام السياسي؛ ليصار إلى استفتاء شعبي. التعديلات الدستورية التي تم قبولها في المجلس إثر التوافق بين حزب الحركة القومية وحزب العدالة والتنمية تم تنظيمها من حيث المضمون وفقاً للنظام الرئاسي وإن تم تسميته «بالنظام الجمهوري الرئاسي». يتبين من موجبات تغيير الدستور أن هناك عاملين كان لهما تأثير على التصميم الدستوري للنظام الجمهوري الرئاسي. أولهما: القيام ببعض الترتيبات الخاصة بتركيا لدى تصميم النظام السياسي للحيلولة دون وقوع الأزمات السياسية التي كانت تقع في الماضي. ثانيهما؛ تصميم النظام بالاستفادة من مقترحات التحسين لتخطي الأزمات التي تحصل في النظام في البلدان التي تطبق النظام الرئاسي.

أدى تغيير الدستور إلى التخلص من مشكلة الرئاسة المزدوجة في النظام الموجود، وأصبح رئيس الجمهورية رئيساً للجهاز التنفيذي، وأصبح من صلاحياته ومسؤولياته

تعيين نواب رئيس الجمهورية والوزراء وكبار رجالات الدولة، وبناء الوزارات وإلغاؤها وتحديد وظائفها وصلاحياتها، وإلغاء الحكم الذي ينص على أن يقطع الشخص المنتَخَب لرئاسة الجمهورية صلته بحزبه إن وجدت، وفتح الطريق أمام رئيس الجمهورية لأن ينتمي إلى حزب.

كما تم الدخول في تعديلات متعددة فيما يخص بنية البرلمان وآلية عمله. فتم رفع عدد النواب من ٥٥٠ إلى ٦٠٠، وتخفيض سن الانتخاب إلى ١٨ عاماً. وتم الاتفاق على أن تُجرى الانتخابات الرئاسية والنيابية بصورة متزامنة مرةً كل خمسة أعوام، وإعطاء المجلس صلاحيات عرض القوانين باستثناء قانون الموازنة. ومُنِح للمجلس ورئيس الجمهورية الحق في تجديد انتخاباتهما بصورة متبادلة في حال ظهور مشكلة بين الجهازين التنفيذي والتشريعي من شأنها أن تكون سبباً في ظهور أزمة حكم والوصول بالنظام إلى طريق مسدود. وكل جهاز يقرر إجراء الانتخابات يضع حداً لمهامه.

وأهم تنظيم متعلق بجهاز القضاء هو الذي يخص انتخابات مجلس القضاة والمدعين العامين. فوزير العدل ومستشاره عضوان طبيعيان في المجلس المكون من ١٣ عضواً. والبقية المكونة من ١١ عضواً يتم انتخابهم من قبل رئيس الجمهورية والمجلس بحيث يختار رئيس الجمهورية ٤ أعضاء وينتخب المجلس ٧ أعضاء آخرين. والتعديل الأهم الآخر المتعلق بالقضاء هو إلغاء المحاكم العسكرية. كما تم تنظيم صلاحيات رئيس

الجمهورية في القيام بالإجراءات التنظيمية المعروفة بالأوامر التنفيذية والمسماة بصلاحيات إصدار القرارات والمراسيم في النظام الجمهوري الرئاسي. وقد تم رسم إطارها على النحو التالي: لا يمكن لرئاسة الجمهورية إصدار قرارات أو مراسيم في مجال الحقوق الأساسية والحقوق الشخصية والحقوق والواجبات السياسية. ولا يمكن لرئيس الجمهورية تنظيم قرارات في مجالات تم تنظيمها بوضوحٍ في القانون. وفي حال وجود أحكام في القانون تخالف قرارات رئاسة الجمهورية يتم تطبيق أحكام القانون. وعندما يصدر مجلس الشعب التركي الكبير قانوناً في الموضوع ذاته يغدو قرار رئاسة الجمهورية غير نافذ.

مسيرة الإصلاح الديموقراطي في تركيا

محمد أوجوم

المدخل

يشير تاريخ ١٦ نيسان ٢٠١٧ إلى بداية مرحلة جديدة في مسار النضال الديموقراطي في تركيا، ويمكن وصف هذه الحقبة بالمرحلة الأخيرة للتصفية الكاملة للهيمنة المؤسساتية التي كانت المحدِّد في المستويات المختلفة عقب تأسيس الجمهورية. فالتعديل الدستوري الذي أقرّ في الاستفتاء الشعبي الذي أجري في ١٦ نيسان ٢٠١٧، لم يكن خطوة تجديدية في منهجية القانون الوضعي من حيث نموذج النظام الرئاسي وحسب، بل كان أيضاً خطوةً أطلقت الإصلاح في النظام السياسي بجميع أبعاده.

يعتبر التعديل الدستوري في ١٦ نيسان هو التعديل التاسع عشر منذ دخول دستور عام ١٩٨٢ حيز التنفيذ. فالتعديلات الثمانية عشرة التي سبقته تحمل ميزة التصحيح داخل النظام، بالمقابل يمكن الحديث عن التعديلات التي حصلت في دستور ١٦ نيسان على نحوٍ ما بأنه أداةٌ مصمَّمةٌ لإنتاج الإصلاح والترميم. فالتصحيحات داخل النظام أياً كانت شاملةً عميقةً فإنها تحافظ على البنية الأساسية للنظام القديم. بخلاف التعديل الدستوري في ١٦نيسان، فقد تم من خلاله الانتقال إلى مرحلة إصلاح النظام بدلاً من الاكتفاء بالتصحيحات داخل النظام. أي تمت إعادة هيكلة جهاز الدولة على أساس نموذج

حكومة الرئاسة. ومن هذه الناحية يمكننا الإقرار بأن التعديل الدستوري في١٦ نيسان تشكل خطوةَ الإصلاح الأولى لتحويل نظامنا السياسي الذي أنتجه دستور عام ١٩٨٢ . والتصحيحات داخل النظام التي أجريت حتى التعديل الدستوري في ١٦ نيسان هيأت الظروف من أجل إصلاح النظام. لهذا السبب، ليس من الصواب الاستهانة أو التقليل من قيمة التعديلات السابقة، دون أن نغفل عن حقيقة أن التعديل الدستوري في ١٦ نيسان يشكّل بداية مرحلة الإصلاحات.

إن السبب الرئيسي في كون التعديل الدستوري في ١٦ نيسان بداية الإصلاحات، هو أن هذا التعديل لم يلبِّ بَعْدُ حاجة تركيا إلى نظام دستوري بصورة كاملة. وعملية الإصلاح الأولى التي انطلقت مع نظام الحكم الرئاسي إنما هي عمليةٌ ستقترن بمراحل الإصلاح الجديدة للنظام الدستوري الجديد بأبعادها الأخرى. ولكن يتعين أولاً إنجاز التنظيمات القانونية المقترحة في التعديل الدستوري حول عمل الأجهزة الأساسية للدولة في نموذج حكومة الرئاسة الجمهورية وتطبيق هذا النظام. وسنّ قوانين التوافق السياسي والتقني، وإصدار مراسيم تنظيمية متلعقة بالشؤون التنفيذية أمرٌ في بالغ الأهمية. ولا شك بأنه لا يمكن إصدار هذه التنظيمات المتعلقة بالشؤون التنفيذية عن طريق مراسيم رئاسيةٍ إلا عند تطبيق نموذج الحكومة الجديد. وقبل دخول نموذج الحكومة الجديد حيز التنفيذ يتعين إتمام قوانين الانسجام. وقوانين الانسجام هذه ستساهم في تحديد عملية الإصلاح وبلورتها في المجال القانوني، واتخاذ خطوات لتحديد محتواها. وعندما يدخل نموذج حكومة الرئاسة الجمهورية حيز التنفيذ عقب أول انتخاباتٍ عامةٍ، وبعد إجراء

التنظيمات المتعلقة بالحكومة عن طريق المراسيم، وفي تلك المرحلة سنصل إلى النضج الذي سيمكننا من تقييم كيفية انطلاق طور الإصلاح الثاني ومساره. والأمر الذي علينا أن نتوقعه من الآن هو أن تركيا دخلت في مرحلة الإصلاحات عند إقرار التعديل الدستوري في ١٦ نيسان.

ومن الضروري هنا تحليل التعديل الدستوري في١٦ نيسان الذي يتمتع بهذا القدر الكبير من الأهمية بأبعاده المتعددة. وفي هذه الدراسة القصيرة سيتم تناول التعديل الدستوري في١٦ نيسان من جوانب عدة مثل توقيته، ومقاربته من حيث القانون السياسي، ومعاييره الديمقراطية ومحتواه. كما سيتم في الجزء الأخير من الدراسة تقييم أمورٍ مثل الشرعية، والمصالحة، والتعددية، والفردية في تطرقاتٍ قصيرةٍ.

التوقيت في سياق الاحتياجات التاريخية والحالية:

عقب فترةٍ وجيزةٍ جداً من دخول دستور عام ١٩٨٢ حيز التنفيذ شرع بلدنا في خوض نقاشاتٍ حول ضرورة دستورٍ مدنيٍّ جديد. وربما لم تجر نقاشاتٌ حول الدستور في أي بلدٍ من بلدانٍ العالم بقدر ما جرى في بلدنا(١).

---

(١) يمكن الحصول على https://anayasa.tbmm.gov.tr. من خلال هذا الموقع معلومات مفصلة عن الدراسات المتعلقة بالنقاشات التي جرت داخل وخارج البرلمان حول الدستور المدني الجديد في تركيا .ويمكن الوصول من خلاله إلى تقارير الأحزاب والجماعات السياسية والجامعات ومنظمات المجتمع المدني، والمقترحات الفردية والجماعية. ويمكن الحصول كذلك على الأخبار وكتابات الزوايا والمقالات الأكاديمية والكتب المؤلفة المتعلقة بالدستور المدني الجديد.

وكانت العلاقة بين الدولة والمجتمع[٢] جوهر النقاشات التي أجريت حول الدستور[٣]. وكان الصراع بين السيادة المؤسساتية البيروقراطية والسيادة الشعبية هو المحدِّد في هذه العلاقة[٤]. وباتت مشكلتنا الأساسية عقب بداية تقليد الانقلابات على وجه الخصوص، أي خلال الأعوام الستة والخمسين الأخيرة؛ هي حلّ التناقضات التي ظهرت بين الشعب وبين جهاز الدولة الملائمة لاحتلاله من قبل الحركات المنغلقة المتهيكلة على أساس يعادي المجتمع.

إن الجهود الرامية لحماية النظام المعادي للشعب عن طريق الانقلابات والمذكرات التي حصلت في الأعوام ١٩٦٠ و١٩٧١ و١٩٨٠ و١٩٩٧ و٢٠٠٧ زادت من فساد النظام وانحلاله[٥]. والتنظيم الممنهج لعصابة غولن الفاشية الرجعية[٦] التي تغلغلت

---

(٢) جان إيريك لين، النظرية السياسية والدساتير، (منشورات جامعة إسطنبول للتجارة، إسطنبول، كانون الأول ٢٠١٤)، ص ٧-٩.

(٣) آدم تومكينس، القانون العام، (مطبوعات جامعة أوكسفورد، نيويورك ٢٠١٢)، ص ٢-٧.

(٤) إدريس قرداش، أزمات الحكومة والائتلاف ورئاسة الجمهورية، (منشور شخصي، إسطنبول، آذار ٢٠١٧). يتضمن الكتاب على وجه الخصوص جمع المقتطفات المطبوعة من أرشيف المنشورات المطبوعة المتعلقة بحروب الهيمنة داخل بنية الدولة المؤسسية البيروقراطية بعد قيام الجمهورية وتدخل البنى المنتجة للوصاية السياسية الأيديولوجية على الحكومات المنتخبة ديموقراطياً.

(٥) محمد أوجوم، «تذكير بتاريخنا السياسي، وعهد الإنشاء الجديد»، سربسيَّت، ١٨ كانون الثاني ٢٠١٦.

(٦) وصف تنظيم غولن الإرهابي غير القانوني بأنه تنظيم رجعي فاشي في محله من حيث العلوم السياسية؛ لأن تصور نموذج المجتمع الذي يقترحه هذا التنظيم رجعي باستناده إلى وجهة نظر موحدة صرفة للحياة مقابل الخط الأيديولوجي التعددي. وممارساته السياسيةً قائمة علَى الفاشية لأنه يعتمد في خطه السياسي على مقاربة ترفض الديموقراطية والتعددية، وتعمل على تصفية مبدأ سيادة الشعب. علاوة على ذلك؛ تحمل بنية التنظيم خصائص تنظيمات العصابات لأنها تعتمد بنية قمعية هرمية في تصنيف الناس.

بكوادرها في أجهزة الدولة على مدى خمسة وأربعين عاماً؛ شكّل ذروة الفساد في بنية الدولة غير الديمقراطية القائمة. وتأسس مع الزمن مركز الديمقراطية الشعبية داخل الدولة خلال المرحلة التي سبقت ١٥ تموز، وتولى رئيس الجمهورية أردوغان قيادة هذا المركز. ومع مرور الوقت تفاقمت حدة التناقض بين بنية الدولة غير الديمقراطية ومركز الديمقراطية الشعبية، وهذا التناقض ليس سوى إعادة إنتاج التناقض الأساسي بين الدولة والمجتمع.

لقد نجح الشعب بالدخول إلى الدولة عبر مركز الديمقراطية الشعبية، وأخذ يخوض صراعاً ضد آليات الدولة غير الديمقراطية أي ضد السلطة الفاشية الداخلية. فقامت السلطات الداخلية الفاشية باحتلال المساحة التي أتيحت لها عن طريق قرار المحكمة الدستورية خلال التعديل الدستوري الذي جرى في عام ٢٠١٠ على وجه الخصوص، وأخذت تشنّ هجوماً مفتوحاً ضد مركز الديمقراطية الشعبية(٧) . وتشكل محاولة الانقلاب والاحتلال الرجعية الفاشية في ١٥ تموز آخر مراحل هذا الهجوم. وقد كانت ردود أفعال شعبنا ضد هذا الهجوم قويةً من خلال التكامل مع قائد البلد أي مع رئيس الجمهورية أردوغان. وسجّل التاريخ ردة الفعل هذه باعتبارها الثورة الشعبية الديمقراطية والوطنية للقرن الواحد والعشرين(٨).

---

(٧) يعتبر استدعاء مستشار جهاز الاستخبارات الوطنية ومساعديه للاستجواب بتاريخ ٧ شباط ٢٠١٢ الحادثة التي أطلقت عملية الهجوم المفتوح. ومحاولة الانقلاب التي نظمت عبر بيروقراطية الأمنيات والنيابة العامة في ١٧-٢٥ كانون الأول كانت الاعتداء الأكبر لمركز الديموقراطية قبل ١٥ تموز ٢٠١٦.

(٨) محمد أوجوم (حوار)، «١٥- ١٦ تموز حرب الاستقلال الثاني»، خبر تورك، ١٧ تشرين الأول ٢٠١٦. محمد أوجوم (حوار)، «الثورة التركية في قرنها الجديد»،

كما أن هذه الثورة باتت الثورة الشعبية الأكثر سلماً والأوسع مشاركةً بين الثورات التي شهدها التاريخ العالمي. وقد انتصرت تركيا بفضل هذه الثورة في حرب استقلالها الثاني وانتقلت إلى مرحلة تأسيس الجمهورية الثاني.

لقد مزّقت ثورة ١٥-١٦ تموز السلطات الداخلية غير الديمقراطية، وأطلقت مرحلة تصفية العصابات الرجعية والفاشية من داخل الدولة. ولكن كان لابد من الشروع في مسيرة البناء التي تشكّل المرحلة الثانية. فتم اتخاذ بعض الخطوات لإعادة بناء الدولة أثناء حالة الطوارئ التي أعلنت عقب ١٥ تموز من أجل حماية الشعب ومحاربة العصابات الفاشية المعادية للشعب والمنظمات الإرهابية(٩) . لكن هذه الخطوات كانت أشبه بعمليات التصحيحات التي أجريت داخل النظام في الأعوام الخمسة عشر الأخيرة، وإعادة البناء لا تتم إلا بإصلاح النظام. وفي الظروف التي شكلتها ثورة ١٥-١٦ تموز كان إجراء هذا الإصلاح المهمة التي أودعها الشعب للسياسيين. وكان يتعين على بلدنا إتمام مرحلته التأسيسية الأولى التي بدأها مع إعلان الجمهورية بالمرحلة التأسيسية الثانية هذه. وجوهر مرحلة التأسيس الثاني هو تعزيز الديمقراطية. لقد أسسنا الجمهورية في نهاية حرب

خبر تورك، ١٨ تشرين الأول ٢٠١٦.

(٩) تم اتباع قيادة القوات من حيث الإدارة لوزارة الدفاع الوطنية بأحكام القرارين بحكم القانون رقم ٦٦٨ و٦٦٩. كما تم ضم الأكاديميات العسكرية ومعاهد التعليم العالي المهني لضباط الصف في بنية جامعة الدفاع الوطنية التي تم تأسيسها. وتم إغلاق الثانويات العسكرية. وتم التركيز على الخصائص الأمنية للقيادة العامة للجندرمة وقيادة أمن السواحل وإتباعهما من الناحية الإدارية لوزارة الداخلية. إلى جانب الخطوات الشاملة المتخذة لتصفية البنى غير القانونية الأخرى دون الاقتصار على تنظيم غولن الإرهابي من خلال هذين القرارين والقرارات بمثابة القانون الأخرى.

استقلالنا الأولى. وعلينا إتمام مسيرتنا التأسيسية عبر بناء دولة ديمقراطية قوية في حرب استقلالنا الثانية. وهذا التغيير يعني انطلاق الإصلاح من أجل إتمام المسيرة التأسيسية من خلال تعزيز الديمقراطية في تركيا واستدامتها. أي أننا نتحدث عن تغييرٍ نناقشه منذ ثلاثين عاماً[١٠] وباتت ظروف تنفيذه مواتيةً بفضل الثورة الوطنية.

علاوة على ذلك هناك حاجة إلى مبادرةٍ لنظامٍ سياسيٍ جديدٍ في إطار متطلبات القرن الواحد والعشرين. ومن المحال إنتاج نظامٍ سياسيٍ يلبي متطلبات القرن الواحد والعشرين الاجتماعية والفردية متعددة الأوجه، وضمان استمراريتها من خلال استعمال كودات القرن العشرين وأجهزته العتيقة. ولا مفر عند النظر من هذا المنظور من الحاجة إلى نظامٍ سياسيٍ يراه أفراد مجتمعات القرن الواحد والعشرين التي باتت أكثر ديناميكية وتتكون من أفرادٍ مؤهلين؛ تتعلق بهم بشكلٍ مباشر. ويتعين اتخاذ الخطوات التي ستؤدي إلى بناء نظامٍ سياسيٍ ذي مبادراتٍ فرديةٍ، يستند إلى ديناميات اجتماعيةٍ، ويستمد مشروعيته من المجتمع. فالأنظمة الديمقراطية الكلاسيكية في جميع أنحاء العالم تواجه أزمات مشروعيتها القانونية السياسية لأنها لم تستجب تماماً للحاجة إلى نظامٍ سياسيٍّ جديد. في هذا السياق تمتلك تركيا الإمكانات لتحويل سلبيات الماضي، أي عجزها عن التقدم نتيجة لوجود نواقص في الديمقراطية الكلاسيكية؛ إلى إيجابيات من خلال عملية الإصلاح التي تلبي متطلبات الأنظمة الديمقراطية

---

(١٠) محمد أوجوم، «ينبغي إعادة سيادة الدستور لأصحابه، مشكلة الديموقراطية – ١»، سربَسِيَّت، ٦ كانون الثاني ٢٠١٦.

الجديدة. ومن هذا المنظور فإن المسيرة الديمقراطية التي انطلقت مع ١٦ نيسان لا تتمتع بأهمية بالغة من حيث تجديد تركيا ديمقراطياً وحسب، بل تُعتَبَر كذلك الخَطوة الأولى نحو تلبية المطالب الديمقراطية الجديدة على الصعيد العالمي[١١].

والظروف الموضوعية التي أدت إلى التعديل الدستوري في ١٦ نيسان في النتيجة هي التي حددت توقيت التعديل. وهذه الظروف كما سيأتي بيانها تتكون من أربعة عوامل أساسية:

- الحاجة إلى تصفية بينة الدولة غير الديمقراطية التي أنتجتها السلطات الداخلية المعادية للشعب. هذه البنية التي تتيح احتلال جهاز الدولة من قبل الحركات المنغلقة البيروقراطية التي تتغلغلت بكوادرها وتمركزت داخل الدولة التركية عقب دستور ١٩٦١ على وجه الخصوص.

- المرحلة الجديدة التي ظهرت مع الثورة الشعبية يومي ١٥ - ١٦ تموز في الصراع بين الهيمنة المؤسساتية البيروقراطية والسيادة الشعبية على طريق التحول الديموقراطي في تركيا، والمهمة التي أفرزتها هذه المرحلة لإعادة بناء الدولة من جديد وفي بنية ديموقراطية جديدة.

- قيام الممثلين السياسيين الذين أخذوا على عاتقهم مسؤولية تحقيق التعديلات السياسية التي نضجت عقب الثورة الشعبية في ١٥ - ١٦ نيسان بإطلاق مسيرة التعديل الدستوري[١٢].

---

(١١) محمد أوجوم، «ينبغي إعادة سيادة الدستور لأصحابه، مشكلة السيادة المجتمعية - ١»، سربَسيَّت، ١٢ كانون الثاني ٢٠١٦.

(١٢) كما هو معلوم، فإن تغيير الدستور في ١٦ نيسان تم بناءً على الدعوة التي وجهها الرئيس العام لحزب الحركة القومية دولت بهجه لي في اجتماع مجموعة حزبه في البرلمان التركي في ١١ تشرين الأول ٢٠١٦، والتحالف بين حزبي الحركة القومية والعدالة والتنمية، وتقديمه إلى رئاسة مجلس الشعب التركي في ١٠

- وأخيراً إمكانيات التغيير التي ظهرت أمام تركيا من حيث تلبية الحاجة إلى ديمقراطية ونظام سياسي جديد في القرن الواحد والعشرين.

مقاربة القانون السياسي للتعديل الدستوري[١٣] :

منذ دستور عام ١٩٦١ على وجه الخصوص بُنِيَ النظام السياسي التركي على أساس يعتمد السيادة المزدوجة. وتم توفير الهيمنة المؤسساتية البيروقراطية من خلال تحميل المؤسسات التي تم تنظيمها على المستوى الدستوري دور الوصاية الأيديولوجية. ولم يقتصر الأمر على الوصاية المؤسساتية، بل تجاوزه كذلك إلى وصاية الأحكام الأيديولوجية التي أدرجت في الأحكام الدستورية. ولم يُترَك لمجال السيادة الشعبية سوى الإدلاء بالأصوات في الانتخابات العامة والمحلية. وفي حال عدم توافق الإرادة المنتخبة مع رموز الوصاية الأيديولوجية تدخلت الإجراءات التي تقوم بتصفية المنتخَبين. وقد تم تنفيذ هذه الإجراءات وفقاً للظروف من قبل البيروقراطية العسكرية، والبيروقراطية القضائية، والبيروقراطية الإدارية، وفي آخر المطاف مقام رئاسة الجمهورية الذي تم تنظيمه على صورة مقام الوصاية[١٤] . وعند ظهور المشاكل في الساحة السياسية أو عند نشوب نزاعات داخل أجهزة الدولة مثل العلاقات بين

كانون الأول ٢٠١٦.

(١٣) من أجل مفهوم القانون السياسي، انظر: محمد أوجوم، «القانون السياسي»، سربَسيَّت، ١٠ كانون الأول ٢٠١٦.

(١٤) قرداش، أزمات الحكومة والائتلاف ورئاسة الجمهورية. جمع فيه المؤلف ممارسات البنى الوصائية في تاريخ الجمهورية من أرشيف الصحف.

المجلـس والحكومـة أو داخـل المجلـس كانـت أحـكام الوصاية ومؤسسـات الوصايـة هـي آليـة حـلّ هـذه النزاعات. ويسـتند الفهـم القانونـي السياسـي المفضّـل لتأسيس هـذه البنيـة إلـى مقاربـةٍ تصميميـة وقمعيـة. وتشـكل الهندسـة القانونيـة والسياسـية والمجتمعيـة التوجه الأساسـي في الفهـم القانوني هـذا. وهكـذا بذلت الجهـود لتحديد مسـاحة سياسـية ملائمة وسـلوكيات اجتماعيـة تميـل إلـى احتياجـات هـذه المسـاحة السياسـيةً. وتـم تخطيـط آليـاتٍ وإجـراءات قمعيـة تجنبـاً لإمكانيـة ظهـور ممارسـاتٍ سياسـيةٍ واجتماعيـةٍ مناهضَةٍ لهذا التصميـم[١٥] .

وهكـذا نشـأ كفـاح تركيـا الديمقراطـي عقـب دسـتور عـام ١٩٦١ بالأسـاس ضد ممارسـات الدولـة التي تعتمـد على منهجها القانونـي التصميمي والقمعي. والممارسـات التـي واجهها النضال الديمقراطـي قبـل عـام ١٩٦١ كانـت فـي الأسـاس تعتمـد النهج السياسـي الإقصائـي. والجديـد الـذي حـدث فـي كفـاح تركيـا الديمقراطـي عقب عام ١٩٦١ هو الانقلابـات والمذكرات وقرارات المحكمـة الدسـتورية غيـر القانونيـة وقـرارات القضـاء الإداري وممارسـات البيروقراطيـة السياسـية التـي ظهـرت أمام الشـعب معتمـدة على ركيزة قانونية صوريـة تماماً. وتمت محاولة إخفاء كل أنواع الأنشـطة السياسية الاسـتبدادية المعادية للشعب تحت ستارة قانونيـة. وبمعنـى آخـر تمـت محاولة اسـتخدام القانـون الوضعي

(١٥) سَرْوَر تانيللي، الدولة والديموقراطية، (مطبعة الكليات، إسطنبول ١٩٨١)، ص ٨٧ – ١٠٥. تناول فيه المؤلف من وجهة نظره؛ الوسائل القمعية بكل أنواعها في إطار مشاكل الديموقراطية بعد الانتقال إلى التعددية الحزبية إلى تاريخ إعداد دستور ١٩٨٢.

كوسيلة في جميع أنواع الإجراءات الفاشية التي مارستها الهيمنة المؤسساتية البيروقراطية(١٦). هذه العملية جعلت فتح المساحات عن طريق القانون لا يقلّ أهمية عن الممارسات السياسية في التحول الديموقراطي في تركيا. وعند النظر من هذه الزاوية بات تغيير فهم القانون السياسي في منهج القانون التركي في العهد الجديد أمراً لا مفر منه. ومع التعديل الدستوري في ١٦ نيسان اتخذت للمرة الأولى خطوةٌ للانتقال في النظام السياسي من حيث القانون من فهمٍ تصميميٍ قمعيٍ إلى فهمٍ تيسيريٍ موفّرٍ للإمكانات.

في الواقع يفتح هذا التعديل الدستوري المجال أمام الديناميكات السياسية وعلم الاجتماع في حلّ المشاكل عند ظهورها على الساحة السياسية أو في حال وجود عدم توافق بين أجهزة الدولة (مثل الصراع بين المجلس والحكومة). وفي هذا الصدد تصبح التشريعات التي تمنح الفوقية للمجلس أمام

---

(١٦) في منظور تاريخنا السياسي القريب وبعد ١٩٨٢؛ تم استخدام القانون الوضعي في جميع الممارسات باعتباره وسيلة فعالة جداً في مواجهة السياسة الديموقراطية والسيادة الوطنية. ومن أبرز أمثلة ذلك؛ انقلاب مجلس الأمن القومي عبر اجتماع مجلس الأمن الوطني بتاريخ ٢٨ شباط ١٩٩٧، والقرارات المتخذة في هذا الاجتماع، ودعوى إغلاق حزب العدالة والتنمية في عهد حكومته بالاستناد إلى أخبار ملفقة منشورة في صفحات إنترنت مزيفة في عام ٢٠٠٧، وعملية شاحنتي الاستخبارات الوطنية، ومحاولة بيروقراطية الأمن والنيابة العامة في ١٧-٢٥ كانون الأول.

الحكومة[١٧] ميزةً منهجيةً تجبر الحكومة على التوافق مع المجلس في حال ظهور عدم انسجام بين الحكومة والمجلس. بالمقابل تأتي صلاحية اتخاذ قرار تجديد انتخابات المجلس والرئاسة معاً (التي منحت للحكومة لمرة واحدة في كل فترة حكمٍ)؛ إجراءً ديموقراطيّاً وقائيّاً لمنع تعطيل المجلس فعالية الحكومة. ولا شكّ بأن المجلس كذلك يمكنه اللجوء إلى الصلاحية ذاتها ضد ممارسات الحكومة السلبية. فكما نرى كل هذه المميزات المنهجية تدفع السياسة الديمقراطية إلى التوافق فيما بينها أو تجبرها بالعودة إلى الشعب كحلّ نهائي يُمنَحُ فيه الشعب دور تجديد السياسة[١٨] .وهكذا يظهر فهمٌ قانونيٌ لا يمنح الشعب دور مفتاح حلّ المشاكل وحسب، بل يزيد كذلك من خيارات الشعب في عمل النظام السياسي، ويوسّع من مجال حريته في الاختيار، ويعزز مساحة السياسة الديمقراطية. ومن هذا المنظور فإن الانتخابات المتممة، والانتخابات المتزامنة النسبية، والانتخابات المبكرة هي مميزات منهجية تعزز من خيارات الشعب في تحديد المجلس والحكومة بصورة مباشرة.

---

(١٧) مراقبة التشريع، والاستجواب البرلماني، والبحث البرلماني، والمقابلة العامة، والسؤال المكتوب، واللجوء إلى المحكمة الدستورية، والإصرار على الأكثرية المطلقة مقابل الفيتو (تبني الإصرار بأغلبية الثلثين)، حظر الفيتو في الميزانية المقبولة في البرلمان، محظورات إمكانية الإضافة وتعديلات أقلام الميزانية التي تم رفضها من قبل البرلمان، منح البرلمان فوقية في تجديد الانتخابات، مسؤولية الرئيس ونواب الرئيس والوزراء في أداء اليمين أمام البرلمان، حصر تشريع القوانين باستثناء الميزانية بأعضاء البلرلمان، عدم منح الحكومة أي صلاحية يمكن أن يوجه اللجان أو الهيئة العامة المعنية بسن القوانين في عمليات سن القوانين بأي شكلٍ من الأشكال؛ تمثل بعض الجوانب المتعلقة بهذا الموضوع في القانون الجديد.

(١٨) مارتين لولين، مفهوم القانون العام، (منشورات جامعة إسطنبول للتجارة، إسطنبول، كانون الأول ٢٠١٤). يتناول المؤلف في كتابه هذا أنواع علاقات السياسة الديموقراطية والإدارة من حيث القانون العام بكل أبعادها. ويقوم في النهاية بتقييم السياسة الديموقراطية والتمثيل الشعبي في القوانين الأصلية (الأساسية) المستقلة في القانون العام.

وبينما يعزز الرابط الذي تم تأسيسه على الإرادة الشعبية من خلال الأشخاص الذين ينتخبهم الشعب في إدارة القضاء السياسة الديمقراطية من جهة؛ يطور كذلك آليات تقديم الحساب أمام الشعب. وإن شرط حصول الحكومة على ٥٠٪+١ من الأصوات وإجراء جولتين من الانتخابات ليست سوى ضمانة منهجية تعزز كذلك خيارات الشعب وتسعى لتحقيق الأكثرية. كل هذه الميزات سوف توفر ظهور مرشحين معقولين يمكنهم الحصول على دعم جميع شرائح المجتمع ويتمتعون بشرعية عالية للوصول إلى سدة الحكم. ومنح الشعب حق إظهار مرشحه للرئاسة ميزة منهجية أخرى تزيد كذلك من خيارات الشعب. وهذه الإمكانية لا تحرر الشعب من اختيار مرشحي الأحزاب السياسية وحسب؛ بل تمتلك القدرة على إظهار بدائل أخرى من خارج الأحزاب السياسية في الوصول إلى الحكم.

فكما نرى فإننا نتحدث عن تعديل منهجي تم تطويره من خلال فهمٍ قانونيٍّ سياسيٍّ يسهل عمل الشعب والسياسة الديمقراطية ويتيح الفرص أمامهم. وقد أدّى هذا التعديل إلى نتيجة بالغة الأهمية من جانب المشروعية القانونية، فسيتم بعدً الآن تطوير القوانين وفق المطالب والاحتياجات الاجتماعية بدلاً من إرادة نخبة خاصة. وبالتالي سيتم تحرير القانون الوضعي من استبداد «البيروقراطية القانونية» ووضعه عبر مقاربة تعتمد على المشروعية الاجتماعية. وعندها سوف ترتبطً سلسلة المشروعية للعلاقات الاجتماعية والسياسية والقانونية بالسياق الصحيح. ويمكننا وفق ذلك اعتبار القانون مشروعاً عندما يتم إنتاجه عبر السياسة الديمقراطية والسياسة الديمقراطية التي ترتكز على

المشروعية الاجتماعية فحسب. وعكس سلسلة المشروعية هذه كما تم حتى الآن أصبح بعد الآن غير مشروعٍ[١٩] .

تقييم التعديل الدستوري من حيث المعايير الديمقراطية:

لوصف مجتمع سياسي ما بالديمقراطية يتعين تقييمه وفق مجموعة من المعايير المتطورة عبر الزمان. ويعتمد هيكل الأنظمة السياسية وإنشاؤها وعملها على مبادئ معينة. والنقطة المهمة بالنسبة لنا في هذه الدراسة هي جهاز الدولة الذي هو تعبيرٌ عن النظام السياسي من حيث القانون العام. والمقبول هنا أن آلية العمل الديموقراطي لا تمتلكه جميع الدول. ولا ينبع الأساس الذي يصف دولة ما بالديمقراطية من هيكل الدولة ومبدأ السيادة، بل من المبدأ المتعلق بطريقة عملها . فبينما تُعتَبَر الدول مثل المملكة المتحدة، والمملكة السويدية، ومملكة الدانمارك التي تجمع بين مبادئ الوراثة والسيادة معاً دولاً ديمقراطيةً على مستويات معيَّنَة؛ تفتقر دولٌ جمهوريَّةٌ تعتمد على السيادة الوطنية مثلاً الصينِ وكوريا الشمالية وكوبا والعديد من الدول الإفريقية إلى مبادئ الديمقراطية الطبيعية، ولا تعتبر ديموقراطيةً. كما أن البنية الوحدويَّة أو الفدراليَّة للدول لا يحدد ما إذا كانت دولةٌ ما ديمقراطيةً أم لا . وبالتالي فإن كيفية بناء أجهزة الدولة وعملها وتجديدها، والمبادئ التي تعتمدها هذه

(١٩) نور فَرْغين، الاجتماع السياسي، (مكتبة دوغان، إسطنبول ٢٠١٥)، ص ٤٧ – ٥٢ .تناولَ فيه المؤلف القانونية والمشروعية ومعانيها المختلفة من خلال وجهة نظر كلاسيكية، ليصل في النتيجة إلى أن مشروعية أي نظام قانوني يمكن تأمينه بكون المواطنين الخاضعين لهذا النظام القانوني هم أنفسهم أصحاب هذا النظام ومصدره.

الأجهزة في عملها، وكيفية تنظيم العلاقة بين الأجهزة هي المعايير الأساسية في تحديد الديمقراطية. وحتى نستطيع أن نحكم على دولة ما بأنها دولةٌ ديمقراطيةٌ يتعين تبعاً لمقاربتنا النظرُ في تطابقها مع أربعة معايير. ويمكننا وصف هذه المعايير بمبادئ تأسيس الديمقراطية وتجديدها وتشغيلها. وهذه المبادئ الأربعة هي مبدأ الشرعية، ومبدأ الحل، ومبدأ التغيير، ومبدأ الفصل بين السلطات[٢٠].

مبدأ الشرعية

الديمقراطية في أبسط تعريف لها هي اعتماد النظام السياسي على الشعب. واستناد الأجهزة الأساسية الثلاثة للدولة على إرادة الشعب هو مبدأ الشرعية في الديمقراطية. فالأنظمة السياسية التي تعجز عن بناء صلة مباشرةٍ أو غير مباشرةٍ مع إرادة الشعب أو تستطيع أن تبنيها ولكن بصورةٍ جزئية من حيث المجلس والحكومة والقضاء؛ إما أنها ليست أنظمةً ديمقراطيةً أو تتمتع بديمقراطية محدودة. وتبرز الديمقراطية الوصائية في الأنظمة السياسية التي تتشارك السيادة الوطنية. وللبت في كون النظام السياسي يعتمد ديمقراطية تامةً؛ لابد أن تتوفر الشرعية في أجهزة الدولة الثلاثة. بناءً عليه يُعتبر انتخاب المجلس على الأقل من قبل الشعب بصورةٍ مباشرةٍ

(٢٠) إن مبدأ فصل السلطات يتم تناوله بلا شكٍّ منذ عهد مونتيسكيو وهوبز ولوك باعتباره إحدى أطروحات القانون العام ونظرية الدستور في علم السياسة. وهناك اتفاق عام على أن فصل السلطات الذي تم تطبيقه بشكل منضبط في عمل النظام السياسي؛ يشكل ضماناً للديمقراطية. ولكن المعايير الأخرى غير هذا المعيار يمكن الحديث عنها باعتبارها مفاهيم جديدة في علم السياسة وعلم الاجتماع السياسي. وقد تمت مناقشة مشكلة الشرعية كثيراً، لكنها لم تُقَيَّم كثيراً بأبعادها التي نتحدث عنها في دراستنا هذه. أما معايير التغيير والحل فهي مقارباتٌ لم تتناولها الأجندات حتى الآن.

معياراً أساسياً في الشرعية الديمقراطية. ونماذج الأنظمة البرلمانية تكتسب شرعيتها الديمقراطية استناداً على هذا المعيار الأساسي. لكن بناء مبدأ الشرعية من حيث إدارة الحكومة والقضاء ضرورةٌ لابد منها من أجل الديمقراطية حتى في الأنظمة البرلمانية. ولهذا السبب، بينما يتم تحديد المجلس بالشرعية الديمقراطية المباشرة؛ تتحقق الشرعية الديمقراطية بصورةٍ غير مباشرةٍ عبر تشكيل الحكومة من أعضاء المجلس. وبالطريقة ذاتها تتحقق الشرعية الديمقراطية غير المباشرة في الجهاز القضائي من خلال وضع إدارة القضاء تحت تصرف المنتَخَبين. ونتيجة لكل هذه الأسباب توصف الأنظمة السياسية التي تعتمد نموذج النظام البرلماني بالأنظمة الشرعية الأحادية؛ لأن واحدة فقط من أجهزة الدولة الثلاثة وهي المجلس يُنْتَخَبُ مباشرةً من قبل الشعب ويتم تجديده أيضاً عبر انتخاب الشعب بصورةٍ مباشرة.

أما الأنظمة الرئاسية الديمقراطية فتقوم على مبدأ الشرعية المزدوجة. فالمجلس والحكومة كلٌّ على حدا يتم تأسيسه وكذلك تجديده من قبل الشعب مباشرة. وتعتمد إدارة القضاء في هذه الأنظمة على الشرعية الديمقراطية غير المباشرة. إن النظام الرئاسي الديمقراطي في الولايات المتحدة يعتمد على الشرعية المزدوجة الناقصة. ففي الولايات المتحدة يتم انتخاب الرئيس الذي يمثل الحكومة، والكونغرس بكلا جناحيه من قبل الشعب، لكن كون الانتخابات الرئاسية بدرجةٍ مزدوجة[٢١] يضعف من مبدأ

(٢١)نبي ميش، علي أسلان، م. أركوت أيْواز، هزال ضوران، تطبيقات النظام الرئاسي في العالم، (تقرير ستا، إسطنبول ٢٠١٥)، ص ٣٨.

الشرعية[٢٢]. وفي الحقيقة يقوم الشعب في الانتخابات الرئاسية الأمريكية بتحديد أعضاء مجلس الناخبين الذي سينتخب الرئيس، وينتخب هذا المجلس بدوره الرئيس. ويؤدي هذا النموذج في بعض الأحيان إلى ضعف الانتخابات الديمقراطية بسبب قلة عدد الأعضاء رغم كثرة أصوات الناخبين المباشرين. لهذا السبب لا يمكننا القول بأن النظام الرئاسي في الولايات المتحدة الأمريكية يعتمد تماماً على الشريعة المزدوجة[٢٣].

تبنّت تركيا منذ تأسيس الجمهورية مبدأ السيادة الوطنية. وبالتالي فإن الخيار الديمقراطي الذي ينسجم مع مبدأ السيادة الوطنية في تركيا على مستويات عالية جداً خيارٌ ينسجم مع تأسيسها. وبالرغم من سيطرة النزعات الاستبدادية في فترات معينة تلت التأسيس؛ على مبدأ عمل الدولة فقد حافظت تركيا على توجهها الديمقراطي الذي كانت تتبعه خلال ١٤٠ عاماً الماضية.

لقد تطورت الجهود الديمقراطية المعتمدة على الشرعية الأحادية عقب الانتقال إلى النظام السياسي الذي يتمتع بالتعددية الحزبية. ولكن مع دستور عام ١٩٦١ تم قبولُ فهمٍ ديمقراطيٍ محددٍ في المنهج القانوني، وتم تأسيس نظامٍ يعتمد

---

(٢٢) فاز ترامب في انتخابات ٢٠١٦ رغم أنه حصل على أصوات أقل من تلك التي حصلت عليها كلينتون وذلك لأنه تلقى دعماً من أكثر من ٢٧٠ ناخباً من مجلس الناخبين المكون من ٥٣٧ عضواً. من أجل خبر في هذا الشأن انظر: «ترامب يحصل على أصوات أقل من أصوات هيلاري كلينتون بمئتي ألف صوت، لكنه يغدو رئيساً»، خبر تورك، ١٠ تشرين الثاني، ٢٠١٦.

(٢٣) من أجل أسس النظام الرئاسي الأمريكي؛ انظر: برهان قوزو، النظام الرئاسي بكل جوانبه، (منشورات الباب العالي الثقافية، إسطنبول ٢٠١٣)، ص ٣٦-٤١.

على وصاية القواعد والمؤسسـات. وظهر الشـذوذ في النظام كلما تزايـدت الجهود لحل المشـاكل الناتجـة عن النظام ولـو قليلاً عن طريـق التعديـلات التي أجريـت على مسـتوى الدسـتور والقانون. وفـي النهايـة لم تتولـد إمكانيـة اختبار النمـوذج البرلمانـي الذي يعتمـد على الشـرعية الأحادية بصـورة حقيقيَّة. ونمـوذج انتخاب المجلـس مـن قبـل الشـعب مباشـرة وانتخـاب الحكومة مـن قبل أعضـاء المجلـس أمّـن شـرعية مباشـرةً وغير مباشـرة بالنسـبة لـكلا الجهازين ولو شـكلياً. بيـد أن البنى الوصائيـة عملت في كلِّ فرصـة سـانحة على تقييد الإرادة السياسـة الديمقراطية أو قمعها أو تصفيتهـا. أمـا بالنسـبة لإدارة القضاء فلا يمكننـا التحدث عن الشـرعية الديمقراطيـة بـأي شـكلٍ من الأشـكال حتى حلـول عام ٢٠١٠. ومـع التعديـلات الدسـتورية التـي أجريـت عـام ٢٠١٠ تم العمل على ترسـيخ مبـدأ الشـرعية الديمقراطية المحـدودة جداً، لكـن المحكمـة الدسـتورية ألغـت[٢٤] هـذه التعديلات فـكان ذلك سـبباً فـي شـل هـذه المشـروعية المحـدودة. فكما نـرى النظام السياسـي الـذي كان سـائداً قبـل التعديـل الدسـتوري كان نظاماً بالـغ الإشـكالية مـن حيث مبـدأ الشـرعية الديمقراطيـة. ومع أن كـون نظام الدولة جمهورياً واعتماد مبدئها السـياديِّ على السـيادة الوطنيـة يوفـر إمكانيـات ضخمة من أجـل ترسـيخ الديمقراطية؛ لكننـا لـم ننجح في اتخـاذ خطوة توصلنا إلى هـذه المرحلة إلا بعد كفـاحٍ ديمقراطـيٍّ دام قرنـاً من الزمـان تقريباً.

لقـد حـلّ التعديـل الدسـتوري فـي ١٦ نيسـان بصـورة جذرية مشـكلة الشـرعية الديمقراطيـة المسـيطرة علـى بنـاء أجهـزة

(٢٤) قرار المحكمة الدستورية رقم ٢٠١٠/٤٩ E، ٢٠١٠/٨٧ K تاريخ ٠٧. ٠٧. ٢٠١٠.

الدولة وتجديدها وعملها، وجعلنا نخطو خطوةً كبيرةً نحو دولة ديمقراطيَّة، وجعل السيادة الوطنية في يد الشعب. وتكامُلُ الجمهورية بالدولة الديمقراطية يُعتَبَر المراحل الأخيرة من المسيرة التأسيسية لتركيا. والتعديلات الدستورية التي جرت في ١٦ نيسان تعديلاتٌ أمّنت الانتقال إلى هذه المراحل التصحيحية، وأطلقت عملية الإصلاح. فهذه التعديلات الدستورية التي تم اعتمادها تمنح الشعب حق انتخاب المجلس والحكومة بصورة مباشرة. وبما أن إرادة الناخبين المباشرة هي المحدِّد في اختيار الحكومة تم بناء نظامٍ سياسيٍّ يعتمد على الشرعية المزدوجة بصورةٍ تامَّة. وعلاوة على ذلك تم حلّ مشكلة الشرعية الديمقراطية من خلال ربط إدارة القضاء بإرادة الشعب. وتحققت الشرعية الديمقراطية غير المباشرة في إدارة القضاء عبر منح الناخبين من قبل الشعب (المجلس والحكومة) حق انتخاب مجلس إدارة القضاء.

وفي النهاية تم حلّ مشكلة الشرعية الديمقراطية التي كان يعاني منها نظامنا السياسي من خلال إسناد مبدأ الشرعية الديمقراطية إلى الشرعية الديمقراطية المباشرة في الحكومة والمجلس، وإسناد إدارة القضاء إلى الشرعية الديمقراطية غير المباشرة إثر التعديلات الدستورية التي حصلت في ١٦ نيسان. فكانت التعديلات الدستورية هذه تتوافق مع معايير الديمقراطية المتطورة.

مبدأ الحل:

تحدد الأنظمة السياسية طريقة حلِّ المشاكل التي تعترضها وكيفية اجتياز الأزمات والانسدادات السياسية وفق مبدأ عمل

النظام السياسي. وفي الأنظمة التي تعمل بطريقة استبدادية أو شمولية تتولى الأجهزة القمعية مهمة حل المشاكل. وفي الأنظمة السياسية التي تبدو ديمقراطيةً على غير حقيقتها وتستند إلى وصاية القواعد الاستثنائية أو المؤسسات؛ تتولى مقامات الوصاية مهمة تطبيق الحلول. إن معظم الأمور التي توصف بالمشاكل أو ما تعرف بالانسدادات السياسية داخل هذا النوع من الأنظمة السياسية المشار إليها ليست في الحقيقة مشاكل أوانسداداتٌ من نتاج الظروف الموضوعية. فمثلاً في بلدنا الذي لديه نظام وصائي بمظهر ديمقراطي تم اصطناع مشاكل تستند إلى فعاليات هندسة للحفاظ على النظام أو لتصفية الإرادة الديمقراطية التي يعتبرها النظام خطراً عليه. ومما لا شك فيه أنه لا مفر من المشاكل ولو كان عمل النظام السياسي قائماً على الديمقراطية.

لا يمكن بناء أي نظام سياسي يعمل دون مشاكل، والمهم هنا هو كيف سيتم حلّ المشاكل أو الانسدادات عند ظهورها ومن سيتدخل لاجتيازها. إن جواب هذا السؤال واضحٌ بالنسبة للأنظمة الديمقراطية. فمن بين المبادئ الأساسية للديمقراطية؛ تدخل الإرادة الشرعية والأجهزة الشرعية في حلّ المشاكل عند حصول عدم انسجام داخل النظام، أو في حال نشوب خلافات بين الأجهزة. فالإرادات الشرعية هي الشعب باعتبارها الأصل، والأجهزة الشرعية باعتبارها المنتَخَبَة هي المجلس والحكومة والقضاء الذي تم تأسيسه بناءً على مبدأ الشرعية الديمقراطية. ومما لا يتوافق مع مبدأ العمل الديمقراطي أن تلعب البنى من غير الإرادة والأجهزة الشرعية دوراً في حل المشاكل. ويُعتبر جميع المؤسسات والبنى فيما عدا الإرادات والأجهزة الشرعية؛

مؤسساتٌ مساعدةٌ في الأنظمة الديمقراطية، ولا تتمتع بإرادة سياسية، وليس لها حقٌ أو صلاحيةٌ في اتخاذ قرارات مستقلة. وبالتالي فإن حصول البنى البيروقراطية مثل البيروقراطية العسكرية والإدارية والقضائية على مساحات مستقلة خارج نطاق الإرادة الأصلية والمنتَخَبَة، وتدخلها في السياسة الديمقراطية وفي عمل النظام؛ أمرٌ غير شرعي.

خلال الفترة التي بدأت مع انقلاب عام ١٩٦٠ على وجه الخصوص دخلت تركيا في دوامة حلّ المشاكل غير الشرعية الناتجة عن تصرفات البيروقراطية العسكرية، ومجلس الأمن القومي، والمحكمة الدستورية التي كانت تحت تأثير البيروقراطية القضائية. فكان من ممارسات هذه الدوامة ستُّ انقلابات ومذكرات عسكرية(٢٥) ، ووثائق سياسة الأمن القومي التي تخص مجلس الأمن القومي، وتنظيم السياسة الداخلية وفق هذه الوثائق، وقرارات المحكمة الدستورية بإغلاق الأحزاب، وإلغاؤها التعديلات الدستورية رغم أنها لا تمتلك هذه الصلاحية، وإلغاء القوانين التي تتوافق مع الدستور، وإلغاء الانتخابات الرئاسية الشرعية والقانونية، ورفع دعوى إغلاق أيديولوجية بحتة ضد الحزب الحاكم الذي يتمتع بتأييد خمسين بالمئة من الشعب، والقرارات الأيديولوجية

(٢٥) انقلاب ١٩٦٩، والمذكرة العسكرية ١٩٧١، وانقلاب ١٩٨٠، وانقلاب مجلس الأمن القومي في شباط ١٩٩٧، والمذكرة العسكرية الإلكترونية ١٧ نيسان ٢٠٠٧، ومحاولة الانقلاب الرجعية والفاشية ١٥ تموز ٢٠١٦. نجحت منها محاولة انقلاب ١٩٦٠ و١٩٧١ و١٩٨٠ و١٩٩٧؛ في حين تم إحباط محاولة انقلاب ٢٠٠٧. أما محاولة انقلاب ٢٠١٦ فقد أُحبِطت بالثورة الشعبية الديمقراطية الوطنية.

التي أصدرتها الإدارة القضائية لمنع الاستثمارات والأعمال الحكومية، والعديد من التطبيقات والممارسات الأخرى.

عندما ننظر في الأنظمة الديمقراطية من جانب مبدأ الحلول، نلاحظ أن جميع المشاكل الموضوعية أو غير الموضوعية التي برزت على الساحة بتدخلات غير شرعية بدلاً من تدخل الإرادات والأجهزة الشرعية؛ قد حُلَّت خلال التاريخ السياسي التركي الممتد منذ انتقال تركيا إلى نظام التعددية الحزبية عام ١٩٤٦ إلى ١٥ تموز ٢٠١٦. والتعديلات الدستورية التي جرت في ١٦ نيسان أمّنت تحولاً سياسياً قضت على هذه المشكلة في تركيا. ومع دخول النظام الرئاسي حيز التنفيذ سيغدو للسياسة الديمقراطية السبق في البحث عن حلولٍ في حال ظهور مشاكل على الساحة السياسية أو نشوء عدم انسجام بين المجلس والحكومة. وعندما تعجز السياسة الديمقراطية عن حلّ المشاكل سيتم اللجوء إلى الخيارات التي يقدمها الشعب. كما يُلاحظ، يشكل الشعب بصفته إرادة أصلية، وممثلو السياسة الديمقراطية بصفتهم إرادة منتَخَبَة عواملَ محدِّدَةً في حلّ المشاكل السياسية باعتبارهم جهات شرعية.

مبدأ التغيير

يؤدي الإصرار على البنى الثابتة والدوغماتية في كل نظامٍ سياسيٍ إلى نشوب نزاعات في الممارسات الاجتماعية والسياسية. يجب على الأنظمةً السياسية أن تتمتع بديناميات التغيير لتجنب نشوب هذه النزاعات أو من أجل تجنب النتائج المدمِّرةِ لهذه النزاعات عند بروزها.

إن كيفيـة تحقيـق التغييـر في الأنظمة السياسـية التـي تعتمد علـى الديمقراطيـة فـي منهجها العملـي هـي مشـكلةٌ فـي بالـغ الأهميـة. وهنـاك حاجةٌ إلى منهـج للتغيير من أجل تأسـيس نظامٍ سياسـيٍّ ديناميكـيٍّ. ولهذا السـبب يتعين الإجابة على سـؤال: «ما هـو مبدأ التغيير الذي سـيُعْتَمَد فـي الأنظمـة الديمقراطية؟».

إن الأنظمـة الديمقراطيـة ليسـت أنظمـةً سياسـيةً تعتمد على الإرادة الشـعبية وحسـب، بـل يتعيـن عليهـا فـي الوقـت ذاتـه أن تكـون أنظمـةً تضمـن حقـوق الشـعب وحرياتـه. وإلا يتعيّن وصف كلِّ نظـامٍ يجـري فيه الانتخابـات بأنه نظامٌ ديمقراطـيٌّ، لكن الأمر كمـا هـو معلـومٌ لا يقتصر علـى ذلـك. فالانتخابات مبدأ أساسـيٌّ فـي الأنظمة الديمقراطيـة، ويمكن وصف حـق الأكثرية في الحكم والإدارة، وتحقيـق الأكثريـة، والتنـوع فـي التمثيل، وحق المشـاركة العـام؛ بقواعد الديمقراطيات الكلاسـيكية[٢٦]. بيـد أن جميع هذه الحقـوق غيـر كافيـة، فإلى جانـب التمثيـل توجد عناصـر أخرى للديمقراطيـة نذكـر منها؛ الاسـتقلال الذاتي الفـردي والجماعي، والمسـاواة الشـكلية، وتكافـؤ الفرص. ويمكـن لهـذا المفهـوم الديمقراطـي أن يغـدو نظامـاً ديمقراطيـاً حقيقياً عندما يسـتند علـى قاعـدةٍ تضمن حقـوق الشـعب وحرياته بصورة أساسـية.

في هذا السـياق يجب أن يكون الحفاظ على حقوق وحريات الشعب وتطويرها مبدأ تغيير الأنظمة السياسـية التي تعتمد الديمقراطية في منهجها العملي. وينبغي القبول هنا بأن أي تغيرٍ في النظام السياسـي يؤدي إلى نتائج تقيد حقوق وحريات الشعب لن يكون تغييراً ديمقراطياً.

(٢٦) طانيلي، الدولة والديمقراطية، ص ٣٠-٣٨.

فالتغيرات غير الديمقراطية هي تغيرات تقيد حقوق الشعب وحرياته. والميل إلى التحول الاستبدادي أو الشمولي يتطور من خلال تقييد الشعب. ومن المعروف أن النظام الوصائي مبنيٌّ على تقييد حقوق الشعب الديمقراطية. وجميع الأنظمة التي تم بناؤها على احتمالية أن يرتكب الشعب خطأً هي في الحقيقة أنظمة معاديةٌ للديمقراطية؛ لأن الافتراض بأن الشعب يمكنه أن يرتكب خطأً لا يكون موضوع الحديث إلا عند البحث عن نظام سياسي غير ديمقراطي. فالديمقراطيات لا تتشكل اعتماداً على الفرضية التي تقول إن الشعب يمكنه أن يرتكب خطأً، بل تتشكل اعتماداً على احتمالية أن يقوم الشعوب باختيارات مختلفة، وتبنى الأنظمة الديمقراطية على مبدأ «الثقة بالشعب وبمن اختاره الشعب». أما المبدأ المتمم لهذا المبدأ فهو «اتخاذ التدابير وفرض العقوبات في حال إساءة استخدام الحقوق». وهكذا؛ فإن مبدأ الثقة ومبدأ العقوبة والتدابير هي المبادئ التي تضمن بقاء الأنظمة الديمقراطية.

في إطار هذه المقاربات، وعند أخذ التعديلات الدستورية التي جرت في ١٦ نيسان بعين الاعتبار؛ يمكننا الحديث عن تعديلات تعتمد على مكاسب الشعب الديمقراطية وتتخذ هذه المكاسب قاعدةً لها. فنموذج النظام الجمهوري الرئاسي ليس نموذجاً يحبذه اللاعبون السياسيون، بل نموذجٌ يقوم على مكاسب الشعب الديمقراطية. أي أنه نموذجٌ يريده الشعب. فالنظام السياسي في تركيا قبل التغيير لم يكن بالتمام نظاماً برلمانياً. والذين يعارضون النظام الرئاسي يريدون إحياء نموذج النظام البرلماني، ولكن لم يتحدث أحدٌ علناً عن كيفية عملية الإحياء هذه. ولو أردنا التبسيط لأمكننا القول إن نموذج النظام البرلماني الذي يعتمد على

رئاسة الجمهورية[٢٧] يتمتع بأربعة خصائص:

- انتخاب الشعب المجلس بصورة مباشرة.
- تشكيل الحكومة من أعضاء المجلس.
- انتخاب رئيس الجمهورية من قبل المجلس.
- أن تكون صلاحيات رئيس الجمهورية رمزية.

وعند النظر من منظور هذه الخصائص يُلاحَظ أن النموذج السياسي التركي السابق كان يتمتع ببنية مختلطة. فالمجلس يتم انتخابه مباشرةً من قبل الشعب، والحكومة تتشكل من صفوف المجلس، لكن رئيس الجمهورية يتم انتخابه مباشرةً من قبل الشعب على خلاف النظام البرلماني الحقيقي. أما صلاحيات رئيس الجمهورية المنتَخَب فهي واسعةٌ جداً. ولإحياء نموذج النظام البرلماني يتعين أخذ حق انتخاب رئيس الجمهورية من يد الشعب وإعادته للمجلس. علاوة على ذلك ينبغي تخفيض صلاحيات رئيس الجمهورية إلى مستويات رمزية، أو تشكيل موقع لرئيس جمهورية يتمتع بصلاحيات رمزية ولو تم انتخابه من قبل الشعب. لكن أحداً من الأطراف المعارضة للنظام الرئاسي لم يجرؤ على الحديث عن هذه المقاربات. فلم يستطع أحد منهم أن يغامر ويتصدى لسلب حق انتخاب رئيس الجمهورية من يد الشعب وهو مكسب من مكاسبه. ولا يمكن في واقع الأمر اعتبار تخلي الشعب عن حق من حقوقه وبإرادته المستقلة داخل الروتين الديمقراطي موقفاً يلائم الثقافة الديمقراطية. بتعبيرٍ آخر، إن حصول

(٢٧) قوزو، النظام الرئاسي بجميع جوانبه، ص ٤٥-٦٦.

الشعب على حق انتخاب رئيس الجمهورية في تركيا[٢٨]، وحقه في مطالبة رئيس الجمهورية المنتَخَب بأن يمارس السياسة بصورة فعّالة؛ مكسبٌ ديمقراطيٌ مستقلٌ عن النموذج الحكومي. وبالتالي فإن اعتماد نموذجٍ يتجاهل هذا المكسب الديمقراطي في أي تعديلٍ يشمل النظام الحكومي يُعتبر موقفاً غير ديمقراطي. وهذا يتعارض تماماً مع مبدأ التغيير في الأنظمة الديمقراطية.

وأخيراً طُرِحَ نموذج نظام الجمهورية الرئاسي عبر تعديلاتٍ دستورية أُعِدَّتْ بمقاربةٍ تراعي مكاسب الشعب الديمقراطية، وتناسب مبدأ التغيير في الأنظمة الديمقراطية. فهذه التعديلات الدستورية التي تم قبولها باستفتاءٍ شعبيٍ تطرح تحولاً ينسجم مع مكاسب الشعب الديمقراطية.

مبدأ الفصل بين السلطات

الفصل بين السلطات في أبسط تعريف له هو السلطات المحدودة، ويعتمد مبدأ عدم التدخل. فالسلطةً التشريعية تسن القوانين ولا تتدخل في السلطة التنفيذية. والسلطة التنفيذية

(٢٨) في دورته الـ ٢٢ لعام ٢٠٠٧ انتخب مجلس الشعب التركي الكبير عبد الله غول رئيساً للجمهورية بصورة شرعية وقانونية، لكن المحكمة الدستورية إثر مراجعتها من قبلِ حزب الشعب الجمهوريِّة ألغت هذه الانتخابات بمبررات غير قانونية ومتعديةً صلاحياتها. ثم بدعم حزب الحركة القومية الذي دخل المجلس فيٍ دورته الـ ٢٣ أجريت انتخابات رئاسة الجمهورية. وقد تم تقديم التعديلات الدستورية المتعلقة بانتخاب رئيس الجمهورية للاستفتاء الشعبي، وتم قبوله من قبل الشعب. فحصل الشعب على حق انتخاب رئيس الجمهورية بأصوات بلغتقرابة ٧٠٪ في الاستفتاء الشعبي الذي أجري في تشرين الأول ٢٠٠٧. وغدا رجب طيب أردوغان أول رئيس جمهورية منتَخَب من قبل الشعب في الانتخابات التي جرت في١٠ آب ٢٠١٤.

تقوم بالمهام الحكومية ولا تتدخل في العمليات التشريعية. والقضاء يراقب أعمال المجلس[٢٩] والسلطة التنفيذية وفق الدستور والقانون، ولا يأخذ مكان المجلس والحكومة.

والسلطات من منظور الأنظمة السياسية التي تستند على السيادة الوطنية هي وظائف السيادة. هذا يعني أن السلطات كلها في الأصل بيد الشعب الذي هو صاحب السيادة. والشعب يجعل أجهزة الدولة تنوب عنه في ممارسة حقه في استخدام هذه السلطات. فتستخدم أجهزة الدولة الصلاحيات التي أوكلت لها باسم الشعب. وبالتالي فإن فصل السلطات ليس فصلاً بنيوياً، بل فصلاً وظيفياً. أي أن فصل السلطات لا يعني تمزيق السيادة، بل تحديد وظائف السيادة. ولهذا يجب أن يكون تشكُّلُ أي سلطة في الأنظمة الديمقراطية مستنداً على مبدأ الشرعية[٣٠]. وكلُّ سلطة لا تستند إلى شرعية ديمقراطية مباشرةٍ أو غير مباشرةٍ ليست سلطةً في الأنظمة السياسية الديمقراطية. وبالتالي يأتي فصل السلطات في الأنظمة السياسية الديمقراطية بمعنى أن تنفصل البنى المتطابقة في الوظيفة وتتوازن فيما بينها وتراقب بعضها بعضاً؛ لأنها تستند إلى إرادة الشعب من حيث الشرعية.

قبل تغيير الدستور في ١٦ نيسان كانت هناك مشاكل في النظام السياسي التركي في موضوع فصل السلطات سواء في الجانب الشرعي أو الوظيفي. وقد تم التطرق إلى المشاكل المتعلقة بالشرعية في الفصل المعني[٣١]. أما الفصل الوظيفي

---

(٢٩) من حيث الأنظمة السياسية التي توجد فيها رقابة المحكمة الدستورية.

(٣٠) انظر: الفصل ١.٣. من هذه المقالة.

(٣١) انظر: الفصل ١.٣. من هذه المقالة.

فقد ظهر باعتباره مشكلةً أساسيةً في النشاط القضائي الذي يقيد بصورةٍ غير ديمقراطية فعاليات المجلس والسلطة التنفيذية والسلطة التشريعية التي تسيطر عليها السلطة التنفيذية[٣٢] .

بعد تغيير الدستور في ١٦ نيسان تم الانتقال إلى نموذج يقيم فصلاً حاداً بين السلطات. فتم إبعاد الحكومة تماماً عن المجلس، وأُلغيَت جميع الصلاحيات التي كانت تتمتع بها الحكومة خلال عملية صياغة القوانين[٣٣] .وتم حلّ مشكلة الإدارة القضائية مع الشرعية الديمقراطية إضافةً إلى تهيئة ظروف الأنشطة القضائية التي تتناسب مع مبدأ عدم التدخل من خلال تعزيز ميزة الحيادية التي باتت حكماً دستورياً.

أقيمت العلاقة بين السلطات من حيث التوازن والمراقبة على أساس مقاربة التفوق الوظيفي. بناءً عليه جُعل المجلس فوق الحكومة وظيفياً، رغم كونهما متساويين من حيث الشرعية. وتم

(٣٢) يأتي إغلاق الأحزاب السياسية عبر إجراءات قضائية أيديولوجية طيلة تاريخ الجمهورية كما تم التطرق إليه في هذه المقالة بيَن الحين والآخر، وإلغاء القوانين وحتى التعديلات الدستورية بقرارات أيديولوجية أصدرتها المحكمة الدستورية بعد دستور ١٩٦١، وإلغاء المجلس للانتخابات الرئاسية عام ٢٠٠٧، وفتح دعاوى إغلاق ضد الحزب الحاكم، وعرقلة الحكومة والخدمات والإجراءات باستمرار بقرارات أيديولوجية من مجلس الدولة والإدارات القضائية؛ أولى الأمثلة عن النشاط القضائي التي يمكن عدّها على الأصابع.

(٣٣) حظر تقديم مشروع القانون، وحظر إصدار قرار بحكم القانون في إطار قانون الصلاحية، وحظر عرض القوانين باستثناء عروض قانون الموازنة والحسابات النهائية، وحظر المشاركة في أعمال التشريع في المجلس العام لمجلس الشعب التركي الكبير، وحظر المشاركة في أعمال التشريع في حال عدم وجود دعوة لذلك في لجان المجلس، وإلغاء الصلاحيات في عملية تشريع البيروقراطيات التابعة للحكومة، وحظر المشاركة في أعمال التشريع. من أجل الأحكام الدستورية المتعلقة بالموضوع انظر: «القانون المتعلق بإجراء التعديلات في دستور الجمهورية التركية» رقم ٦٧٧١ والذي تم نشره في صحيفة رسمية عدد ٢٩٩٧٦ بتاريخ ١١ شباط ٢٠١٧.

تحقيق هذه الفوقية سواء من ناحية عمليات صياغة القوانين أو من ناحية وظائف الرقابة أو من ناحية صلاحية تجديد الانتخابات معاً[٣٤] . ورغم أن القضاء يتمتع بمبدأ التأسيس غير المباشر من حيث الشرعية مقارنةً بالحكومة والمجلس؛ فإنه جُعل فوق الحكومة والمجلس من حيث الوظيفة. فيتربع القضاء الذي يملك سلطة مراقبة تنظيمات المجلس عن طريق القضاء الدستوري، وتنظيمات الحكومة وأعمالها عن طريق الإدارة القضائية؛ في قمة النظام من حيث الوظيفة.

إن النظام الرئاسي نظامٌ يؤمّن تعزيز القوة الديمقراطية. فيتم تعزيز القوة الديمقراطية داخل كل سلطة. وبهذه الصورة يتحقق الفصل بين السلطات بصورة كاملة، والحد من هشاشة السلطات داخلياً. والمساعي الرامية لتلبية المطالب ببناء دولة ديمقراطية قوية في القرن الحادي والعشرين لم تعد مساعياً وحسب، بل بدأت تدخل حيز التنفيذ في بلدنا.

مضمون التعديلات الدستورية:

تتضمن تعديلات ١٦ نيسان الدستورية إلى جانب الأحكام التي تتناول شكل الحكومة؛ الأحكام التي تعزز الحقوق.

الترتيبات التي تعزز الحقوق

هذا البعد في التغيير يمهد الطريق نحو تعزيز عدالة التمثيل، والانتقال إلى السلطة القضائية للشعب، وتعزيز الإرادة

---

(٣٤) تتضمن المواد ٥-٦-٨-٩-١٠-١٢-١٥ من القانون رقم ٦٧٧١ عدداً كبيراً من الأحكام التي تؤمّن فوقية المجلس على الحكومة.

الديمقراطية، وفتح الطريق أمام المبادرات العامة.

تعزيز عدالة التمثيل

لا يتوقف التمثيل في الديمقراطية عند تمثيل الناخبين، فالمعادلة بين عدد الناخبين وعدد المنتخَبين، وتمثيل الشرائح الاجتماعية والوحدات الجغرافية والمجموعات المهنية ومجموعات الهوية، وتمثيل كل أنواع التوجهات السياسية الديمقراطية ولو على مستوى الحدود الدنيا؛ تشكل عناصر تمثيلٍ ديمقراطيّ. وفي هذا الإطار تمثل زيادة عدد النواب في البرلمان وتخفيض سن الترشح للانتخابات خطوة نحو تعزيز العدالة التمثيلية.

زيادة عدد النواب في المجلس:

يتضمن تعزيز العدالة في التمثيل المعادلة بين عدد النواب والناخبين. وقد تم تحديد عدد النواب قبل انقلاب ١٩٦٠ اعتماداً على عدد السكان(٣٥)، وبالتالي كان عدد النواب في المجلس الذي افتتح عقب انقلاب عام ١٩٦٠ (المجلس القائم على انتخابات ١٩٥٧) ٦١٠ نائباً(٣٦). وبلغ عدد الأعضاء المنتخَبين في البرلمان

(٣٥) لا يوجد في دستور ١٩٢٤ حكم حول عدد النواب. ففي القوانين المعنية حصلت تنظيمات تحدد عدد النواب حسب عدد الناخبين. وتم اعتماد عدد الناخبين الذكور حتى حلول عام ١٩٣٤. بناءً على ذلك أجريت تنظيمات بحيث يتم انتخاب نائب واحد من أجل كل ٤٠ ألف ناخب. أما في المناطق الانتخابية التي عدد سكانها أقل من ٤٠ ألف ناخب فقد تم الاتفاق على أن يخرج منها نائب واحد فقط. من أجل تفاصيل أكثرَ حول الموضوع انظر: معهد الإحصاء التركي، الانتخابات العامة النيابية ١٩٢٣-٢٠١١، (منشورات معهد الإحصاء التركي، أنقرة ٢٠١٢).

(٣٦) معهد الإحصاء التركي، الانتخابات العامة النيابية ١٩٢٣-٢٠١١، ص ٥.

والشيوخ (السيناتو) قبل انقلاب ١٩٨٠، ٦٠٠ نائباً[٣٧]. وقد حدد انقلاب ١٢ أيلول عدد أعضاء البرلمان بـ ٤٠٠ نائبٍ، وفيما بعد ارتفع هذا العدد بسبب عدم الكفاية إلى ٤٥٠[٣٨] في البداية ثم إلى ٥٥٠ فيما بعد[٣٩]. ورغم تضاعف عدد السكان وعدد الناخبين لم نستطع حتى الآن أن نصل بعدد النواب إلى ما قبل عام ١٩٦٠[٤٠]. إذا انطلقنا اعتماداً على أساس عدد السكان، أي ممثلٌ واحدٌ لكل ١٠٠ ألف شخص، فمن المقبول أن يبلغ عدد أعضاء البرلمان ٨٥٠ نائباً مقابل عدد السكان البالغ خمسة وثمانين مليوناً داخل البلاد وخارجها. أي أن العدد ٦٠٠

---

(٣٧) ينص دستور ١٩٦١ على أن يكون البرلمان بقمرتين. فيتشكل البرلمان من ٤٥٠ نائباً حسب المادة ٦٧ من الدستور. ويتشكل مجلس الشيوخ من ١٥٠ عضواً منتخبين بالتصويت العام، و١٥ عضواً يعينهم الرئيس حسب المادة ٧٠. علاوة على ذلك، يُعتبر أعضاء لجنة الوحدة الوطنية، ورؤساء الجمهورية الأسبقون، أعضاءً طبيعين في مجلس الشيوخ بغض النظر عن أعمارهم. والعدد الإجمالي للأعضاء الطبيعيين الذين تم انتخابهم وتعيينهم في مجلس الشعب التركي الكبير الذي حصل فيه انقلاب ١٩٨٠ هو ٦٣١ عضواً. من أجل الحصول على معلومات في هذا الموضوع وفي الممارسات العملية لمجلس الشيوخ على مدى ٢٠ عاماً؛ انظر: طونجا أوزغيشي، مجلس الشيوخ الجمهوري في تاريخ البرلمان التركي، (مطبوعات مجلس الشعب التركي الكبير، أنقرة ٢٠١٢).

(٣٨) كان مجلس الشعب التركي الكبير في المادة ٧٥ من دستور ١٩٨٢ «يتشكل من ٤٠٠ نائب منتَخَب». في التعديل الدستوري الأول الذي جرى في ١٧ أيار ١٩٨٧ تم رفع عددِ النوابِ من ٤٠٠ إلى ٤٥٠.

(٣٩) في التعديلات التي أجريت في قانون تغيير الدستور رقم ٤١٢١ في ٢٣ تموز ١٩٩٥ في دستور ١٩٨٢ تم رفع عدد النواب من ٤٥٠ إلى ٥٥٠ حسب المادة ٨ من القانون.

(٤٠) في عام ١٩٥٧ كان عدد الناخبين المسجلين ١٢ مليوناً و٧٨ ألفاً و٦٠٣. أما في عام ١٩٥٥ فقد بلغ عدد السكان ٢٤ مليوناً و٦٣ ألفاً و٧٦٣. وفي عام ١٩٦٠ بلغ عدد السكان ٢٧ مليوناً و٧٢٤ ألفاً و٨٢٠. وفي عام ٢٠١٦ بلغ عدد السكان داخل القطر ٧٩ مليوناً و٨١٤ ألفاً و٨٧١، في حين بلغ عدد السكان خارج القطر ٥,٥ مليوناً. يعني أن عدد السكان الإجمالي ٨٥,٥ مليوناً تقريباً. وثبت أن عدد الناخبين المسجلين من أجل الاستفتاء الشعبي في ١٦ نيسان ٢٠١٧ قرابة ٥٨,٥ مليون ناخب. فهناك كما هو ملاحظ ارتفاع في عدد الناخبين بحدود ٥ أضعاف، في حينٍ يوجد ارتفاع في عدد السكان بحدود ٣ أضعاف.

الذي أوصى به التغيير الدستوري في ١٦ نيسان يعد منخفضاً أيضاً[٤١] . في الولايات المتحدة الأمريكية، يمثل كل نائبٍ ٤٠ ألف ناخبٍ وما يقارب ٥٤ ألف شخصٍ من السكان[٤٢] .

في نظامنا، يمثل كل نائبٍ ١٠٣ آلاف ناخبٍ وما يقارب ١٤٥ ألف شخصٍ من السكان. فعدد الناخبين في العديد من ولاياتنا أقل من ١٠٣ ألف ناخب. ومع ذلك يجب أن يكون لهم نائبٌ يمثلهم نظراً لإلزامية التمثيل الديمقراطي. وفي بعض الولايات ذات الكثافة السكانية العالية لا يتم انتخاب بعض الأعضاء نواباً في البرلمان رغم حصولهم على أكثر من ١٠٠ ألف صوت. عدم التناسب هذا، ينبغي تداركه عندما يكون التكافؤ العددي ممكناً. كما أن المواطنين خارج البلاد لا يملكون حق الترشح للانتخابات أي التمثيل رغم أنهم يتمتعون بحق الانتخاب. وهذا يشير إلى نقص في الديمقراطية. فلا بد من إحداث نيابة خارج البلاد أيضاً. كل هذه الأسباب تجعل رفع عدد النواب في البرلمان أمراً صائباً ولكن العدد لا زال منخفضاً.

خفض سن الترشح للانتخابات:

لا يتوقف التمثيل في الديمقراطية عند تمثيل الناخبين، بل يتضمن تمثيل الشرائح الاجتماعية والوحدات الجغرافية

(٤١) بموجب المادة ٢ من القانون رقم ٦٧٧١ الخاص بإجراء تعديل في دستور الجمهورية التركية تم رفع عدد النواب الـ «٥٥٠» الوارد ذكره في المادة ٧٥ من دستور ١٩٨٢؛ إلى «٦٠٠».

(٤٢) الأخبار المتعلقة بمعلومات البحث الذي أجرته رئاسة الخدمات البحثية في مجلس الشعب التركي الكبير حول الموضوع: «تركيا فشلت في تحقيق 'العدالة في التمثيل'»، وكالة الأناضول، ٣٠ آذار ٢٠١٧. «نائب واحد يمثل ١٤٣ ألف شخص في تركيا»، وكالة الأناضول، ١٩ شباط ٢٠١٧.

والمجموعات المهنية، ومختلف أطياف المجتمع. فالديمقراطية الحقّة تتطلب أن تتمتع المرأة والمعاق والحضري والريفي والعامل والموظف، وباختصار، كل شرائح المجتمع بكامل حقوقهم في التمثيل البرلماني. كما أن حق الشباب في التمثيل حقيقةٌ لا جدال فيها. فكما تم القبول بحق المرأة في التمثيل؛ لا تُمنَع المرأة المحجبة أو السافرة من الترشح إلى عضوية البرلمان، كذلك يمكن القبول بحق الشباب في التمثيل مع الإبقاء على سن الترشح للتمثيل أعلى من سن الشباب. إن حرمان ملايين الشباب ممن هم في سن يتراوح بين ١٨ و٢٥ عاماً من حق التمثيل[٤٣] لا يختلف في الجوهر عن حرمان شريحة اجتماعية مثل ذوي الاحتياجات الخاصة من حق التمثيل.

يبنغي الاعتراف بحق التمثيل بصورة تجريدية دون نقصان. وهذا ينطبق على كل الحقوق. فالاعتراف بحقٍ شيءٌ، وكيفية تطبيقه وشروط تطبيقه شيءٌ آخر. فلا يمكن حرمان بعض الناس من حرية السياحة لضيق إمكاناتهم الاقتصادية. ولا يمكن حرمان بعضهم من حقهم في بناء مكانٍ للعمل نظراً لإمكاناتهم المحدودة. وكذلك الأمر بالنسبة للشباب، لا يمكن حرمانهم من حق التمثيل بحجة أنهم لا زالوا شباباً صغاراً أو لا زالوا في المرحلة الدراسية أو لم ينضجوا بَعْدُ ذهنياً واجتماعياً. ولا ينبغي أن يغيب عن الأذهان أن قيام الكبار بهذه التحديدات وحديثهم باسم الشباب، مناهضٌ للديمقراطية ونهجٌ استعلائيٌ وفاشي.

(٤٣) بموجب المادة ٣ من القانون رقم ٦٧٧١ الخاص بإجراء تعديل في دستور الجمهورية التركية تم إلغاء هذا الحظر وتخفيض سن الانتخاب إلى ١٨ عاماً. فتم الاعتراف بحق الانتخاب لملايين الشباب الذين تتراوح أعمارهم بين ١٨ و٢٥ عاماً.

فالشريحة التي مُنحَت حق التمثيل هي شريحة الشباب، وشريحة الشباب نفَسها هي التي تقرر كيف تقيّم هذا الحق. أما تهيئة الشروط الاجتماعية والاقتصادية والسياسية لممارسة هذا الحق هي من مهمة الكبار. وكما هو معروف تبين من خلال الدراسات التي شملت مئة وتسعين دولةٍ حول في العالم أن سن الترشح في ٥١ دولة هو ١٨ عاماً، وفي دولتين ١٧ عاماً، وفي ٦٢ دولة ٢١ عاماً. ومع الأخذ بعين الاعتبار أن الدول التي اعتمدت سن الترشح ٢١ سنة تبدأ مرحلة الشباب فيها في سن الواحد والعشرين، يمكن القول إن سن الترشح في ١١٥ دولة في العالم هو نفسه سن الشباب(٤٤).

الانتقال إلى قضاء الشعب:

يحكم القضاء باسم الشعب باعتباره وظيفة السيادة الوطنية في الأنظمة الديمقراطية القائمة على السيادة الوطنية. وينبغي أن يكون القضاء قضاء الشعب الديمقراطي. وبالتالي فإن الشروط الأساسية لتحقيق وحدة القضاء هي الاستقلالية والحياد عند أداء الوظيفة، والتصرف وفقاً لمبدأ الحكم بالعدل، والانسجام مع مبدأ الحاكم الطبيعي. وعند إصدار القرار وفقاً للقانون والقناعة الوجدانية يجب أن يكون وجدان المجتمع هو الأساس وليس وجدان القاضي. ولهذا السبب لابد من هيكلة تفعّل وجدان المجتمع أثناء عملية المحاكمة. والخطوات التي تم اتخاذها في تعديلات ١٦ نيسان الدستورية في هذا الصدد هامة للغاية.

(٤٤) الخبر الذي يتضمن معلومات حول البحث الذي أجرته رئاسة الخدمات البحثية في مجلس الشعب التركي الكبير حول الموضوع: «١٨ عام هو سن الترشح للانتخابات النيابية في ٥١ دولة»، وكالة الأناضول، ٧ شباط ٢٠١٧.

تعزيز حق إجراء محاكمة عادلة:

تعزيز حق إجراء محاكمات عادلة هو القيام بتنظيمات تتعلق باستعمال الصلاحيات القضائية على المستوى الدستوري من المحاكم «المستقلة» و«الحيادية» باسم الشعب[٤٥]. ومن الجدير بالذكر أن حيادية السلطة القضائية لا تقل أهميةً عن استقلاليتها[٤٦]، وأمرٌ لا بدَّ منه. فعندما يقوم القضاء بأداء مهامه، وممارسة نشاطه يجب أن يكون حيادياً بقدر ما يجب أن يكون مستقلاً. ويحمل الأداء المحايد في القضاء أهميةً كبيرةً لا سيما إذا كان الأمر يتعلق بتجنب وقوع ممارسات قضائية أيديولوجية ضيقة. كان النظام يحمل في الأصل ضماناتٍ دستوريةً للقضاء من حيث عنصر الاستقلالية. ومع التعديلات الدستورية التي جرت في ١٦ نيسان ٢٠١٧ أضيفت حيادية القضاء حكماً دستورياً، فتم بذلك ضمان عنصر الحيادية أيضاً في القضاء دستورياً.

تعزيز مبدأ القاضي الطبيعي ووحدة القضاء:

يُعتبر إلغاء المحكمة العسكرية، والمحكمة العسكرية العليا، والمحكمة الإدارية العسكرية العليا خطوات هامةً في طريق تحقيق وحدة القضاء[٤٧]. وقد جرت ترتيباتٌ قانونيةٌ تتوافق مع

---

(٤٥) المواد ١٣٨ و١٣٩ و١٤٠ من دستور ١٩٨٢. هذه المواد تضمن استقلالية المحاكم من عدة نواح. وقد تم بناء إطار دستوري قوي في موضوع استقلالية المحاكم من خلال مبادئ أساسية مثل ضمان القضاء، وضمان العمل حتى سن ٦٥، وحظر الإحالة إلى التقاعد، وحظر الحرمان من الحقوق الشخصية، وحظر إعطاء الأوامر والتعليمات للمحاكم والقضاة.

(٤٦) بموجب المادة ١ من القانون رقم ٦٧٧١ الخاص بإجراء تعديل في دستور الجمهورية التركية تمت إضافة حكم «الحيادية» إلى المادة ٩ من دستور ١٩٨٢.

(٤٧) المواد ١٤٥ و١٥٦ و١٥٧ التي خرجت عن حيز التنفيذ بموجب البند E من المادة ١٦ من القانون رقم ٦٧٧١ الخاص بإجراء تعديل في دستور الجمهورية التركية؛ هي أحكام تنظيم المحكمة العسكرية والمحكمة العليا العسكرية والمحكمة الإدارية العليا العسكرية بالتتالي.

مبدأ القاضي الطبيعي من خلال إلغاء محاكم التمييز. كما أن منع إنشاء المحاكم العسكرية باستثناء حالات الحروب، ووضع العسكريين تحت ضمان القضاء الإداري العام في علاقتهم بالإدارة؛ جعلا العسكريين في المكان الذي يجب أن يكونوا فيه حسب قانون المواطنة سواء من حيث القضاء الجزائي أو القضاء الإداري. فالذهنيات المهنية والبنى الامتيازية تبث العنصرية، وتؤمن أوساطاً تمهد الطريق أمام الصراعات والنزاعات. والفتيشية (والوثنية) المهنية، والمواقع الامتيازية الممنوحة للعسكريين تحديداً تهيء المناخ المناسب لتطور الأيديولوجيات الانقلابية. وبالتالي فإن القضاء على هذا النوع من البنى التي تنتج الفتيشية والامتيازية يعد واحداً من الوظائف الأساسية الملقاة على عاتق الأنظمة الديمقراطية. فكان تأمين وحدة القضاء من حيث علاقة العسكريين بالمدنيين تغيراً هاماً في هذا المنحى.

تعزيز الإرادة الديمقراطية:

إن النهج القانوني الذي يشكل إطار الأنظمة السياسية كما أنه لا يستطيع بمفرده أن يمنع التحول الاستبدادي؛ كذلك لا يستطيع أن يكون بمفرده سبباً في التحول الاستبدادي. لكن كل منهج قانوني قد يتضمن قواعد أو بنى أو تدابير تشجع توجهات التحول الاستبدادي أو تردع الميل إلى هذه التوجهات. فإن كان المنهج القانوني للنظام السياسي يحتوي على تنظيمات وعقوبات رادعة لتوجهات التحول الاستبدادي؛ عندها يمكن قبول هذا الشيء إطاراً قانونياً للنظام السياسي الديمقراطي. وتعديلات ١٦ نيسان الدستورية أسفرت عن اتخاذ خطواتٍ هامةٍ لتشكيل نظامٍ

قانونيٍ رادعٍ للتوجهات الانقلابية، وتدابير فعالةٍ في اللحظة التي تظهر مثل هذه التوجهات. ومن بين التغييرات الهامة التي تم إجراؤها في هذا الصدد نذكر إلغاء الأحكام العرفية، وتطبيع موقع رئاسة هيئة الأركان العامة، ووضع أمر استخدام الجيش تحت سلطة الإدارة الديمقراطية في الظروف العادية والاستثنائية، وإلغاء آليات محكمة التمييز العسكرية(٤٨) . وقد أدت هذه التعديلات إلى تعزيز الإرادة الديمقراطية المنتخَبَة من حيث العلاقة بين المدنيين والعسكريين. والترتيبات القانونية التي تم إجراؤها عقب ١٥ تموز إلى جانب الإطار الدستوري من قبيل إتباع قادة القوات لوزارة الدفاع الوطني إدارياً، وإتباع القيادة العامة للجندرمة وقيادة خفر السواحل لوزارة الداخلية، وإنشاء جامعة الدفاع الوطني، وضم الأكاديميات العسكرية والمعاهد المهنية العسكرية العليا إلى هذه الجامعة، وإلغاء الثانويات العسكرية؛ كانت خطوة أخرى نحو تعزيز الإرادة الديمقراطية(٤٩).

فتح الطريق أمام المبادرات الشعبية

إن حق الشعب في الترشيح المباشر للحكومة خطوة تغييرٍ

---

(٤٨) تتضمن المادة ١٢٢ التي خرجت عن حيز التنفيذ بموجب البند E من المادة ١٦ من القانون رقم ٦٧٧١ الخاص بإجراء تعديل في دستور الجمهورية التركية أحكاماً تنظم الإدارة العرفية، في حين يتضمن البندان ٤ و٥ من المادة ١١٧ أحكاماً تنظم أوضاع رئاسة هيئة الأركان العامة وقيادة القوات. وتم إعطاء رئيس الجمهورية بصفته الحكومة صلاحية تعيين رئيس هيئة الأركان العامة بصورة مباشرة وفق البند C من المادة ١٦ . فجعلت هذه التنظيمات رئيس هيئة الأركان العامة يتحول إلى موظف عسكري تابع للحكومة سواء من حيث الموقع والتعيين والإقالة.

(٤٩) انظر: الهامش رقم ٩.

متقدمةً تفتح النظام السياسي أمام المبادرات الشعبية[٥٠] . فمنح حق الترشيح للانتخابات الرئاسية لمئة ألف ناخبٍ يوسّع بالفعل فرص مشاركة الشعب في النظام الديمقراطي. فمن خلال هذه الفرصة يمكن للشعب أن يقدم خيارات جديدة دون الحاجة إلى مرشحي الأحزاب السياسية. كما أن الأحزاب السياسية التي تضع نصب أعينها احتمالية ممارسة الشعب لهذا الحق؛ سيبحثون عند تقديم مرشحهم عن المرشح الأكثر احتوائية وعقلانية. وبما أن الترشح لمنصب رئاسة الجمهورية يأتي بمعنى الترشح للحكومة فإن هذا الحق الذي يتمتع به الشعب يولد نتيجةً تلغي احتكار الأحزاب السياسية لتشكيل الحكومة. فعندما تعجز الأحزاب السياسية عن إنتاج خيارات تناسب مجال السياسة في إطار احتياجات المجتمع؛ لن تحصلً انسدادات في المجال السياسي، وسيوسع الشعب مجال السياسة من خلال استخدام حقه في تقديم مرشح مستقل، وسيجعله بالتالي ديناميكياً قادراً على إنتاج خيارات جديدة. بهذه المبادرة التي مُنحَت للشعب تزداد الديناميكية في مجال السياسة الديمقراطية، وتكثر الخيارات الديمقراطية.

كما أن فتح الطريق أمام المبادرات الشعبية لتقديم المرشحين للحكومة سيأتي بمبادرات شعبية أخرى إلى جدول الأعمال شئنا أم أبينا. فكلما تم الاستمرار في تلبية مطالب النظام الدستوري تناولت الأجندات وناقشت مواضيع مثل حق الشعب في عرض

(٥٠) مع التعديل الذي حصل في المادة ١٠١ من دستور ١٩٨٢ بموجب المادة ٧ من القانون رقم ٦٧٧١ الخاص بإجراء تعديل في دستور الجمهورية التركية تم الاعتراف للشعب بحقه في أن يرشح من يريد لمنصب رئاسة الجمهورية بشرط الحصول على توقيع ١٠٠ ألف ناخبٍ على الأقل.

القوانين وحقه في استفتاء اعتراضي وحقه في إعطاء وكالة آمرة وحقه في استرداد هذه الوكالة. تشكل كل هذه الأمور أرضيةً هامةً لمناقشات ديمقراطية بغية تطوير الديمقراطية، وتعزيز تأثير الشعب على الدولة[٥١] .

الترتيبات المتعلقة بنموذج الحكومة وأجهزة الدولة:

تتكون هذه التعديلات من الترتيبات المؤسِّسة والمؤهِّلة والمحدِّدة والرقابية والموازنة والواقية والمزوِّدة للحلول. كما يتم إعادة تنظيم العلاقة بين أجهزة الدولة الأساسية من خلال نموذج الحكومة ضمن معايير محددة.

تشكيل الشعب للمجلس والحكومة بشكل مباشر:

سيقوم الشعب بتشكيل المجلس والحكومة عن طريق انتخابات مباشرة. ووجود صندوقين مختلفين سيزيد خيارات الشعب ويوسع حريته في الانتخاب. بهذا الشكل سيتخلص الشعب من أعباء تشكيل مجلس يتكون من أعضاء مناسبين، ثم تشكيل حكومة مستقرة من داخل هذا المجلس عبر تصويت واحد في الانتخابات العامة.

تشكيل المجلس والحكومة:

في نموذج حكومة رئاسة الجمهورية مدة ولاية الحكومة والمجلس هي نفسها. فالشعب يبني المجلس والحكومة مباشرةً عبر انتخابات تجرى مرةً كل خمس سنوات[٥٢] . وقد

---

(٥١) كانت المبادرات الشعبية مادة هامة في أجندات اجتماعات الأناضول لمنتدى الدستور الجديد عام ٢٠١١. من أجل مزيد من التفاصيل؛ انظر:
https://anayasa.tbmm.gov.tr/

(٥٢) التعديل الذي حصل في المادة ٧٧ من دستور ١٩٨٢ بموجب المادة ٤ من القانون

ألغي تشكيل الحكومة من داخل المجلس على خلاف نموذج الحكومة البرلمانية. فيقوم الشعب بتشكيل الحكومة بشكلٍ مباشرٍ عن طريق التوجه إلى صناديق الانتخابات. ويعتبر التزامن في الانتخابات ومدة الولاية الثابتة ترتيباتٌ تمهد لبناء إدارات مستقرة. لكن النظام اكتسب ديناميكية من خلال اختيار «التزامن النسبي»(٥٣) بدل التزامن المطلق، و«مدة الولاية الثابتة المرنة»(٥٤) مكان مدة الولاية الثابتة المضمونة.

وقيام رئيس الجمهورية بشغل منصبه دورتين متتاليتين كحد أقصى في الظروف العادية، أي تحديد دورات الولاية، يقدم إمكانات هامة من حيث التجديد السياسي.

رقم ٦٧٧١ الخاص بإجراء تعديل في دستور الجمهورية التركية تم الاقرار على إجراء انتخابات البرلمان والحكومة بصورة متزامنة مرةً كل خمسة أعوام.

(٥٣) في التعديل الذي حصل في المادة ١٠١ من دستور ١٩٨٢ بموجب المادة ٧ من القانون رقم ٦٧٧١ الخاص بإجراء تعديل في دستور الجمهورية التركية باتت انتخابات الحكومة على جولتين. وبما أن إجراء انتخابات بجولة واحدة ليس موضوع الحديث فلن يكون انتخاب الحكومة في المجلس في يوم واحد موضوع الحديث. وعندما يبقى انتخاب الحكومة للجولة الثانية يتم إلغاءُ القاعدة التي تنص على إجراء الانتخابات في يوم واحد. لهذا السبب لا يُعتبر نظام الانتخابات الجديد نظام انتخابات متزامنة بشكل مطلق، بل نظام انتخابات متزامنة نسبياً.

(٥٤) مع التعديل الذي حصل في المادة ١١٦ من دستور ١٩٨٢ بموجب المادة ١١ من القانون رقم ٦٧٧١ الخاص بإجراء تعديل في دستور الجمهورية التركية صار بالإمكان إجراء تجديد متزامن للانتخابات بقرار الحكومة أو بقرار المجلس خلال فترة عملهما على مدار ٥ أعوام. لا يملك المجلس والحكومة ضماناً بأن تكون مدة المهمة لخمس سنوات مدةً ثابتةً نظراً لإمكانية تجديد انتخاباتهما معاً، رغم أن هذا الأخير صلاحيةٌ تتطلب تطبيقات استثنائية. لقد نص الدستور على تحديد مدة، لكنه لم يحدد مدةً ثابتةً نهائيةً. وبالاعتماد على إجراء انتخابات الحكومة والمجلس معاً عند حلّ أحدهما فإنه لن يكون تقصير مدة الوظيفة موضوع حديث. لهذا السبب من الصواب أن نقول إن النظام المنصوص عليه في الدستور نظامٌ تكون فيه فترة الوظيفة ثابتة ومرنة.

وتشكيل المجلس والحكومة، كما تطرقنا إليه في الأعلى، يعتمد على مبدأ الشرعية الديمقراطية بشكلٍ مباشر. وهكذا سيقوم الشعب كل خمس سنوات باختيار البرلمان والحكومة من خلال التصويت في صندوقين مختلفين. ولو حدث في إطار ديناميكية النظام أن تم إعادة الانتخاب بين دورتين انتخابيتين؛ فسيقوم الشعب مجدداً بتشكيل الحكومة والمجلس من خلال التصويت في صندوقين مختلفين. وبسبب الانتخابات البينية المحمية، يحمل النظام فرصة أن يقوم الشعبُ في ظروف محدَّدَة بتجديد السياسة، ويرسل من خلال ذلك رسالةً سياسيَّةً عن طريق انتخابات طارئةٍ بين دورتين انتخابيتين. كذلك عند فراغ موقع الحكومةً لأي سببٍ؛ يتمتع الشعب بإمكانية تشكيل حكومةٍ جديدة عن طريق الانتخابات المتممة، وسيتمتع الشعب بإمكانيةً انتخابَ الحكومة والبرلمان بشكل متزامن. ولما كان تشكيل الحكومة يستند إلى نوعين من النظام، فإن الشعب يمكنه أن يختار الحكومة والبرلمان بنفس اليوم، ويتمتع كذلك بإمكانية اختيار انتخاب الحكومة بعد أسبوعين من إتمام انتخاب المجلس.

وهكذا نرى أن نموذج حكومة رئاسة الجمهورية؛ نظامٌ سياسيٌ يتمتع فيه الشعب وحده بحق وسلطة تشكيل الحكومة في كل الاحتمالات. ولا يوجد في النظام إمكانية إبعاد دور الشعب في تشكيل الحكومة في أي ظرف كان، أو قيام الآخرين به باسم الشعب. وكذلك، فإن سلطةً الشعب المستمرة منذ تأسيس الجمهورية على نحو مستقر في انتخاب مجلس النواب، تمنح الشرعية المزدوجة للنظام.

وفـي هـذا الصـدد، يرد الحديـث عـن إمكانيـة ولادة حكوماتٍ منقسـمة بسـبب وجود صندوقيـن مختلفيـن. ولا بد مـن التأكيد هنـا أنه لا حاجة إلى التشـكيك في عدم شـرعية خيارات الشـعب المختلفـة. فلو قام الشـعب باختيـار البرلمـان والحكومة من نفس المرجعيـة أو مـن مرجعيات مختلفـة؛ فالنتيجة مشـروعة. وينبغي فهـم الوظيفة التي يحمِّلها الشـعب للسياسـة عند قيامـه بخياراتٍ مختلفة. فإذا قام الشـعب بتشـكيل الحكومـة والبرلمان من مراجع مختلفـة، ينبغي اسـتنتاج أن الشـعب يريد من الحكومـة أداء عملها مـن خلال الموازنة بين هـذه المراجع، وإقامة تعاون مشـترك على نحـو معقـول، ومراقبـة بعضهم بعضـاً. والزعم بأن الشـعب اختار عن علمٍ حكومةً منقسـمةً علـى نحوٍ يَنْتُجُ عنـه التنافر والصراعات والفوضـى؛ يتعـارض مع مسـيرة الحيـاة السياسـية الديمقراطية الطبيعيـة. وبالتالـي، يكون التعـاون بين المرجعيـات المختلفة هو الوظيفة التي يحمِّلُها الشـعبُ للسياسـة في هذه الحال. فإذا قامت السياسـة بإدراك هذه الوظيفة بشـكلٍ صحيحٍ وتصرفتْ منسـجمةً معهـا؛ فـإن النظام لن يشـهد أزمةً أصـلاً. فإن أخطـأ الفهم جناح الحكومـة أو جنـاح المجلـس، وحدث النـزاع بينهمـا؛ عندها تلعب صمّامـات الديمقراطية دورهـا. فالنظام الجديد يدفـع المنتَخَبين إلـى التوافـق والمصالحة، والوظيفة التي يكلِّفها الشـعب للسياسـة هـو المصالحـة والتفاهـم، فإن لـم يتحقـق التفاهم؛ تدخَّلَتْ آلية الحـل التي توجب العودة إلى الشـعب، أي إعادة إجـراء الانتخابات. وتجديـد الانتخابـات، إمكانيـة ديمقراطية يمكـن أن يلعب دوره في الأوضـاع غيـر الروتينيـة. وهـذه الإمكانيـة التـي تضـع الحكومة والمجلـس أمـام الشـعب؛ تعني إعـادة التوجه إلـى الصندوقين من جديـد، والانتخابات المبكرة، وتجديد السياسـة بالإرادة الشـعبية.

ميزات الحكومة:

نظام حكومة رئاسة الجمهورية هي من الناحية السياسية حكومة فردية؛ لأن انتخاب شخصٍ من بين المرشحين لرئاسة الجمهورية في الدورة الأولى أو الثانية يعني أن الحكومة قد تشكلت بالمعنى السياسي والقانوني[٥٥] . والشخص المسؤول سياسياً هو الشخص الذي انتخبه الشعب. والمسؤولية السياسية أمام الشعب يتحملها رئيس الجمهورية الذي اختاره الشعب. وحكومة رئاسة الجمهورية من الناحية التقنية هي حكومة فريق. فبعد انتخاب رئيس الجمهورية، يقوم الأخير بدوره فيعين نائباً عنه أو أكثر من نائب في إطار حاجة البرنامج الحكومي[٥٦] . كما يمكنه أن يضيف إلى حكومته وزراء حسب حاجة الحكومة أيضاً إلى جانب الوزراء المذكور أسماؤهم في الدستور. وهكذا يكون الفريق المتشكل من رئيس الجمهورية ونوابه والوزراء قد أكمل الحكومة السياسية. بمعنى آخر، إذا كانت حكومة رئاسة الجمهورية السياسية تتكون من فريق النواب والوزراء فهي حكومةٌ تكنوقراطيَّةٌ.

ففي نظام حكومة رئيس الجمهورية؛ تنحصر صلاحية اتخاذ القرارات برئيس الجمهورية، ويمكن لرئيس الجمهورية بلا شكٍّ استشارة فريقه وخبرائه عند اتخاذ القرارات السياسية، ويبقى الرئيس من حيث النظام هو الشخص الوحيد المخول

(٥٥) مع التعديل الذي حصل في المادة ١٠٤ من دستور ١٩٨٢ بموجب المادة ٨ من القانون رقم ٦٧٧١ الخاص بإجراء تعديل في دستور الجمهورية التركية تم حصر الصلاحيات التنفيذية في يد رئيس الجمهورية.

(٥٦) مع التعديل الذي حصل في المادة ١٠٤ من دستور ١٩٨٢ بموجب المادة ٨ من القانون رقم ٦٧٧١ الخاص بإجراء تعديل في دستور الجمهورية التركية تم إعطاء رئيس الجمهورية وحده صلاحية تعيين نوابه والوزراء.

باتخاذ القرارات السياسية. ولا تتحمل الحكومة التكنوقراطية المكونة من نواب الرئيس والوزراء أية مسؤولية سياسية. فهؤلاء مرتبطون برئيس الجمهورية وحده، وتقع على عاتقهم المسؤولية القانونية في إطار هذا الارتباط(٥٧) . لكنهم يتحملون المسؤولية القانونية والجزائية على العموم(٥٨) . فالحكومة التقنية لا تتمتع بصلاحية اتخاذ القرار السياسي، بل تقع عليها مسؤولية تنفيذ القرارات السياسية التي تتخذها الحكومة السياسية. ولهذا السبب، تنحصر سلطة الحكومة التقنية في إصدار القرارات التنفيذية. والمنتظر في تشكيلة الحكومة التقنية التي لم تعد تخرج من المجلس؛ أن يظهر فريق عمل تهيمن عليه الخصائص التكنوقراطية.

وفي نموذج حكومة رئاسة الجمهورية كذلك يفقد النواب الذين يرتضون بمنصب نائب رئيس الجمهورية أو الوزارة؛ عضويتهم في مجلس النواب(٥٩) ، ولا يسمح له بالعودة مجدداً إلى عضوية المجلس حين يفقد منصبه الحكومي، ولهذا السبب فإن احتمال أن يصبح عضو البرلمان نائباً لرئيس الجمهورية أو وزيراً قليلٌ

(٥٧) مع التعديل الذي حصل في المادة ١٠٦ من دستور ١٩٨٢ بموجب المادة ١٠ من القانون رقم ٦٧٧١ الخاص بإجراء تعديل في دستور الجمهورية التركية أصبح نواب رئيس الجمهورية والوزراء مسؤولين أمام رئيس الجمهورية.

(٥٨) مع التعديل الذي حصل في المادة ١٠٦ من دستور ١٩٨٢ بموجب المادة ١٠ من القانون رقم ٦٧٧١ الخاص بإجراء تعديل في دستور الجمهورية التركية يترتب على رئيس الجمهورية ونوابه مسؤوليات جزائية عند ارتكابهم جريمة أثناء الوظيفة وخارجها. أما المسؤوليات الأخرى التي تولد عقوبات قانونية لدى انتهاكها فهي تابعةٌ لأحكام عامة.

(٥٩) التعديل الذي حصل في المادة ١٠٦ من دستور ١٩٨٢ بموجب المادة ١٠ من القانون رقم ٦٧٧١ الخاص بإجراء تعديل دستور الجمهورية التركية ينص على أن: «تنتهي عضوية أعضاء مجلس الشعب التركي الكبير إن تم تعيينهم نواباً لرئيس الجمهورية أو وزراء».

جداً ولو كان ذلك ممكناً حسب القانون. والمتوقع بالتالي أن يتكون جميع أعضاء الحكومة التكنوقراطية من خارج البرلمان إلا في الحالات الاستثنائية جداً. وهذه الإمكانية تسمح بتشكيل حكومة تقنية اعتماداً على الموارد البشرية الواسعة. والمنتظر بناءً على هذه الرؤية؛ أن تكون الحكومة التقنية التي ستعمل على صلةٍ بالحكومة السياسية على درجةٍ عاليةٍ من الكفاءة والإنتاج في نشاطاتها.

في نموذج حكومة رئاسة الجمهورية تصبح العلاقة بين البيروقراطية والإرادة السياسية؛ طبيعيةً. وانفراد رئيس الجمهورية باعتباره هو الحكومة المنتخبة في تعيين وعزل الإداريين في المناصب العليا[٦٠]، أي إلغاء عقبة مرسوم القرار الثلاثي، وارتباط الإدارة الزمنية البيروقراطية بالإدارة الزمنية المنتخبة، وانسجامها مع الإدارة الزمنية للسياسة الديمقراطية، وزوال ممارسات الوزارة المستقلة مع نموذج الحكومة التقنية، وزيادة قدرة الوزارات والبيروقراطية المرتبطة بها على التحرك المشترك، .. نعم سينعكس كل هذا على ممارسات الحكومة سرعةً وعطاءً وتأثيراً. بالإضافة إلى أن تجرد الاشخاص الذين سيعملون في الحكومة التقنية عن الصبغة السياسية وعن ضغوطات المناطق الانتخابية والناخبين؛ سيزيد فرص توزيع الخدمات بشكل موضوعيٍّ عادلٍ.

---

(٦٠) التعديل الذي حصل في المادة ١٠٤ من دستور ١٩٨٢ بموجب المادة ٨ من القانون رقم ٦٧٧١ الخاص بإجراء تعديل في دستور الجمهورية التركية نص على هذا الحكم: «رئيس الجمهورية يعين كبار رجال الدولة ويقيلهم عن عملهم وينظم الأصول والأسس المتعلقة بتعيينهم بمراسيم يصدرها رئيس الجمهورية».

في نموذج حكومة رئاسة الجمهورية، لم يعتبر نائب الرئيس الوكيل منتخباً. فاعتباره منتخباً، له علاقة بانتقال النائب إلى موقع الرئاسة في حال فراغه وصلاحيته في أداء القسم باعتباره رئيساً، وإتمامه ما تبقى من مدة الرئاسة. وقد فضلت الولايات المتحدة هذا النموذج[٦١]. ولذلك هناك حاجة لمشروعية تجعله منتخَباً. لكن التعديل الدستوري لا يتضمن انتقال نائبٍ الرئيس الوكيل إلى موقع رئيس الجمهورية عند فراغه أي لا يمنحه السلطة في أداء القسم كرئيس، ولا إتمام ما تبقى من فترة الدورة الرئاسية. ففي التعديلات الدستورية لا يملك نائب الرئيس الوكيل في حال فراغ موقع الرئيس صلاحية الانتقال إلى موقع رئيس الجمهورية أي أداء القسم رئيساً للجمهورية وإتمام المدة المتبقية من الدورة الرئاسة، بل هو مكلف بالوكالة في تسيير أمور الدولة الاعتيادية ريثما يتم انتخاب رئيس جديد للجمهورية خلال ٤٥ يوماً. فهو قائمٌ بالأعمال، يتولى مهمة «الحكومة بالوكالة» في الاصطلاح الجديد. وحالة الحكومة بالوكالة، يمكن أن ترد أيضاً عند فراغ موقع الرئاسة فراغاً مؤقتاً كأن يخرج رئيس الجمهورية في زيارة خارج البلاد أو يمرض. وكما هو الحال في تقاليد الحكومة البرلمانية، يقوم الرئيس بالوكالة في نموذج حكومة رئاسة الجمهورية - وفي إطار مبدأ الحاجة إلى استمرارية الدولة - باتخاذ القرارات في القضايا الاعتيادية وحدها، وهي القضايا التقنية. وفي الحالات التي تتطلب اتخاذ قرار سياسي، يتم انتظار القرار من قبل المسؤول السياسي الأصيل. وبخلاف

(٦١) قوزو، النظام الرئاسي بجميع جوانبه، ص ٢٨.

ذلك تُعتَبَر الحكومة بالوكالة قد أساءت استخدام الوكالة الممنوحة لها، وتتحمل مسؤوليتها القانونية والجزائية تبعاً لدرجة الإساءة في الاستخدام.

وفي مدة المرض المزمن ينتظر إجراء ترتيبات ملموسة في القرارات المعنية حول المدة. في هذا الصدد تأتي مدة الـ ٤٥ يوماً الواردة في الدستور في حالة الفراغ مقياساً في هذا الاحتمال أيضاً. لأن قرار الدستور ينظم «الفراغ الناتج في الموقع لأي سبب كان». ويأمر بإجراء الانتخابات خلال ٤٥ يوماً في كل الأحوال. على الرغم من أن مدة ٤٥ يوماً هذه مدةٌ تعقب الفراغ؛ يمكن اعتبارها كذلك مدةً معياريَّةً لمدة استمرار الفراغ. بناءً على ذلك، إذا تجاوزت مدة الفراغ بسبب المرض ٤٥ يوماً، وثبت وفقاً للتقرير الطبي أن رئيس الجمهورية غير قادر على أداء مهامه؛ يمكن اعتبار أن شروط الفراغ المستمر قد تحققت. ويتم بالتالي انتخاب رئيس جديد للجمهورية خلال ٤٥ يوماً اعتباراً من هذا التاريخ. سوف يتم ترتيب كل هذه الامور من خلال قوانين التفاهم والتوافق والمصالحة.

مراسيم رئيس الجمهورية – صلاحية المراسيم المقيدة:

يتضمن نظام المراسيم المنصوص عليه في نموذج حكومة الرئاسة الجمهورية نظام المرسوم المقيد[٦٢]، ويخضع لرقابة صارمة من قبل المجلس والسلطة القضائية.

---

(٦٢) خلوق ألقان، «هل يضيّق النظام الجمهوري الرئاسي مجال السلطة التنفيذية؟»، ستار/ الرأي المفتوح، ٢٨ كانون الثاني ٢٠١٧. محرم قليج، «مرسوم رئاسة الجمهورية»، جريدة تركيا، ١٦ آذار ٢٠١٧.

يمكن القيام بتصنيفات مختلفة، ولكن لا يسعنا الحديث إلا عن ثلاثة أصناف من المراسيم تبعاً للمجال: الأول؛ المراسيم التنظيمية المتعلقة بالمجال التشريعي. الثاني؛ المراسيم التنظيمية المتعلقة المجال التنفيذي. والثالث؛ المراسيم المتعلقة بالأمور الشخصية والفردية. فإن تم اعتبار المرسوم ذا صلة بالمجال التشريعي، يمكن لكتلة الحزب الأول أو الثاني الموجود في المجلس أن يلجأ إلى المحكمة الدستورية بدعى مخالفة المرسوم للدستور(٦٣) . ومما لا شك فيه أن هذه الرقابة هي رقابة المعايير المجردة. لكن عندما يدخل المرسوم حيز التنفيذ دون أن يجتاز اختبار المحكمة الدستورية، يجوز لأي محكمة أن يراجع المحكمة الدستورية فيما يتعلق بأحكام المرسوم عن طريق اختبار المعايير الملموسة(٦٤) . والمراسيم ذات الصلة بالمجال التنفيذي تخضع لرقابة مجلس الدولة. ويجوز لكل من له صلة قانونية أن يرفع دعوى إلغاء هذه المراسيم لدى مجلس الدولة وفقاً للدستور(٦٥) وقانون أصول المحاكمات الإدارية(٦٦) . وإذا ورد تطبيق هذا المرسوم في أي دعوى، يمكن المطالبة بإلغاء الحكم المتعلق بالمرسوم في المحكمة الإدارية. وفي المراسيم الفردية والشخصية يجوز لكل من تعرضت مصالحه القانونية لانتهاكٍ أن يرفع دعوى لدى المحكمة الإدارية.

---

(٦٣) مع التعديلات التي حصلت في المادتين ١٥٠ و١٥١ من دستور ١٩٨٢ بموجب البند B من المادة ١٦ من القانون رقم ٦٧٧١ الخاص بإجراء تعديل في دستور الجمهورية التركية؛ وضعَت مراسيم رئيس الجمهورية تحت رقابة المحكمة الدستورية، وأعطيت صلَاحية مراجعة المحكمة الدستورية للحزبين السياسيين الذين لديهما أكبر عدد من الأعضاء في المجلس.

(٦٤) مع التعديل الذي حصل في المادة ١٥٢من دستور ١٩٨٢ بموجب البند B من المادة ١٦ من القانون رقم ٦٧٧١ الخاص بإجراء تعديل في دستور الجمهورية التركية تم وضع مراسيم رئيس الجمهورية تحت رقابة المعايير الملموسة.

(٦٥) المادة ١٢٥ من دستور ١٩٨٢.

(٦٦) قانون أصول المحاكمات الإدارية رقم ٢٥٧٧، مادة ٧/ ٤.

من ناحية أخرى فإن المراسيم العادية أدنى من القوانين من حيث التسلسل الهرمي للمعايير. ثانياً؛ لا يجوز إصدار مرسوم في مجال الحقوق والحريات. ثالثاً؛ لا يجوز إصدار مراسيم تخالف القانون. رابعاً؛ لا يجوز إصدار المراسيم في المجالات التي تم تنظيمها في القوانين. خامساً؛ لا يجوز إصدار المراسيم في المواضيع الواردة في حوالي ثمانين مادة ورد ذكرها في الدستور بأنها يمكن أن تنظَّم قانونياً. سادساً؛ يجوز للمجلس في كل حين أن يصدراً قانوناً يلغي تنفيذ المرسوم. سابعاً؛ كما ذكرنا في الأعلى تخضع المراسيم لرقابة الدستور أو مجلس الدولة أو المحكمة الإدارية تبعاً لنوعها. ثامناً؛ يجوز إرسال المراسيم إلى المحكمة الدستورية بموجب اختبار المعايير الملموسة. تاسعاً؛ إذا تعارض أحكام المرسوم مع القانون يتم تنفيذ القانون. عاشراً؛ المواضيع التي لا يجوز إصدار مراسيم بحقها إلا من قبل رئيس الجمهورية هي ستة مواضيع: تنظيم مجلس الأمن القومي، وتنظيم هيئة الرقابة الحكومية، وإنشاء كيانات قانونية خدمية عامة، وتنظيم التشكيلات الوزارية، وتنظيم قواعد تعيين كبار رجال الدولة وإقالتهم، وتحديد موقع رئيس هيئة الأركان العامة. ولا يجوز لرئيس الجمهورية حصراً أن يصدر مراسيم خارج هذه المواضيع(٦٧) .

ربط إدارة السلطة القضائية بإرادة الشعب

سيحدد الشعب بشكل غير مباشر إدارة السلطة القضائية عن طريق اختيار أعضاء الإدارة القضائية من قبل من انتخبهم

(٦٧) مع التعديل الذي حصل في المادة ١٠٤ من دستور ١٩٨٢ بموجب المادة ٨ من القانون رقم ٦٧٧١ الخاص بإجراء تعديل في دستور الجمهورية التركية تم تنظيم مواضيع صلاحية إصدار المراسيم ومجالاتها وحدودها بصورة تفصيلية.

الشعب[٦٨] . ففي الأنظمة الديمقراطية يجب أن تكون أجهزة الدولة خاضعةً لإرادة الشعب، وبخلاف ذلك لا مفر من ظهور مشكلة الشرعية. في التعديلات الدستورية يتم انتخاب جهازي الدولة، أي المجلس والحكومة من قبل الشعب مباشرة. أي أن الشرعية الديمقراطية تتوفر لهذين الجهازين بشكل مباشر. ويسمى هذا بمبدأ الشرعية المزدوجة المباشرة. وفي النظام الحالي[٦٩] يتم انتخاب المجلس فقط بشكلٍ مباشرٍ من قبل الشعب، ولذلك يسمى «بالشرعية الأحادية». وكذلك إدارة السلطة القضائية في النظام الحالي تعاني من مشكلة الشرعية. فالسلطة القضائية في الأنظمة الديمقراطية حتى تستند إلى الشرعية ينبغي «إقامة رابط بين إدارة السلطة القضائية والإرادة الشعبية». وفي الدستور المعدل تم حل مشكلة الشرعية الديمقراطية من خلال ترك انتخاب أعضاء مجلس القضاة والمدعين العامين إلى الهيئات المنتخبة مباشرة من قبل الشعب. بمعنى آخر، حين يتم انتخاب أعضاء مجلس القضاة والمدعين العامين من قبل من انتخبهم الشعب (المجلس والحكومة المنتخبين) يتم إضفاء الشرعية الديمقراطية غير المباشرة على إدارة السلطة القضائية.

ينبغي التأكيد هنا على أن مجلس القضاة والمدعين العامين ليس محكمة، ولا مجلساً لإجراء المحاكمات، بل هو مجلس لإدارة القضاء. وانتخاب القضاة والمدعين العامين

---

(٦٨) مع التعديل الذي حصل في المادة ١٥٩ من دستور ١٩٨٢ بموجب المادة ١٤ من القانون رقم ٦٧٧١ الخاص بإجراء تعديل في دستور الجمهورية التركية صار تحديد أعضاء مجلس القضاة والمدعين العامين الذي هو مؤسسة إدارية قضائية؛ من مهام المجلس ورئاسة الجمهورية، وبهذا الشكل تحقق الشرعية الديمقراطية غير المباشرة في إدارة القضاء.

(٦٩) ستدخل التعديلات الدستورية المتلقة بالانتخابات في عام ٢٠١٩. المترجم.

لهذا المجلس ليس تعييناً للقضاة، وإنما هو نتيجةٌ لإلزامية أن يكون أكثر الإداريين في هذا المجلس قضاة ومدعين عامين. بناءً عليه لا يضع النظام الذي أنشأ صلة بين إدارة السلطة القضائية والإرادة الشعبية القضاةَ تحت سلطة أي شخص آخر. بل على العكس يجسد مبدأ حكم القضاء باسم الشعب، والحكم الديمقراطي الشعبي. إن استقلالية القضاء وحيادته تتجسدان في وظيفته وليس في هيكليته. هذا يعني أن المحاكم يجب أن تتمتع بالاستقلالية والحيادية حين أداء وظيفتها. والنظام لديه الكثير من الضمانات في هذا الشأن. وبالتالي فإن انتخاب أعضاء مجلس إدارة القضاء (مجلس القضاة والمدعين العامين) باسم الشعب وسيلةٌ لتحقيق الشرعية الديمقراطية وتأمين آليات المحاسبة السياسية، وليس له أي علاقةٍ بالمحاكمات.

صلاحيات المجلس في رقابة الحكومة:

المجلس في نظام حكومة الرئاسة الجمهورية لديه صلاحيات في رقابة الحكومة من نواح عدة. ويرد في الأنظمة الرئاسية الديمقراطية ذكر صلاحيات البحث والتحقيق في آليات الرقابة[٧٠]. ويضاف إلى ذلك في نموذج حكومة الرئاسة الجمهورية العناصر الأخرى الموجودة في التجربة السياسية التركية.

---

(٧٠) من أجل دارسة مقارنة بخصوص الموضوع انظر: سردار غولنلر، التوازن والرقابة في الأنظمة الرئاسية، (تقرير ستا، إسطنبول ٢٠١٦).

طرق الرقابة العامة:

إنه ما من شك بأن تفرد المجلس في إصدار القوانين هو أكثر الطرق فعالية في رقابة الحكومة. فالمجلس يمكنه دائماً أن يحدد إطار نشاطات الحكومة من خلال إصدار القوانين، وأن يلغي تنفيذ المراسيم التي يصدرها رئيس الجمهورية من خلال تلك القوانين[٧١].

وكذلك يمكن للمجلس أن يجري رقابة تشريعية فعالة على الميزانية من خلال رفض قانون الميزانية العامة وقانون الحسابات النهائية المقدمين من قبل الحكومة، أو قبولهما بعد إجراء تعديلات تنسجم مع إرادة المجلس. إن وضع الحكومة ميزانية العام السابق قيد التنفيذ بعد إعادة تقييمها وزيادتها بمعدل (التضخم) بناءً على رفض المجلس الميزانية المعروضة من قبل الحكومة والميزانية المؤقتة؛ هو آلية تعترف بفوقية المجلس[٧٢]. ففي الميزانية التي دخلت حيز التنفيذ بعد إعادة التقييم بمعدل التضخم لن تجد الحكومة موارد إضافية، ولن تجري تغييراً في أقلام الميزانية.

لكن هذه الصلاحية لا يمكن استخدامها من قبل الحكومة إلا مرةً واحدة. فالميزانية المعدة لوضعها قيد التنفيذ من قبل الحكومة يجب أن تكون الميزانية التي تم قبولها من قبل المجلس بموجب مبدأ قانونية الميزانية. فإن قام المجلس في العام

---

(٧١) تنظم المادة ٨٧ من دستور ١٩٨٢ صلاحية المجلس في سن القوانين.

(٧٢) مع التعديل الذي حصل في المادة ١٦١ من دستور ١٩٨٢ بموجب المادة ١٥ من القانون رقم ٦٧٧١ الخاص بإجراء تعديل في دستور الجمهورية التركية مُنِحَ المجلس فوقية في قبول قانون الموازنة والحسابات النهائية.

التالي برفض الميزانية المقدمة من الحكومة؛ لا يجوز للحكومة أن تضعها قيد التنفيذ بعد إعادة التقييم. وعبارة «ميزانية العام السابق» الواردة في أحكام الدستور تشير إلى الميزانية التي دخلت حيز التنفيذ بعد قبولها من قبل المجلس. أما الميزانية التي تضعها الحكومة قيد التنفيذ بعد إعادة التقييم فلا تعد مقبولة من قبل المجلس، بل هي ميزانية دخلت حيز التنفيذ بتصرف من الحكومة، ولا يجوز وضعها قيد التنفيذ بعد زيادتها تبعاً لمعدل التضخم. وعندما تحدث مشكلة من هذا القبيل، ويصل الخلاف بين الجهازين إلى حد لا يطاق، عندها يتم تفعيل انتخابات التجديد المتزامنة. وبما أن الحكومة ليست لها فرصة الاستمرار في النزاع مع المجلس بشأن الميزانية حتى النهاية، فهي مجبرة على أن تعرض على المجلس ميزانيةً يقبلها، أو تدعمها بالتعديلات التي يراها المجلس في مشروع الميزانية المقدم إليه.

وإعلان حالة الطوارئ كما هو معلوم يتم من قبل الحكومة في النموذج السابق وفي نموذج حكومة الرئاسة الجمهورية على حد سواء. ففي النموذج السابق لا يحق للمجلس سوى تغيير مدة حالة الطوارئ عند إعلانها الأول، أي لا يحق له إلغاء حالة الطوارئ، لكنه أي المجلس في نموذج حكومة الرئاسة الجمهورية يحق له أن يلغي حالة الطوارئ عند إعلانها الأول. وفي النموذج السابق كذلك، لا تولد المراسيم بحكم القانون الصادرة في فترة حالة الطوارئ نتيجةً قانونيةً في حال تقديمها للمجلس إن لم يتم البت بأمرها في المجلس خلال شهر. أما في نموذج حكومة الرئاسة الجمهورية، يتم كذلك تقديم المراسيم بحكم القانون التي تصدر في حالة الطوارئ إلى المجلس، ويمكن للمجلس أن

يجتمـع فـوراً ويلغـي هذه المراسـيم مباشـرة، كما أنهـا تخرج عن حيـز التنفيـذ من تلقاء نفسـها إن لـم يبت المجلـس بأمرها خلال ثلاثة أشـهر. وبذلـك يتبين أن نمـوذج حكومة الرئاسـة الجمهورية يعـزز صلاحيـات المجلس فـي الرقابة على الحكومـة فيما يخص موضوع حالة الطـوارئ[٧٣].

إلـى جانب ذلك، سـيتمكن المجلس من مراقبـة الحكومة بطرق البحـث البرلمانـي والمقابلـة العامة والأسـئلة المكتوبـة[٧٤]. ففي البحـث البرلماني، يجـوز للجنة البحث البرلماني أن تسـتدعي إلى جلسـة الاسـتماع أي عضو ترتئيه مـن أعضاء الحكومـة التقينة أو البيروقراطيـة المرتبطـة بها. كما يمكن أن يجـري المجلس مقابلة عامـة حـول أية قضيـة ذات صلة بالدولـة والمجتمع. أما الأسـئلة المكتوبـة فيمكـن أن يوجههـا إلـى كل أعضـاء الحكومـة التقنيـة. ويتحتـم على أعضاء الحكومة التقنية الرد على هذه الأسـئلة خلال خمسـة عشـر يومـاً. فـإن لم يتـم الرد خلال خمسـة عشـر يوماً، يشـكل المجلـس – إن شـاء – لجنـة البحـث البرلماني ويسـتدعي العضـو المعنـي فـي الحكومـة للاسـتجواب، أو يقـوم بالمقابلـة العامـة علـى اعتبـار أن انقطاع التواصـل بين المجلـس والحكومة أمـرٌ يخـص الدولـة والمجتمـع. وبمـا أن كل هـذه الأمـور تجـري أمـام الـرأي العام الديمقراطـي، يبقى اللاعبون السياسـيون الذين يخلقـون مشـاكل في العمـل والاتصال وجهـاً لوجهٍ مع مسـؤوليات

(٧٣) الترتيبـات التـي حصلـت نتيجـة التعديـل الـذي حصـل فـي المـادة ١١٩ مـن دسـتور ١٩٨٢ بموجب المـادة ١٢ مـن القانـون رقـم ٦٧٧١ الخـاص بإجـراء تعديـل فـي دسـتور الجمهوريـة التركيـة.

(٧٤) الترتيبـات التـي حصلـت نتيجـة التعديـل الـذي حصـل فـي المـادة ٩٨ مـن دسـتور ١٩٨٢ بموجب المـادة ٦ مـن القانـون رقـم ٦٧٧١ الخـاص بإجـراء تعديـل فـي دسـتور الجمهوريـة التركيـة.

سياسية. ولا يوجد في الدستور ترتيبات قانونية تتعلق بالأسئلة المكتوبة إلى الحكومة السياسية. لكن المشرّع له الحرية في سن ترتيباتٍ قانونية مناسبة في هذاالصدد. أي لا يجوز تفسير عدم ورود هذه المسألة في الدستور بأنها مسألةٌ محظورة. وبما أن الرقابة عن طريق الأسئلة المكتوبة تُطبَّق على ممارسات الحكومة فإن توجيه هذه الأسئلة إلى الحكومة التقنية أمرٌ مفهومٌ للغاية. فالمسائل التي تخضع لرقابة المجلس لها علاقةٌ بتنفيذ ممارسات الحكومة بشكلٍ مشروعٍ ضمن الإطار القانوني. ولا يقوم المجلس بتقييم القرارات السياسية التي تصدرها الحكومة السياسية طالما أنها ضمن الإطار الديمقراطي. والمسؤولية السياسية في القرارات السياسية تكون أمام الشعب. وتحقيق التوازن والرقابة على أجهزة الدولة لا تعفيها من المسؤولية أمام الشعب. وما من شك بأنه عندما تخرج القرارات السياسية عن حدود الديمقراطية والقانون لا تعود قرارات سياسية مشروعة، فيتم حينها تفعيل المسؤوليات القانونية والجزائية. ولا معنى في هذه الحالة لاستخدام آلية الأسئلة المكتوبة أداةً لرقابة الحكومة السياسية. إلى جانب صلاحياته في مساءلة الحكومة السياسية، يتمتع المجلس بصلاحيات في توجيه مسؤولياتها وتنفيذها. وعدم ورود الأسئلة الشفهية في النظام هو نتيجة حتمية لنموذج حكومة الرئاسة الجمهورية. وبما أن الحكومة ليس لها أعضاء في المجلس فإن توجيه الأسئلة لأعضائها من الكرسي وطلب الإجابة عليها أمرٌ غير ممكن مادياً. ولهذا السبب لم ترد الأسئلة الشفهية في النظام. ولم يعد هناك حاجةٌ إلى آليةٍ مثل مطالبة المجلس بإجراء تصويت الثقة لأن النظام في الأساس يعتمد على تشكيل الحكومة مباشرةً من قبل الشعب. وكما هو معروف فإن تصويت الثقة في الأصل هي آليةٌ لتشكيل حكومةٍ

مغلقة في نموذج الحكومات البرلمانية. والاستفسار أيضاً آليةٌ لرقابةٍ مطلوبة في نموذج الحكومات البرلمانية. أما في نموذج حكومة الرئاسةً الجمهورية التي أطلق عليها اسم «حكومة الشعب المباشرة» فلا حاجة إلى آلية الاستفسار(٧٥) ؛ لأن الشعب قام بتصويت الثقة عبر صناديق الاقتراع. أما بالنسبة للاستيضاح الذي يؤدي إلى إسقاط الحكومة أو الوزير فغدا آليةً يتم تفعيلها بالأصوات التي يدلي بها الشعب إما في الانتخابات العادية التالية أو في انتخابات التجديد. وعندما يغلب على الأذهان اعتقادٌ بوجود فرصٍ أخرى للانتخابات مثل الانتخابات البينية والانتخابات المتممة في نظام حكومة الرئاسة الجمهورية، يتضح أن لدى الشعب الكثير من الخيارات لتجديد السياسة أو إرسال رسالة إلى السياسة.

المسؤولية الجزائية:

في النظام الديمقراطي الرئاسي، تبدأ المسؤولية الجزائية للرئيس عبر التحقيق التي يطلقه المجلس، ويعتبر التحقيق كذلك آلية الرقابة والتوازن. في النظام السابق لم يكن رئيس الجمهورية يتحمل فعلياً أية مسؤولية جزائية. وعندما يُتَّهم رئيس الجمهورية بالخيانة الوطنية يُحال رئيس الجمهورية إلى الديوان العالي بعد موافقة ثلاثة أرباع كامل أعضاء المجلس، ولكنه في الواقع لا يطاله شيء من هذه الاتهامات لأن القانون الجزائي لا يتضمن جريمة الخيانة الوطنية. وفي نموذج حكومة الرئاسة الجمهورية بالمقابل

(٧٥) من أجل عدم كفاءة آليات رقابة المجلس في نماذج الحكومة البرلمانية انظر: قوزو، النظام الرئاسي بجميع جوانبه، ص ٦٥.

يمكن توجيه التهمة إلى رئيس الجمهورية «بأية جريمة»، ويجوز التحقيق معه بموافقة الأغلبية المطلقة لكامل أعضاء المجلس. كما يمكن فتح التحقيق بموافقة ثلاثة أخماس كامل عدد أعضاء المجلس. ويمكن أن يساق إلى الديوان العالي بأغلبية الثلثين. ولا يجوز لرئيس الجمهورية الذي يتم التحقيق معه أن يتخذ قراراً بتجديد الانتخابات، وإذا أدين في الديوان العالي بجريمة تمنعه من خوض الانتخابات الرئاسية تسقط رئاسته. ومدة المحاكمة في الديوان العالي ثلاثة أشهر، وتمتد إلى ستة أشهر لمرة واحدةٍ فقط. وهكذا تم في هذا النظام توسيع مسؤولية رئيس الجمهورية الجزائية توسيعاً كبيراً. وبعد انتهاء فترة رئاسته يستمر التحقيق معه في الجريمة التي اتهم بها أثناء وجوده على رأس عمله وفق أصول التحقيق نفسه. وفي حال ارتكابه جرائم خارج فترة رئاسته فإن أصول التحقيق الخاصة ليست موضوع الحديث[٧٦] . وآلية التحقيق مع رئيس الجمهورية تنطبق أيضاً على نواب رئيس الجمهورية والوزراء عند ارتكابهم جرائم تتعلق بوظائفهم، إلى جانب كون أعضاء الحكومة التقنية هو نفسه وضع أعضاء البرلمان فما يخص المزاعم المثارة حول جرائم مرتكبة خارج إطار عملهم، أي أنهم يخضعون في تلك الجرائم للحصانة النيابية. ويحق للمجلس أن يرفع عنهم الحصانة، ويمهد الطريق أمام التحقيق الجنائي والملاحقة القضائية، أو يتم إجراء التحقيق الجنائي والملاحقة القضائية معهم بعد انتهاء فترة مهامهم[٧٧] .

---

(٧٦) نتيجة التعديلات التي حصلت في المادة ١٠٥ من دستور ١٩٨٢ بموجب المادة ٩ من القانون رقم ٦٧٧١ الخاص بإجراء تعديل في دستور الجمهورية التركية.

(٧٧) نتيجة التعديلات التي حصلت في المادة ١٠٦ من دستور ١٩٨٢ بموجب المادة

يتبين هنا أن المجلس يملك صلاحيات قوية في مساءلة الحكومة السياسية والحكومة التقنية على حد سواء. وتعززت سلطة المجلس من خلال صلاحيته في رفع الحصانة عن أعضاء الحكومة التقنية حول الجرائم خارج الوظيفة.

الترتيبات القانونية المتعلقة بالانتخابات:

مع نموذج حكومة رئاسة الجمهورية صار النظام مكوناً من ثلاثة انتخابات تندرج ضمن الانتخابات العامة: الانتخابات العادية التي تجري كل خمس سنوات، وانتخابات التجديد المحتملة إجراؤها بين دورتين انتخابيتين، والانتخابات المتممة المحتملة إجراؤها عند بقاء موقع رئاسة الجمهورية شاغراً وفقاً لتاريخ المشاغرة. ولا شك بأن الانتخابات البينية الموجودة أصلاً في النظام يتم تفعيلها حسب شروط معينة. والانتخابات الخاصة هي إجراء الانتخابات الرئاسية والبرلمانية في وقتٍ واحدٍ لدى بقاء موقع رئيس الجمهورية شاغراً في أقل من عامٍ على الانتخابات العامة. ويمكن اعتبار هذه الانتخابات في واقع الأمر انتخابات عادية مبكرة وفقاً لتاريخ شغار الموقع. ولهذا السبب، لا يحتاج الأمر إلى اعتبارها نوعاً منفصلاً من الانتخابات. وفي هذا الإطار يمكن أن نصف الانتخابات العادية بالانتخابات العادية الطبيعة والانتخابات العادية المبكرة.

---

١٠ من القانون رقم ٦٧٧١ الخاص بإجراء تعديل في دستور الجمهورية التركية.

الانتخابات العادية:

الانتخابات العادية الطبيعية هي إجراء انتخابات المجلس والحكومة بصورة متزامنة مرةً كل خمس سنوات[٧٨] . ومع ذلك، فإن النموذج المفضل ليس التزامن المطلق. أي أنه ليس من الضروري إجراء انتخابات الحكومة وانتخابات المجلس في وقت واحد؛ لأن النظام يقبل بانتخاب الحكومة في جولتين وليس في جولةٍ واحدة[٧٩] . وبالتالي فإن انتخابات المجلس تنتهي في يوم واحد، بخلاف انتخابات الحكومة فيمكنها أن تبقى للجولة الثانية. في هذه الحال يمكننا أن نصف انتخابات الحكومة بأنها «انتخابات متزامنة نسبياً».

ويمكن الحديث عن الانتخابات العادية المبكرة عندما يحصل فراغ في الحكومة قبل تاريخ الانتخابات العادية بمدة أقل من عام[٨٠] . في هذا الوضع، يلزم إجراء كلا الانتخابين معاً خلال ٤٥ يوماً بدءاً من تاريخ الفراغ. وإذا حدث الفراغ قبل تاريخ إجراء الانتخابات العادية بأقل من عام وخلال الأيام الخمسة والأربعين الأخيرة، يتم إجراء الانتخابات العادية في الوقت الاعتيادي. ولكن إذا حدث الفراغ خلال مدة أقل من عام وأكثر من خمس وأربعين يوماً، تجري

---

(٧٨) الترتيبات التي حصلت نتيجة التعديل الذي حصل في المادة ٧٧ من دستور ١٩٨٢ بموجب المادة ٤ من القانون رقم ٦٧٧١ الخاص بإجراء تعديل في دستور الجمهورية التركية.

(٧٩) الترتيبات التي حصلت نتيجة التعديل الذي حصل في المادة ١٠١ من دستور ١٩٨٢ بموجب المادة ٧ من القانون رقم ٦٧٧١ الخاص بإجراء تعديل في دستور الجمهورية التركية.

(٨٠) الترتيبات التي حصلت نتيجة التعديل الذي حصل في المادة ١٠٦ من دستور ١٩٨٢ بموجب المادة ١٠ من القانون رقم ٦٧٧١ الخاص بإجراء تعديل في دستور الجمهورية التركية.

انتخابات عادية ولكن باعتبارها «انتخابات عادية مبكرة».

إن العنصر الذي يجعل الانتخاب في هذه الحالة على طاولة الأجندات هو بقاء موقع رئيس الجمهورية شاغراً وقد تبقى مدة أقل من عامٍ على الانتخابات الطبيعية. أي لا يوجد قرار مباشر بتجديد الانتخابات، بل هناك ضرورة إجراء الانتخابات بسبب الفراغ. فالانتخابات المبكرة التي تحصل بقرار تجديد الانتخابات لا يصنف مع الانتخابات العادية المبكرة. فالانتخابات العادية المبكرة تقصِّر فترة ولاية المجلس تلقائياً بسبب فراغ الحكومة في تاريخ معين. لكنه في الانتخابات المبكرة يتم تقصير مدة ولاية كلٍّ من المجلس والحكومة بشكلٍ إراديٍ بقرار واضح يصدره إما الحكومة أو المجلس.

انتخابات التجديد:

لا بد لنا منذ البداية أن نبين أن قرار تجديد الانتخابين معاً[(٨١)] لا يعني الفسخ. فسلطة إجراء الفسخ كان موجوداً في النظام السابق. الفسخ من حيث الحقوق السياسية، هو عمل ينتج عن سياسة أحادية الجانب. والفسخ من الناحية القانونية ليس له تأثيرٌ على الإرادة التي تستخدم هذه السلطة. مثال ذلك؛ المجلس الذي تشكل في ٧ حزيران عام ٢٠١٥ لم تسفر عنه حكومة، فقرر السيد رئيس الجمهورية تجديد الانتخابات. وفي ١ تشرين الثاني تم إجراء الانتخابات البرلمانية، ولم تجر بالتزامن تجديد انتخابات

(٨١) نتيجة التعديل الذي حصل في المادة ١١٦ من دستور ١٩٨٢ بموجب المادة ١١ من القانون رقم ٦٧٧١ الخاص بإجراء تعديل في دستور الجمهورية التركية.

رئاسة الجمهورية بموجب النظام الذي كان قائماً. فمثل هذا الإجراء من طرفٍ واحد يسمى من الناحية السياسية فسخاً. فصلاحية الفسخ هذا لم يعد موجوداً في النظام الجديد، وحلَّ محلَّها صلاحية تجديد الانتخابين معاً. أي أن رئيس الجمهورية أو المجلس حين يتخذ أحدهما قراراً بتجديد انتخابات الطرف الآخر فهو ملزمٌ أيضاً بالتوجه إلى الانتخابات، وأي طرف يمارس سلطة تجديد الانتخاب فإن هذاالقرار يتولد عنه نتيجة مزدوجة تنعكس على هذا الطرف أيضاً. من ناحية أخرى يسمح لرئيس الجمهورية أن يمارس هذه السلطة مرة واحدة فقط في كل ولايةٍ له. فإن تولى رئيس الجمهورية ولايتين كان له أن يستخدم هذه السلطة مرتين على الأكثر.

وعلى الرغم من أن المسألة تبدوا سلطة من الناحية القانونية؛ فإن هذا القرار هو التزامٌ سياسي من ناحية الرئيس، لأن رئيس الجمهورية إن استخدم هذ السلطة في فترة ولايته الأولى يتولد عنه نتيجتان: الأولى، أنه يتنازل عن بقية مدة ولايته ويعتبر أنه أتمها. والثانية، أنه يخاطر بعدم انتخابه لأنه مضطر لخوض الانتخابات مرةً أخرى. والأهم من ذلك، إذا استخدم رئيس الجمهورية سلطته هذه في فترة ولايته الثانية، يعفى من بقية فترة ولايته ولا يجوز له الترشح مرةً أخرى. كما تبين، فإن قرار تجديد الانتخابات فرصةٌ ديمقراطيةٌ يتم استخدامها فقط عندما يكون البلد على هامش أزمة سياسية حقيقية، أو دخل في أزمة سياسية حقيقية، أو وصل النزاع بين المجلس والحكومة إلى حدٍّ لا يطاق. إنه صمام ديمقراطي يوضع أمام الشعب، ويسمح بتجديد النظام.

الانتخابات التكميلية:

فـي حال فراغ موقع رئاسـة الجمهورية، يوجـد احتمالان. فإذا حـدث فراغ الموقـع قبل موعـد الانتخابات العاديـة بمدة أقل من عـام؛ يتم الدعوة إلى إجـراء انتخابات المجلس وانتخابات رئيس الجمهورية كما ذكر سـابقاً. وحين يحدث الفراغ في موقع رئاسـة الجمهوريـة قبـل موعـد الانتخابـات العاديـة بمدة أكثـر من عام، عندئـذ تجري انتخابـات رئيس الجمهورية فقـط[٨٢] . ويتم إجراء الانتخـاب خـلال ٤٥ يومـاً. وعند تحديـد مدة العـام يؤخذ تاريخ فـراغ الموقع أساسـاً، وليـس تاريخ إجـراء الانتخابـات الجديدة. فـإذا كانت المدة بين تاريخ فراغ الموقـع وتاريخ إجراء الانتخابات العاديـة أكثر مـن عام؛ يتم إجراء انتخاب رئيـس الجمهورية فقط، وفـي تاريـخ إجـراء هـذ الانتخـاب، لا يوجـد لبقاء مـدة أقل من سـنة علـى الانتخابـات العادية أي تأثيـر على النتيجـة. فالرئيس الـذي تـم انتخابـه يتـم فتـرة الـدورة الرئاسـية المتبقيـة فقط. ولهـذا السـبب يدعـى هـذا الانتخـاب بالانتخـاب التكميلـي. ولا تعتبـر المـدة التي يتمهـا الرئيس المنتخـب بالانتخـاب التكميلي مـن مـدة ولايتـه. وبالتالـي حين يتقـدم الرئيـس الذي أتـم مدة الـدورة إلـى الترشـح للرئاسـة فيمـا بعد ويتـم انتخابـه، يحق له الترشـح لمنصب رئاسـة الجمهورية في فترة ولايـة ثانية، فأمامه فرصة الرئاسـة لولايتين متتابعتين ولا تحتسـب فترتـه التكميلية، وهـذا الاحتمـال اسـتثنائي للغايـة، لكنـه يمكـن أن تنشـأ فرصة البقـاء في منصب الرئاسـة لمدة تصل إلى أربـع دورات وإن كانت لفتـرات قصيرة.

(٨٢) نتيجـة التعديـل الـذي حصـل فـي المـادة ١٠٦ مـن دسـتور ١٩٨٢ بموجـب المـادة ١٠ مـن القانـون رقـم ٦٧٧١ الخـاص بإجـراء تعديـل فـي دسـتور الجمهوريـة التركيـة.

تعزيز سلطة المجلس:

من خلال الممارسات التوجيهية السياسية للنظام الجديد سيتعزز موقع المجلس وتزداد هيمنته على الحكومة بشكل كبير. فمن حيث الترتيبات التقنية، كانت الحكومة في النظام السابق تتمتع بصلاحية إعداد القوانين وتقديمها إلى المجلس، وتكون الحكومة خلال العملية التشريعية داخل المجلس، ولا يجوز للمجلس أن يبت في أمر القوانين دون وجود ممثل عن الحكومة. كما أن للحكومة ثقل في اللجان أيضاً. ويحق للحكومة في النظام السابق أن تأخذ من المجلس صلاحية إصدار المراسيم بمثابة القانون خارج حالات الطوارئ.

باختصار، تحتكر الحكومة في النظام السابق النشاطات التشريعية[٨٣]. ففي الأساس تتم الموافقة على القوانين في المجلس، وفي الواقع تمرر القوانين التي توجهها الحكومة وتحددها. وتهيمن البيروقراطية بشكل كامل على إعداد وتصميم القوانين. بمعنى آخر، لا يمكن الحديث عن استقلالية إرادة المجلس في النظام السابق ونزاهتها. فإرادة المجلس إرادة تابعة، إرادة تابعة للحكومة ومن ورائها البيروقراطية. وهذا الواقع موجود في حكومة الحزب الواحد وحكومة الائتلاف على حد سواء. في نظام حكومة رئاسة الجمهورية، ألغيت سلطة الحكومة في إعداد وتقديم مشاريع القوانين. وبموجب قانون السلطة ألغيت سلطة إصدار المراسيم

(٨٣) في المواد ٨٧ و٨٨ و١٥٣ و١٥٥ و١٦٣ التي تم تغييرها مع التعديلات الدستورية التي أجريت على دستور ١٩٨٢ في ١٦ نيسان تم تنظيم صلاحيات الحكومة في إعداد مشروع القوانين. وفي المادتين ٨٧ و٩١ اللتين تم تغييرهما أيضاً توجد للحكومة صلاحيات في إصدار قرارات بحكم القانون في إطار قانون الصلاحية.

بمثابة القانون. ولا تتمتع الحكومة بسلطة عرض القوانين باستثناء مشروع قانون الميزانية وقانون الحساب النهائي. ولن يحضر ممثل عن الحكومة خلال العملية التشريعية في الجلسة العامة للمجلس.

وخلال دراسة مشاريع القوانين في اللجان المختصة، لا يجوز لأي شخص من الحكومة أن يذهب إلى اللجنة ويبدي رأيه مالم تطلب منه اللجنة ذلك. والأهم من ذلك، هو أن مشاريع القوانين كلها بيد النواب. وسيكون النواب حين إعداد مشاريع القوانين مستقلين عن البيروقراطيين، ويعتمدون في الأساس على حاجات الناخبين. وبالتالي ستتعزز سلطة النواب من هذه الجهة. وستتعزز لجان المجلس، وسيزداد أعداد اللجان. وستتحول اللجان، على سبيل المثال، إلى لجان تفاوض ومجالس عامة لصنع القرار بالمعنى الحقيقي. من ناحية أخرى، سوف يتخلص النواب من الاعتماد على المركز لأن الإرادة المحلية هي العامل الحاسم في عملية الترشيح. لأن الشخص إن كان ذا نفوذ محلي من تلقاء نفسه فإن الديناميكية المحلية سوف تختاره عضواً حتى لو لم يتلق الدعم الكافي من مركز الحزب.

لقد تعزز وضع النواب من حيث العضوية ومن حيث المهمة البرلمانية على حد سواء. واحتُكر القانون لديهم. وهذه الأمور كلها ستحول العلاقة بين النَائب والناخب إلى «علاقة مباشرة». وسيخف تأثير الحزب على النائب من حيث التصويت. أي سيختفي توجهات استخدام التصويت المجهول،

وسيتعزز التصويت عبر عضو البرلمان[٨٤] . وبصيغة إيجابية يجدر الذكر أن المجلس في الواقع قد تحرر بسبب إخراج الحكومة من المجلس وانشغاله بالنشاطات الحكومية فقط، وتشكيل الحكومة بعيداً عن المجلس. وينبغي التأكيد هنا على أنه بتحريره لا يضعف المجلس بل يتحول إلى سلطة قوية و مستقلة .

ضمان الأمن الزمني للنظام الدستوري:

ضمان الأمن الزمني للنظام الدستوري يستند إلى آليات تحدد الوظائف المختلفة المترتبة على الناخب والمنتَخَب لفتراتٍ زمنية محددة، وتمنح المنتَخَب مدةً زمنيةً، وتقيل المنتَخَبَ من قبَل الناخبٍ وما شابه ذلك. وبهذا الشكل لا تُبْنى علاقة التبعية وارتباط بين الناخب والمنتَخَب، ويتأمن لكلٍّ من الناخب والمنتَخَب أداء مهامه دورياً في فترات مختلفة. في التعديلات الدستورية التي تقترح نموذج الحكومةً الرئاسية الجمهورية لم يجر أي تغييرٍ في أصول انتخاب أعضاء المحكمة الدستورية وفترات مهمتهم. ولم يحصل سوى تخفيض عدد أعضاء المحكمة الدستورية إلى خمسة عشر عضواً لأنه لن تجري انتخابات بعد انتهاء مدة مهام العضوين القادمين من المحكمة العليا العسكرية والمحكمة الإدارية العليا العسكرية إثر إلغائهما .

(٨٤) هذه العملية ستؤثر على الأحزاب السياسية أيضاً، وسيخف دور الأحزاب السياسية في الدخول بين الناخبين والنواب. بل ستتمكن الأحزاب السياسية كذلك من ممارسة فعاليات الأحزاب السياسية بالمعنى الحقيقي. وهذا يعني أن الأحزاب السياسية التي لها ارتباطات بالحكومة ستتوقف عن التصرف مثل حكومات صغيرة على أرض الواقع. وسيتركز دور الأحزاب السياسية على حمل متطلباتها واحتياجاتها السوسيولوجية إلى السياسة في الفترة الفاصلة بين انتخابين. بهذا كله سيتم تطبيع سياستها.

ومع هذا يبقى ضمان الأمن الزمني موضوع الحديث حتى في النظام الموجود عند الأخذ بالحسبات فترات العمل الحالية لأعضاء المحكمة الدستورية وفترات عملهم في الانتخابات الجديدة مع نموذج الحكومة الرئاسية الجمهورية. فالأعضاء المنتَخَبون للمحكمة الدستورية كانوا يعملون حتى سن الـ ٦٥ إلى أن جرى تغيير الدستور في ١٢ أيلول ٢٠١٠. أما الأعضاء المنتَخَبون بعد تغيير الدستور عام ٢٠١٠ فبقوا على رأس عملهم ١٢ عاماً، ولم يكن بالإمكان انتخابهم مرةً أخرى[٨٥]. تنتهي مدة عمل الأعضاء حسب الدستور الحالي في تواريخ مختلفة ويتم تمديدها حتى عام ٢٠٣١ على أبعد تقدير. وعندما يدخل نموذج الحكومة الرئاسية الجمهورية حيز التنفيذ بحلول عام ٢٠١٩ سينتخب رئيس الجمهورية المنتَخَب في ذلك التاريخ مكان ثلاثةٍ فقط من الأعضاء الموجودين. أما رئيس الجمهورية الذي سيتم انتخابه عام ٢٠٢٤ فسينتخب مكان أربعة أعضاء فقط. وحتى رئيس الجمهورية الذي سيتم انتخابه عام ٢٠٢٩ ستكون الفرصة متاحةً أمامه لانتخاب أعضاء مكان الأعضاء الذين انتهت فترة عملهم. فكما هو ملاحظ؛ لا يجوز لرئيس الجمهورية الذي يبقى على رأس عمله لدورتين لا أكثر أن يجدد اثني عشر عضواً ممن هم في عهدته من أعضاء المحكمة الدستورية ولو تولى منصبه لولايتين. بقي أن تغيير النظام الدستوري تنبؤٌ واقعيٌ يمكن أن يستمر في المراحل اللاحقة، وبالتالي من المتوقع أن يكون هناك توزيعٌ أكثر توازناً بين المجلس والحكومة في بنية أعضاء المحكمة الدستورية.

---

(٨٥) المادة ١٤٧ من دستور ١٩٨٢.

في التعديلات الدستورية التي تنظم نموذج حكومة الرئاسية الجمهورية تمت إعادة هيكلة مجلس القضاة والمدعين العامين[٨٦] . فتم تخفيض عدد أعضاء مجلس القضاة والمدعين العامين من ٢٢ إلى ١٣؛ سبعةٌ منهم يختاره المجلس والأربعة الآخرون يختارهم رئيس الجمهورية، وتم اعتبار وزير العدل ومستشاره عضوين طبيعيين. ويتم انتخاب أعضاء مجلس القضاة والمدعين العامين لأربعة أعوامٍ ويحق لهم أن يُنْتَخَبوا مرةً أخرى. وفترة عمل رئيس الجمهورية والمجلس فهي خمسة أعوام في الظروف العادية. وبالتالي فهناك ضمانٌ لأمنٍ زمنيٍ ناجمٌ من الفروقات في فترات عمل المجلس، والحكومة، وأعضاء مجلس القضاة والمدعين العامين. فمجلس القضاة والمدعين العامين الذي سيتم تأسيسه حديثاً سوف يتشكل بانتخاب أعضائه من قبل المجلس في دورته الـ ٢٦ ورئيس الجمهورية في تلك الحقبة. أما في عام ٢٠٢١ فسوف يتم انتخاب أعضاء مجلس القضاة والمدعين العامين من قبل المجلس ورئيس الجمهورية المنتَخَب عام ٢٠١٩. وفي عام ٢٠٢٥ سوف يعمل المجلس ورئيس الجمهورية المنتَخَب عام ٢٠٢٤ على انتخاب أعضاء مجلس القضاة والمدعين العامين. وإذا تخلل ذلك إجراء انتخاباتٍ تجديدية أو إتمامية فمن الممكن حينها أن يكون انتخابُ أعضاء مجلس القضاة والمدعين العامين من قبل المجلس والحكومة المكونة من أشخاصٍ آخرين؛ موضوع حديث.

(٨٦) التنظيمات التي حصلت نتيجة تعديل المادة ١٥٩ من دستور ١٩٨٢ بموجب المادة ١٤ من القانون رقم ٦٧٧١ المتعلق بإجراء تعديلات في دستور الجمهورية التركية.

كما هو ملاحظ هناك ضماناتٌ ناجمةٌ عن فروقات في فترات عمل المحكمة الدستورية ومجلس القضاة والمدعين العامين. علاوةً على ذلك، يملك أعضاء المحكمة الدستورية ومجلس القضاة والمدعين العامين ضماناً زمنياً بالنسبة لفترات عملهم. ويحق لهم أن يبقوا على رأس عملهم حتى مدة انتهائه طالما أنهم لم يرتكبوا جريمةً أو لم يترتب عليهم عقوباتٌ أو أنهم لم يقوموا بانتهاكات تستوجب طردهم من العمل. هذا وإنهاء فترة عملهم من قبل الأجهزة التي اختارتهم ليس موضوع حديث. وهذا كله يشكل ضماناً للمحكمة الدستورية ومجلس القضاة والمدعين العامين كي يؤديا عملهما دون أن يكونا على علاقة تبعيةٍ مع الأجهزة التي اختارتهما.

الشرعية والتوافق والتنوّع والأحاديّة

المساواة من حيث الشرعية والتفوق الوظيفيّ:

لا بدّ من البيان هنا أن الديمقراطيّة ذات المبادئ المتكاملة والموجّهة باتّجاه سير عملية النظام السياسي تستند إلى مبدأ الشرعيّة من ناحية تشكّل أجهزة الدولة، وعلى مبدأ الواجب من ناحية نشاطاتها وفعالياتها. وتستند شرعية الأنظمة الديمقراطية على إرادة الشعب. وأما الرقابة والتوازن من ناحية أجهزة الدولة فتتشكّل بناءً على التعريفات الوظيفيّة للأجهزة.

يستند نظام حكومة رئاسة الجمهورية من الناحية الشرعية على المساواة بين الحكومة والمجلس، كما تمّ إيجاد حلّ لمشكلة الشرعية القضائية، وفي هذا النظام يشكل الشعب المجلس والحكومة مباشرةً عبر انتخابين مختلفين؛ أي إنّ هذين الجهازين يستندان بشكل مباشر على الشرعيّة الديمقراطيّة،

أمّا الإدارة القضائية فيتمّ تحديدها من قبل الشعب بشكلٍ غير مباشر، وبمعنى آخر: فإنّ إدارة القضاءَ تستند على الشرعية الديمقراطية بشكلٍ غير مباشر. وأما من الناحية الوظيفية فإن المجلس أعلى من الحكومة، ويقوم المجلس بمراقبة الحكومة من خلال القانون، ومن خلال التحقيق الذي يقوم بها المجلس والمقابلات العامة والأسئلة المكتوبة. بالإضافة إلى أن المجلس هو من يطلق بداية مسيرة الرقابة الجزائية من خلال التحقيق ورفع الحصانة. وأما من الناحية الوظيفيّة، فهناك أفضليّة للقضاء على المجلس والحكومة، حيث يتم إجراء الرقابة المعياريّة المجرّدة على قوانين المجلس والمراسيم الصادرة عن رئاسة الجمهورية عن طريق القضاء الدستوري. كما تتمّ مراقبة الإجراءات التنظيميّة الأخرى للحكومة وإجراءاتها الفردية عن طريق مجلس الدولة والمحاكم الإدارية، إضافة إلى أنّ المحاكم تتمتّع بصلاحية التقديم على الرقابة المعيارية الماديّة فيما يتعلّق بالقوانين والقرارات المصنوعة عبر المحكمة الدستورية. وكما هو مُلاحظ فقد جُعِل كلٌ من المجلس والحكومة والإدارة القضائية في نظام حكومة رئاسة الجمهورية قوى متكافئة من الناحية الشرعية عن طريق إسنادها إلى الشرعية الديمقراطية بشكل مباشرٍ وغير مباشرٍ. وتعتبر إرادة الشعب بالنسبة للأجهزة الثلاثة الإرادة المؤسِّسَة لها بشكل مباشرٍ وغير مباشر. وأما من ناحية فعالية أجهزة الدولة فإنّ القضاء هو السلطة ذات الوظيفة العليا؛ فالقضاء من الناحية الوظيفيّة أعلى من المجلس والحكومة، وأمّا المجلس فقد جُعل أعلى من الحكومة وظيفياً، وهكذا فقد تمّت تغطية الحاجة إلَى الرقابة والتوازن من ناحية أجهزة الدولة.

التوافق العددي من ناحية الشرعية:

حين لاقى نظام حكومة رئاسة الجمهورية قبولاً سواء في المجلس أو في التصويت الشعبي استند إلى شرعيةٍ قوية من ناحية التوافق السياسي والمجتمعي إلى جانب الشرعية العددية[٨٧] . إنّ التوافق المجتمعي حقيقةً ليس مصطلحاً عامّاً وشاملاً مجهولَ الفحوى والمضمون، ومن غير الممكن تقييم التوافق المجتمعي حول النظام السياسيّ من خلال إجماع المجتمع على النموذج ذاته. والصواب هو أن يتمّ تأمين توافقٍ كافٍ، وأما أساس التوافق الكافي فيتكوّن بتلقّي دعماً تعدّديّاً، والدعم التعـدّدي لا يعني الدعم بنسبة مئة في المئة، بل الدعم العددي في حده الأدنى الذي يضمن التعدّدية. وبالتالي فإنّ هذا النظام، الذي أتى بنموذج «حكومة شعبية مباشرة»، يتمتّع بخاصيّة مهمّة للغاية تضمن سير العملية الديمقراطية إلى جانب تمتّعه بآليات ضمان تمّ استحضارها ضمن كيانه الخاص، وتلك الخاصيّة هي قدرته على انتخاب الحكومة، أي رئيس الجمهورية، بأصوات ٥٠٪+١ على الأقل. ونسبة ٥٠٪+١ على الأقل لا يمكن أن يتحقق لشخص إلا بدعم بنية تعدُديَّة نظراً عند مراقبة التنوّع الحاصل في سوسيولوجية تركيا والأعماق المختلفة داخل هذا التنوّع[٨٨] ، ويمكن أن نقول عن هذا؛ التعددية التي تكون ضمن الأكثرية. وأما

(٨٧) تم نشر قرار رقم ٦٦٣ بتاريخ ٢٧. ٠٤. ٢٠١٧ الذي أصدره المجلس الأعلى للانتخابات والذي يتضمن نتائج نهائية حول الاستفتاء الشعبي؛ في الجريدة الرسمية مكرر عدد ٣٠٠٥٠ بتاريخ ٢٧. ٠٤. ٢٠١٧.

(٨٨) تبين من خلال دراسة أجريت على المجتمع التركي أنه لم تحصل أية شريحة على أكثر من ٢٠٪ عند تعريف انتمائها أو هويتها السياسي. أما عند تعريف انتماءاتها السياسية تبين أنه من غير الممكن أن تخرج حكومة من شريحة واحدة؛ اليسار (٣١,٢٪) واليمين (١٩,٤٪) والمركز (٢٠,٤٪). من أجل المقالة التي تحتوي على معلومات حول الدراسة وتفسيرات وآراء حول هذا الموضوع، انظر: محمد أوفر، «النظام الجديد وتحفظات حزب الشعب الجمهوري»، صباح، ٩ آذار ٢٠١٧.

البنى التعدّدية فتعتبر الضمان الأكثر أهمّية للديمقراطية، وعند النظر من هذا المنطلق نجد أنّ الأكثرية العدديّة الّتي تحقّقت في التصويت الشعبيّ تعتبر هي الأخرى نسبةً تضمن الدعم التعدّدي، وهذا بدوره يدلّ على تمتّع النظام الجديد بخاصيّة شموليّة. وأخيراً يمكن القول إن هذا التغيير الذي أطلق عنان العملية الإصلاحيّة خطوةٌ تشكل الإطار القانوني لمفهوم الشعب التركيّ الشامل الذي يرى كافّة الهويات والقيم وأنماط الحياة متساوية ومضمونة. وبما أن تغيير نظام الانتخابات يضمن تمثيل التنوع فإنه سيفعّل جميع الإمكانات التي من شأنها أن تغطي حاجة جميع شرائح المجتمع إلى المساواة السياسية.

تغيير نظام الانتخابات

إنّ جوهر التغيير في شكل الحكومة هذا كما تمّ بيانه آنفاً هو النموذج الرئاسي[٨٩] . هنالك العديد من دول العالم التي تملك هذا النموذج، وقد تمّ تقييم تجربتهم[٩٠] . بالإضافة إلى أنّه يمكن قراءة الأثر الّذي سيحدثه هذا النموذج على عملية الانتخابات وعمليات ممارسة السياسة وعلى الأحزاب السياسيّة من خلال التجارب. لقد تغير مبدأ تأسيس المجلس للحكومة من داخل المسجد نتيجة رفع الشعب عبئ تشكيل عن المجلس. فمبدأ تأسيس المجلس السابق هو العدالة في التمثيل والاستقرار في

---

(٨٩) من أجل دراسة مقارنة ومفصلة للغاية في هذا الموضوع انظر: نبي ميش وبرهان الدين ضوران، «تحول النظام السياسي والنظام الجمهوري الرئاسي في تركيا»، تحول النظام السياسي والنظام الجمهوري الرئاسي في تركيا، المحرر: نبي ميش وبرهان الدين ضوران، (ستا، إسطنبول ٢٠١٧).

(٩٠) ياوز أَطَر، «لماذا النظام الجمهوري الرئاسي»، ستار/ الرأي المفتوح، ٢١ كانون الثاني ٢٠١٧. يتناول الكاتب التجديدات العقلانية لنظام الحكومة الرئاسية الجمهورية من خلال المشاكل المثارة حول النموذج الرئاسي الأمريكي.

الإدارة[٩١] . والاستقرار في الإدارة موجود من أجل تأسيس حكومة مستقرّة من قبل المجلس، وقد تمّ وضع حاجز ١٠٪ الذي يشكل الحد الأدنى لدخول الأحزاب إلى البرلمان من أجل الاستقرار في الإدارة، لكنه أيضاً لم يكن حلاً للمشكلات. فعلى الرغم من أن حاجز ١٠٪ كان مطبقاً خلال جميع الانتخابات التي حصلت منذ أن تولّى أوزال السلطة وحده وحتى غاية عام ٢٠٠٢ فقد كان المجلس على الدوام مكوناً من أجزاء متعددة. وهنا ستتشكل الحكومة مباشرةً إما في الجولة الأولى أو في الجولة الثانية. ومع تشكيل الشعب للحكومة بشكلٍ مباشر يتم حلّ مسألة الاستقرار في الإدارة. وأمّا بالنسبة لمبدأ تأسيس المجلس فهو العدالة في التمثيل، وحين تتحقق العدالة في التمثيل لا يعود هنالك حاجةٌ للحاجز الشرطيّ بنسبة ١٠٪. في هذه الحالة، يبرز التنوع في التمثيل، وينبثق احتياجات كتأمين العدالة في التمثيل من خلال التبسيط العددي إلى جانب التمثيل التعدّدي. فالطريق للتمثيل على سبيل المثال مفتوح لأي توجّه سياسيّ يتمتّع بدعم نسبته ١٪. بالإضافة إلى أنّه يمكن للمجلس أن يستأنف العمل بالنظام النسبي والانتقال إلى حاجزٍ شرطي منخفضٍ جدّاً من أجل استقرار آلية اتّخاذ القرار. ويمكن الانتقال إلى نماذج تدعم عدالة التمثيل وتقوّيها كنظام الإرث الوطني الّذي تمّ تطبيقه في الماضي أو نظام النيابة بالمقاعد الذي اندرج على جدول الأعمال، فاستمرار مسيرة الإصلاحات بشكل يؤمّن تنوّع التمثيل في المجلس أمرٌ إلزاميّ لابد منه. ومن المؤكّد بأنّ النظام

(٩١) في حكم المادة ٦٧ من دستور ١٩٨٢ تم تنظيم قوانين الانتخابات على أساس مبدأيِ العدالة في التمثيل والاستقرار في الحكم. سيتم اتخاذ العدالة في التمثيل أساساً في انتخابات المجلس نتيجة الفصل الذي حصل بين انتخابات الحكومة وانتخابات المجلس.

الجديد سيفتح الطريق أمام العدالة في التمثيل أثناء نموذجه الانتخابي لتتصدر المقدّمة.

حكومة الرجل الواحد ونظام الرجل الواحد:

الأنظمة الرئاسية الديمقراطية هي حكومة الشخص الواحد من الناحية السياسيّة، وحكومة فريق من الناحية التقنية. والسبب في أنها حكومة الشخص الواحد هو أنّه يتمّ تشكيلها من خلال انتخاب أحد مرشحي الرئاسة من قبل الشعب. وأما نظام الرجل الواحد، فهو اسم للحكم في الأَنظمة السلطوية والشمولية، ولا يوجد هناك علاقة لتشكيل نظام الرجل الواحد مع شكل الحكومة. فقد شكّل هتلر نظام الرجل الواحد على شكل الحكومة البرلمانية، وشكّله ستالين في ظلّ إدارة الدولة الحزبية، وشكّله بينوشيه على شكل حكومة رئاسية. لقد تشكلت أنظمة الرجل الواحد تحت وطأة القمع والاضطهاد وعبر الانقلابات والحروب الأهلية. والزعم بظهور نظام الرجل الواحد داخل النظام الديمقراطي وخلال سير عمله استناداً على منهجٍ قانونيٍ محدّد؛ لا يتطابق مع الواقع الاجتماعي والسياسي.

يُعتَبَر نموذج حكومة الرئاسة الجمهورية نموذجاً منفتحاً على رقابة المجلس والقضاء على حدّ سواء. ويحتلّ المجلس موقعاً مؤثّراً جداً على الحكومة عبر كافّة طرق الرقابة التشريعية بما فيها البحث البرلماني، واللقاءات العامة، والأسئلة المكتوبة، والاستجواب البرلماني، والأهم من ذلك كلّه احتكاره لسن القوانين. كما يتفوق المجلس على الحكومة أثناء تجديد الانتخابات المتزامن، وفي قانون الميزانية وقانون الحسابات النهائية الذين يقدمهما رئيس الجمهورية، وتتعزز فوقية المجلس

جدول المقارنة

نظام الرجل الواحد	حكومة الشخص الواحد
اسم للسلطة في النظام السلطوي الشمولي.	اسمٌ لشكل الحكم في الأنظمة الرئاسية الديمقراطية.
لا يستند على الانتخابات، ويظهر تبعاً للظروف السياسية والاقتصادية. وليس مرتبطاً بشكل الحكم؛ فقد شكّل هتلر نظام الرجل الواحد تحت ظروف شكل الحكم البرلماني، وشكّله ستالين في ظلّ ظروف نظام الحزب الواحد، وشكّله بينوشيه في ظلّ نموذج الحكم الرئاسي.	يتمّ تشكيلها عبر انتخابمرشح بين عددٍ من المرشحينمن قبل الشعب مباشرة، ويتم تشكيلها في الجولة الثانية عبر الاستفتاء الشعبي في حال بقي مرشّحٌ واحد.
لا يخضع لأيّة رقابة أبداً.	تخضع لرقابة المجلس والقضاء والاستفتاء الشعبي الديمقراطي والمعارضة السياسية الديمقراطية والشعب.
هو اختيارٌ لشخصٍ حقيقيٍّ وليس المقام. ويتمّ منح الصلاحيات فعلياً للشخص وليس المقام القانوني، ويتحرّك كما يروق له، وليس ضمن الشرع والقانون.	تعبّر عن مقام سياسي قانوني، ويتمّ منح الصلاحيات تبعاً للمقام وليس الشخص، ويقوم الشخص المنتخب تبعاً لهذا المقام باستخدام صلاحياته ضمن بناء مؤسساتيّ منضبطٍ محدّد في النظام الدستوري. ويقوم بإجراءاته ضمن القانون.
يقوم الشخص بتنفيذ الفعالية دون أن يكون تابعاً لأي نظام قانوني أبداً، ويقوم بتوظيف الأشخاص، وتشغيل المؤسسات.	تقوم بتنفيذ فعالياتها وفق أسس عملٍ مشتركة عبر توظيف أشخاصبموجب شروط وأصول تعيينٍ محدَّدَةٍ في القانون.
يقوم على بنيةٍ هرمية تقوم على الأشخاص وليس التراتبية السياسية.	تقوم على تراتبية سياسية للمقامات محدَّدَةٍ وفق القانون، وليست بنية هرمية تقوم على الأشخاص.
فهمها لإدارة الحكم يكمن في إدارة الناس، لا تصريف الأعمال.	فهمها لإدارة الحكم يقوم على إدارة الأعمال والشؤون أي العمليات، وليس إدارة الناس.

مقارنةً مع النظام السابق من ناحية المراسيم الّتي تصدرها الحكومة عند إعلان حالة الطوارئ. ويقوم بإخضاع مراسيم الحكومة وتعليماتها وكافّة إجراءاتها الإدارية الفردية / الأحادية للرقابة عن طريق القضاء والمحكمة الدستورية ومجلس الدولة والمحاكم الإدارية. كان النظام السابق مواتياً أكثر للميل إلى التحول الاستبدادي. لكن النموذج المقبول على عكس ذلك تماماً؛ يحلّ كامل مشكلات النظام التي من شأنها أن تكشف الغطاء عن هذه الميول.

الخاتمة

يشكّل نظام حكومة رئاسة الجمهورية مرحلةً مهمّةً للغاية في مسيرة تركيا الديمقراطية. ويمكن التنبّؤ بأنّ هذا النظام سيشكّل تجربةً ديمقراطيةً مهمّةً جداً على صعيد العالم مرتكزاً في ذلك على الثقافة الديموقراطية القوية التي يملكها المجتمع التركي. بُنيت الديمقراطيات الغربيّة - كما هو معلوم - على أوزار مجتمعاتٍ مزدهرةٍ بسبب الدول الواقعة تحت حكم الرأسمالية. ولهذا السّبب تشكّلت في الغرب ثقافة ديمقراطيّة مرتبطة بالعمليات الاقتصادية. فظهر فهمٌ هشٌ للديمقراطية، مما يعني أنّه كلّما بلي المجتمع المزدهر وتآكل فإنّ الديمقراطية والثقافة الديمقراطية تدخل في منحى التراجع والتخلّف، ويتبدّد البريق الديمقراطيّ تدريجياً، وينبثق منها التمييز العنصري وعِداء الأجنبي والتطبيقات الفاشية(٩٢).

---

(٩٢) إدريس كوجوك كومر، التغرب وتغريب النظام، (منشورات بروفيلن إسطنبول ٢٠١٣)، ص ٢٢-٣٨. يجري الكاتب في كتابه هذا ولاسيما في المدخل دراسة مقارنة يتناول فيها اقتصاد الغرب من خلال تركيا وتقدم الرفاهية في هذا السياق.

أما في تركيا فقد تطوّرت مسيرتها الديمقراطية ولا تزال تتقدم نتيجة نضال المجتمع في التعبير عن نفسه بحرية بكافّة قيمه وهوياته. فتمت هيكلة الدولة - بعكس الرأسمالية - بناءً على البيروقراطية نظراً لعدم وجود تراكمات رأسمالية كافية أثناء تأسيس الجمهورية التركية. وعندما انطلقت الرأسمالية في تركيا تم العمل على تشغيلها عن طريق أثرياء الدولة، ولهذا السبب تمّت إقامة الجمارك الوقائية وسياسات الاستيراد البديلة قبيل عام ١٩٨٠. لم يتمكّن أثرياء الدولة من السيطرة على زمام الأمور عبر الدولة، ولكنّهم قاموا بالتعاون مع البيروقراطية السياسية والإدارية وعملوا تحت مظلة حماية الدولة، واستخدموا موارد الدولة. وبدأت التراكمات الرأسمالية الموضوعية تتكون بفعل عمليات الانفتاح على الخارج الّتي باتت تتطور في الاقتصاد في عهد أوزال. لكن علاقة الدولة مع مجموعات رأس المال المحلية المتكونة في هذه العملية لم تتحوّل إلى علاقة تحكّم وسيطرة. والمساعي الرامية للسيطرة على الدولة التركية عن طريق المؤسسات الرأسمالية العالمية باءت بالفشل لا سيّما في عهد الحكومات الّتي كانت بقيادة أردوغان. ومع تصفية الديون(٩٣) فقد صندوق النقد الدولي والبنك العالمي تأثيرهما على تركيا. وتمّ العمل على توجيه الدولة عن طريق مؤسسات التصنيف

(٩٣) في ١٤ أيار ٢٠١٣ تم سداد آخر أقساط ديون بنك النقد الدولي، وبذلك تحررت تركيا من تبعيتها، حيث انتسبت تركيا إلى عضويتها في عام ١٩٤٧، واستدانت منه للمرة الأولى عام ١٩٦١. انظر: «اليوم انتهت ديوننا لبنك النقد الدولي»، İHA، ١٤ أيار ٢٠١٣.

الائتماني، لكن هذه الآليات عجزت عن التأثير عليها لأنها لم تكن آلياتٍ قادرة على السيطرة على الدولة. فلم تعد العلاقات بين الدولة والرأسمالية المحلية أو الرأسمالية العالمية علاقة تحكم وسيطرة، بل علاقة تعاون مشترك. وبالتالي فإن النظام السياسي في تركيا قادرٌ على تطوير ديمقراطيته دون أن يكون تابعاً للعمليات الاقتصادية، وكلما تعززت ديمقراطيته ازدادت إمكاناتها لتطوير اقتصاد الرفاهية.

ويتوقع من الغرب كذلك مزيداً من التنازلات في موضوع الديمقراطية إذا ما استمر تآكل ميزة مجتمعات الرفاهية لديه. والتطوّرات الجارية حالياً في الغرب تشير إلى هذا. بخلاف تركيا؛ فإن لديها ثقافة ديمقراطية قوية جداً في جوهرها لأنها لم تتطور من خلال ازدهار الاقتصاد، بل من خلال سعي المجتمع للتعبير عن نفسه. والسبب الجوهري لهذا الأمر يعود إلى أن التناقض الأساسي في تركيا ليس تناقضاً قائماً على الطبقية، بل تناقضاً ناشباً بين الدولة والمجتمع. فباتت أولوية المجتمع في تركيا هي حاجته الماسّة للتعبير بحرية عن عقيدته وهويّته وشخصيّته وقيمه الثقافية أكثر من حاجته للازدهار الاقتصادي. والنضال من أجل الديمقراطية تقدم في هذا المجرى أيضاً، وباتت الأوضاع الاقتصادية النامية التي كانت تعيشها الطبقة المتوسطة في الثمانينات داعماً أساسياً للنضال من أجل الديمقراطية وليس مسنداً أساسياً. وازداد نمو الإرادة الديمقراطية لدى المجتمع التركي قوةً وتكرست بعد الثورة الشعبية الديمقراطية الوطنية يومي ١٥-١٦ تمّوز، ولهذا السبب صارت الديمقراطية في تركيا قويةً لدرجةٍ لا تتأثر فيها بالعمليات الاقتصادية إلا

بالحـدود الدنيا[٩٤] . ومما زاد فـي قـوة الديمقراطيـة فـي تركيـا التأثيـرات الجادة التـي أحدثتهـا التغيـرات الهامـة جـداً التـي أجراهـا رئيـس الجمهوريـة أردوغـان بأسـلوب سياسـي وقيـادي. فقـد قـام رئيـس الجمهوريـة أردوغـان بإدخـال السياسـة الاجتماعية حيـز التنفيذ كبديلٍ عن سياسـة التمثيـل فـي تركيـا، وحقـق تغييراً جذرياً في أسـلوب ممارسـة السياسـية. وكذلك أحـدث تغييـراً جذرياً في النمـوذج القيادي بتمثيلـه قيـادةً حقيقيـة متماهيـة مـع المجتمع لا مجـرد قيادة تمثيليـة[٩٥] . ويمكننـا القول في دلالـة إيجابية إن قيادة أردوغان قيـادةٌ مباشـرةٌ / قيـادةٌ عضويَّـةٌ. ولـن تكـن الفرصـة سـانحة بعـد الآن أمـام اللاعبيـن السياسـيين لإحـراز نجاحـات كبيرة دون خوض السياسـة الاجتماعية وتأسيسـها، وإنتاج الممارسـة القياديّـة العضويـة. فـكان هـذا التغييـر الـذي ظهر فـي نمط صناعـة السياسـة والممارسـة القياديـة هـو البعـد الآخر الذي عـزز الديمقراطيـة فـي تركيـا. إن السياسـة الوحيـدة التـي سـيتم قبولهـا سياسـية شـرعية فـي تركيا هـي السياسـة الّتي تسـتند على الشـعب بشـكلٍ مباشـر، وتحويل متطلبات الشـعب واحتياجاتـه الضرورية إلى سياسـة. وقـوة الديمقراطية الكبرى هـي امتـلاك القـدرة علـى صناعـة السياسـة، وامتـلاك نظام سياسـي يؤمّـن تطبيق مبدأ السـيادة الوطنيـة والإرادة الوطنية.

---

(٩٤) إدريس كوجوك كومـر، التغرُّب وتغريب النظـام، (منشورات بروفيلـن إسـطنبول ٢٠١٣)، ص ٢٢-٣٨. يتناول الكاتب في كتابه هذا نضال تركيا من أجل التحول الديمقراطي واستقلالها عن العمليات الاقتصادية، ويقول إن الأوصاف اليسارية واليمينية تبادلت أماكنها في هذا النضال.

(٩٥) وَرِّغين، سوسيولوجية السياسة، ص ٦٣-٨٠. يتناول الكاتب النموذج القيادي الذي يقصده فيبريان تحديداً من خلال علاقته بالسلطة. ولكن فهم البروفيل القيادي الموجود لدى أردوغان عبر هذا النموذج بما فيه الكفاية أمرٌ غير ممكن.

ولهـذا السـبب، فإنّ نظام حكـم رئاسـة الجمهوريـة يُعتَبَر بداية إصلاحات سـتعزز علاقة الدولة بالشـعب وتكـون مرحلةً جديدة فـي المسـيرة الديمقراطية فـي تركيا . وفي الوقـت الذي تعيش فيـه الديمقراطيـات التقليديّـة أزماتهـا سـتنتقل تركيـا بهـذه الخطـوات إلـى موضـع ترتقـي فيـه الديمقراطية بشـكلٍ قويّ.

النظام الرئاسي المقترح لتركيا
تقييم السياق والانتقادات

أحمد إييمايا

المدخل:

في السنوات الأخيرة، نُوقشت مسألة نظام الحكم في تركيا على المستويين الفكري والسِياسي. واستمرت المناقشات بدون هوادة حول النظم الرئاسية وشبه الرئاسية والبرلمانية في تركيا لمدة خمسين عامًا تقريبًا. ومع ذلك، فإن مستقبل النظام التركي لم يعد هدفًا أو نظرية، ولكنه أصبح واقعًا سياسيًّا يصيغ جدول أعمال البلاد، وخاصة في أعقاب انتخاب الشعب للرئيس مباشرة في ١٠ أغسطس ٢٠١٤. وبناء عليه، ظهرت كتابات كثيرة حول نظام الحكم الأفضل لتركيا، بشكل عام، وحول مزايا وعيوب النظام الرئاسي على وجه التحديد.

وعلى عكس المناقشات الجارية والتحليلات حول الخصائص الهيكلية لأنظمة الحكم المختلفة، وإيجابياتها وسلبياتها، يقيّم هذا التحليل التحوّل الجاري في تركيا. إذ يناقش العملية السياسية والاجتماعية الفعلية في إطار مناقشة النظام الرئاسي، وتضع هذه المناقشات أساسًا منطقيًّا يمكن من خلاله تقييم التغييرات المرتقبة في النظام السياسي التركي. ومن ثَمّ، يتناول التحليل الآتي البحث التاريخي حول المناقشات التي تناولت هذا الموضوع. كما يهدف أيضًا إلى تقديم صورة واضحة عن طبيعة الجدل الدائر حول النظام الرئاسي.

توضيح العملية

مـن أجـل فهم أفضـل للقضية الحاليـة، من الضـروري التطرق بإيجـاز لأنظمـة الحكـم أو ممارسـاتها في تركيا من خلال عدسـة التصـورات والمناقشـات. فـي هـذا السـياق، فـإن التحليـل يركز علـى الملاحظـات القائمة علـى البيانـات، لا على مسـار العملية، أو بالأحـرى، لا على تصـور القضية إذا جاز التعبيـر. وبالتأكيد، لا يمكـن القول إن الملاحظات ليسـت مفتوحة للنقـاش، أو أن المزيد مـن الملاحظـات مسـتحيل. عمومًـا يمكـن مناقشـة الملاحظات والنتائـج تحت العناويـن الآتية:

واقع ثنائية الدستور ونظام الأمر الواقع الرئاسي

حتـى وقـت قريـب، كان لتركيا اثنـان من الدسـاتير الفاعلة في آن واحـد: أحدهمـا رسـمي مكتـوب، ولكـن لا يطبق فـي الأوقات الحرجـة، والآخر في الواقع نسـخة تطبق خلال الفتـرات الصعبة. لـذا ليـس مـن الخطـأ الكبيـر تقييـم الفتـرة مـن ١٩٢٠-١٩٥٠ باعتبارهـا نظـام الأمـر الواقـع الرئاسـي، إذا اعتبرنـا أن النظـام الرئاسـي «نـوع مـن الهيـاكل التي يتمتـع فيهـا الرئيس بالسـلطة التنفيذيـة». إن دسـتور عـام ١٩٢١ رسـم صورة للنظـام التقليدي الحكومي واقترح دسـتور عـام ١٩٢٤ النظـام البرلماني. ومع ذلك، لم يُمنَع رؤسـاء كلتا الفترتين من ممارسـة السلطة الرئاسية بكامل قوتهـا. ويمكـن القـول إن (النظام الرئاسـي) كان يُمـارَس حتى في الفتـرة التـي كان النظـام البرلمانـي فيها هو النظـام القائم.

كانت نسـخة رئاسـة الأمـر الواقع سـارية خلال فتـرات ما بعد الانقـلاب فـي تركيـا والفتـرات الانتقاليـة، فعلـى سـبيل المثال، قانونيًّـا، كان النظـام البرلمانـي فاعـلاً لمـدة ثـلاث سـنوات بعد انقلاب ١١ سـبتمبر ١٩٨٠ العسـكري، لكن في الممارسـة الفعلية،

تمتع الرئيس بالسلطة التنفيذية إلى حدّ كبير. المشكلة مع هذه الممارسات التاريخية ليست أنها خالفت القانون المنصوص عليه، ولكن هذه الممارسات افتقرت إلى الأساس الأكثر أهمية في النظام الديمقراطي، وهو الشرعية الانتخابية.

منع نضوج أنظمة الحكم الحالية من قبل نظام الوصاية

على مدار تاريخ تركيا وُجِد نظام الوصاية، وبلغ نفوذه الذروة خلال فترات الانقلاب، وأدى إلى تدمير نظام الحكم في تركيا ودستورها. وفي هذا الصدد، فإنه من الممكن الادعاء بأن دساتير أعوام ١٩٦١ و١٩٨٢ في تركيا، شملت خروجًا انتقاليًّا وشروطًا لأنظمة الوصاية؛ لذا فإن التحليلات حول هذه الأنظمة ستكون مفيدة وستكون رادعة.

إن الانقلابات والمذكرات العسكرية أفسدت كل الهياكل الديمقراطية، وصرفت الانقلابات وأنظمة الوصاية الجيش عن هدفه الأساسي ورسالته، كما أفسدت مؤسسات أخرى تباعًا. في هذا السياق، يمكن ملاحظة عرقلة نظام الوصاية للإنجازات في إطار ضعف الأداء الديمقراطي، وضعف أداء المؤسسات الحكومية والسياسية في تركيا. وبالتأكيد، ارتفعت وتيرة أنظمة الحكم ونظم الوصاية على حساب بعضها بعضًا.

ومما لا يدع مجالًا للشك، أن الإصلاح الدستوري عام ٢٠١٠ قلّص إلى حدّ كبير نظام الوصاية ووضع أساسًا معقولًا لأنظمة الحكم الديمقراطية. وقضت التغييرات القانونية الأخيرة (على سبيل المثال إزالة الأسس القانونية لنفوذ الجيش على السياسة، وانتخاب رئيس الجمهورية عن طريق الاقتراع الشعبي، وما إلى

ذلك) على هياكل الوصاية التي كانت أبرز العقبات في طريق تقدم النظام الديمقراطي في تركيا بعد الانتقال إلى الديمقراطية.

رد فعل المفكرين تجاه النظام الرئاسي

كان هناك دومًا رد فعل لبعض المفكرين ضد النظام الرئاسي في تركيا، وقد نتج هذا الموقف بسبب طبيعة ممارسة نظام الأمر الواقع الرئاسي والنزعة الإمبراطورية المتعمقة الجذور (السلطنة). ويمكن أيضًا القول إن الأحكام المسبقة المتعلقة بنقص المعرفة حول النظام الرئاسي، وكتلة المعارضة التي تشكلت ضد السياسيين المؤيدين للنظام الرئاسي، أسهمت أيضًا في رد الفعل هذا.

وعلى الرغم من رد فعل المفكرين المذكور فيما سبق، شكلت السلطة التنفيذية القوية تقاليد الدولة التركية على مدار تاريخها، لكن تمّ تفادي هذا المُعطى التاريخي والأنثروبولوجي على وجه الخصوص في النظام البرلماني المعتمد في دستور عام ١٩٦١، مما استدعى في نهاية المطاف إجراء تعديلات دستورية لتعزيز السلطة التنفيذية؛ فأُدخلت تعديلات في الدستور عام ١٩٧١ وعام ١٩٧٣، تبعتها تعديلات أخرى، حتى دستور عام ١٩٨٢، وكلها عززت السلطة التنفيذية، الأمر الذي يعد تطورًا ورحلة شبه طوعية نحو نموذج الحكم الرئاسي، لكن التحولات الكبرى، بين الحين والآخر، تستغرق وقتًا طويلاً.

لقد غيّرت المناقشات والتقييمات الأخيرة حول النظام الرئاسي، ومحاولة انقلاب ١٥ يوليو الفاشلة رد الفعل السابق ذكره لصالح النظام الرئاسي. ويرجّح علم النفس الاجتماعي النظام الرئاسي في الوقت الحاضر.

اللامبالاة الاجتماعية تجاه أنظمة الحكم

على المستوى المجتمعي، لم يبدأ حتى الآن النقاش حول أنظمة الحكم، بما في ذلك النظام الرئاسي، على الرغم من كونه كان مطروحًا لفترة طويلة على جدول أعمال البلاد. وعلى الرغم من نقاش المفكرين، لا يوجد أي اهتمام اجتماعي أو مطالبة بمناقشة نظم الحكم حتى الآن.

في هذا السياق، فإن السؤال الملح الذي يطرح نفسه هو: «هل تؤدّي القنوات الاجتماعية، المنشغلة بالأمن الذي يسيطر على الأجواء في البلاد حاليًّا، دورًا في عدم الاهتمام بهذه القضية وإبداء الرأي فيها؟ من المتوقع أنه إذا أُقرّ النظام الرئاسي، فستبدأ المطالب المجتمعية بمعلومات حول هذا النظام. ولا شك أن التطورات الأخيرة، مثل محاولة الانقلاب الفاشلة والهجمات الإرهابية في تركيا- حوّلت اهتمام الشعب نحو النظام الرئاسي، وجعلت شرائح واسعة من المجتمع تهتمّ بهذا الموضوع.

طالب بعض أنصار حزب الشعب الجمهوري في السابق (عندما كانوا في السلطة) بالنظام الرئاسي

في الغالب، القوى الحاكمة تفتح وتسيطر على أي نقاش حول أنظمة الحكم، لأن الاستقرار والخدمات من قضايا الحكم. ومع ذلك، لا ترى الأحزاب المعارضة نفس الحاجة لتحقيق الاستقرار وتقديم الخدمات، ولذلك، بصفة عامة، تميل إلى مقاومة النظام الرئاسي. ويرتبط اعتراض حزب المعارضة الرئيس (حزب الشعب الجمهوري) على النظام الرئاسي ارتباطًا وثيقًا بهذا الوضع الهيكلي؛ أي كونه خارج السلطة الآن.

منذ انتقال تركيا إلى دولة ديمقراطية متعددة الأحزاب، لم يستطع حزب الشعب الجمهوري الوصول إلى السلطة منفردًا، بل وصل في إطار حكومات ائتلافية. وبعبارة أخرى، فإن حزب الشعب الجمهوري لم يشهد أي مشكلات في الحكم. ومن ثَمّ، فليس لديه خبرة كافية للحديث عن الحاجة إلى نظام رئاسي أو ما شابه ذلك. بناء على ما سبق، فإنه إذا افترضنا أن حزب الشعب الجمهوري لو بقي في السلطة لفترة طويلة، فإنه مثل الأحزاب السياسية الأخرى، كان سيطالب بنظام رئاسي، أو نظام حكم مماثل في مواجهة المشكلات التي تتعلق باستقرار تركيا. ولدينا البيانات التي تدعم هذا الافتراض ولو جزئيًّا. على سبيل المثال، عند سقوط الحكومة الائتلافية التي ضمت حزب الشعب الجمهوري وحزب السلامة الوطنية في السبعينيات، طالب بعض أعضاء حزب الشعب الجمهوري بالانتقال إلى النظام الرئاسي. وفي ظل ردود الأفعال الحادّة، لم تلق مطالبهم أي قبول، ولم تتحول إلى قرار.

جميع أنظمة الحكم ديمقراطية

في البلدان الديمقراطية، كل أنظمة الحكم، بما في ذلك النظام الرئاسي، تعدّ هياكل داخلية للديمقراطية. فقد ظهر النظام الرئاسي لمنع الاستبداد البريطاني على وجه الخصوص، ولعدم المساس بالحقوق الأساسية عن طريق الفصل بين السلطات. ولهذا، فإن الجدال بأن النظام الرئاسي لا يتوافق مع الديمقراطية، ويمهد الطريق لمشكلات هو مجرد مبالغات.

علـى سـبيل المثـال، النجـاح وقـوة الأداء لنظام مـا لا يتوقفان فقـط على النظام ولكـن أيضًا على متغيّرات أخـرى، والتي بدورها تتغيـر من قبل النظام نفســه.

هنـاك اعتقـاد قـوي (جدلي) بـأن نموذج الحكـم الحالي في بلادنـا هو نظـام برلماني

البرلمـان شـرط لا غنـى عنـه لجميع نمـاذج الحكم فـي جميع أنحـاء العالـم. وعلى الرغم من ذلك فإن وجود برلمان ليس شـرطًا كافيًـا لوصـف نظـام ما بأنه (نظـام برلمانـي)؛ لذا فـإن الاعتقاد بـأن لتركيـا نظامًا برلمانيًّـا لا يتوافق مع الواقـع. ففي الحقيقة، لا يوجـد فـي تركيا أي فرصة لممارسـة نظام حكم في أبسـط صوره علـى الرغم من الثوابت الدسـتورية.

لقد سـاد نمـوذج الوصاية البيروقراطية في تركيا، وأفسـدت فتـرات الانقلابـات والمذكـرات العسـكرية الديمقراطيـة فـي تركيـا. كمـا حوّلت هـذه الهيمنة العسـكرية البرلمـان والحكومة التركيـة إلـى آلية ثانويـة يمكن التحكـم فيها عن بعـد، كان هذا هـو الوضـع حتى إصلاحـات حزب العدالـة والتنميـة في الآونة الأخيـرة المتعلقـة بالعلاقـات المدنيـة العسـكرية. بالطبـع، أي نظـام يخضـع للسـيطرة العسـكرية لا يمكنه أن يشـكل تقاليده، وسـيكون الفشـل مصيـر الجميـع. وجهـة النظـر هـذه لا تنكر المكتسـبات المجتمعيـة التـي ظهـرت رغم الوصاية العسـكرية، ولكنهـا تؤكـد على المـدى الذي وصلـت إليه هذه المكتسـبات. علـى سـبيل المثـال، يجـب علـى المـرء ألا ينسـى أن النمـوذج الأصلـي لدسـتورنا الحالـي كان معدًّا لـ(نظـام شـبه رئاسـي) خـلال المناقشـات التأسيسـية.

اليوم هو الوقت الأمثل في تركيا لمناقشة أنظمة الحكم المحتملة، بعد أن قُضي على نظام الوصاية بكل الطرق الصريحة والضمنية. على مدار التاريخ التركي الديمقراطي والسياسي سنلاحظ أن إصلاحات ١٢ سبتمبر ٢٠١٠ تعدّ بداية تحرر الوطن من الوصاية. ولابدّ من النظر إلى الإصلاح الخاص بانتخاب رئيس الجمهورية عن طريق الاقتراع الشعبي باعتباره الخطوة الأكثر أهمية التي أتمت هذا التطور التاريخي.

انتخاب الرئيس مباشرة من قبل الشعب، بغض النظر عن نظام الحكم المفضّل، هو شرط ضروري للديمقراطية التركية

يعجّ تاريخ الرئاسة في تركيا بالوصاية الصارمة، وكانت فترات الانتخابات الرئاسية، بغض النظر عن نظام الحكم المعمول به حاليًّا، بيروقراطية ولا تمت إلى الديمقراطية إلا بالقليل، واعتبر القائمون على الوصاية أن الرئاسة مكانة ومنصب يجب ألا يخرج من بين أيديهم، لذلك قاموا بوضع إستراتيجياتهم لتحقيق هذه الغاية. ومن بين أساليبهم الدنيئة: وضع بندقية على فم مرشح الرئاسة، وتطويق البرلمان بالدبابات، وسيناريوهات ما بعد الحداثة، وتفسيرهم الإجباري للدستور من خلال الضغط على المحكمة الدستورية لإصدار التشريعات التي يبغونها. على سبيل المثال، انتخاب الرئيس في البرلمان (في السابق). لكن الآلية الوحيدة التي لم تستطع الوصاية اختراقها بسهولة هي صناديق الاقتراع. وبغض النظر عن نظام الحكم، يجب أن يؤخذ انتخاب الرئيس مباشرة من قبل الشعب التركي باعتباره حجر الأساس الدستوري[١].

---

(١) انظر دستور الجمهورية التركية، المادة ١٠١| ١

عمومًا في ظل الواقع التركي، والدروس المستفادة من التاريخ، ونوايا حرمان الشعب من حقه في انتخاب رئيس جمهوريته بالتذرع بمقولة أن «متطلبات النظام البرلماني شيء مختلف تمامًا» فإن ذلك يعدّ نوعًا من قصر النظر الديمقراطي؛ فالانتخاب الشعبي للرئيس يجري في الأنظمة البرلمانية أيضًا. إلى جانب ذلك، التفكير العقلاني لا يحتاج إلى سابقة، فهو في حدّ ذاته سابقة.

استمرار عضوية رجال الدولة والرؤساء في الأحزاب

لا توجد بيانات تجريبية أو نظرية تؤيد مبدأ عدم التوافق، حول انتماء رؤساء الدولة أو رجالها للأحزاب السياسية. فقط نصّ اثنان من الدساتير التركية الأخيرة: دستور عام ١٩٦١، المادة ٩٥، ودستور ١٩٨٢، المادة ١٠١ على أنه «إذا كان الرئيس المنتخب عضوًا في حزب ما، فيجب عليه أن يقطع علاقته بالحزب المنتمي إليه» عمومًا، سمحت التقاليد التركية الدستورية للرئيس أن ينتمي لأي حزب سياسي أو يترأسه. وعلاوة على ذلك، كان الرئيس قادرًا على أن يكون عضوًا في البرلمان في نفس الوقت (في أثناء دستور ١٩٢٤، على سبيل المثال مصطفى كمال أتاتورك، مؤسس الجمهورية التركية، وعصمت إينونو ثاني رئيس للجمهورية في تركيا). لكن الحزب الديمقراطي (DP)، من الناحية التاريخية، رضخ لمطلب المعارضة بأن الرئيس لا ينبغي أن يكون رئيسًا لحزب، فاستقال جلال بايار، الرئيس الثالث للجمهورية التركية، من رئاسة الحزب، ولكنه ظل عضوًا في الحزب الديمقراطي.

ومن المعلوم أن القاعدة الدستورية حول تناقض عضوية الحزب مع الرئاسة نتجت عن الانقلابات، ونظام الوصاية، وانعدام الثقة بالناس والديمقراطية.

ففي أنظمة الحكم التي ينتخب فيها الشعب الرؤساء، يكون هؤلاء الرؤساء أعضاء بالأحزاب وقيادات فيها . فمن الضروري وجود هيكل (حزبي) من أجل المثول أمام الرأي العام نيابة عن الدولة، والوفاء بالوعود الانتخابية، وإجراء الانتخابات. عموماً، الأنظمة البرلمانية والأنظمة شبه الرئاسية، والرئاسية تعمل من خلال هذه الممارسة والمنطق. ولا توجد بيانات تشير إلى أن عضوية الرئيس لحزب ما لا يتوافق مع النظام البرلماني. مثل هذا الادعاء المتناقض لا يمكن تبريره على أساس مبدأ (الحياد). فالنزاهة مسألة شخصية وثقافة، ولا يمكن قطع أواصر المودة بين الرئيس وحزبه، إذا جاز التعبير.

نظام الحكم التركي في الواقع، وبغض النظر عن طبيعته، يقوم على انتخاب الرئيس عن طريق التصويت الشعبي. في هذا الإطار، فإن الرئيس كونه عضواً في حزب ما أو زعيماً له هو أمر طبيعي.

معنى مبادرة النظام الرئاسي التي قدمها حزب الحركة القومية والفرص المتاحة

نجت تركيا من خطر محدق، في ليلة ١٥ يوليو عام ٢٠١٦ . وأخفقت محاولة الانقلاب في تلك الليلة، بسبب تصدّي العديد من فئات الشعب للانقلابيين، وبسبب القيادة السياسية الفطنة للرئيس رجب طيب أردوغان، ووطنية قطاعات واسعة من المجتمع التركي.

وقد استوعب حزب الحركة القومية (MHP) التطورات الأخيرة، وقدم مبادرة بشأن منح الدستورية للنظام الرئاسي من خلال طرحه للتصويت الشعبي. ففي أعقاب محاولة الانقلاب الفاشلة، تضافرت جهود حزب العدالة والتنمية وحزب الحركة القومية لإجراء تعديلات جزئية على الدستور. وستسفر جهودهم عن التوصل إلى حل معقول ودائم لمسألة تحديد نظام حكم دائم في تركيا.

وفي ظل المناخ الحالي، اتفق الطرفان على وضع المشروع للتصويت الشعبي، إذا وافق البرلمان على القرار. ومما لا شك فيه أن انتقادات المعارضة ستسهم في التوصل إلى نظام سياسي صحي في تركيا. وهكذا فإن أمام أعضاء اللجنة الدستورية البرلمانية والبرلمان فرصة قوية لتقرير مصير البلاد. سيتم طرح سؤال "ما هو نوع النظام الرئاسي الأفضل لتركيا؟". أيضًا سيتم تقييم الاقتراحات السابقة، وسوف يناقش البرلمان هذه المسألة.

إلقاء الضوء على بعض الانتقادات التي وجهت إلى النموذج الرئاسي الذي اقترحه حزب العدالة والتنمية

مال حزب العدالة والتنمية إلى النظام الرئاسي والفصل بين السلطات، بعد الاستفادة من تجارب الماضي والمشكلات المزمنة التي واجهت تركيا في خضم عملية الاستقرار. ويدرك الحزب تمامًا المزايا والمخاطر التي تنطوي على هذا الاختيار. فحزب العدالة والتنمية الحاكم يتمتع بالقدرة على فهم المخاطر ومقاومتها

وتقاسم المنافع مع الناس. ومع ذلك لا يستطيع وحده إقرار هذا النظام، والكلمة الفاصلة للشعب التركي.

دعونا نقيم بعض الانتقادات الحادة حول النموذج المقترح: منهجنا العام تجاه الانتقاداتلقد عملنا بجد وبذلنا جهوداً مضنية من أجل النموذج الذي نقترحه. بالتأكيد، نحن لا ندّعي أنه مثالي. بل على العكس، سيساعد اتساع وعمق دائرة الانتقادات حول النموذج على تطوير الاقتراح ووصوله إلى مرحلة النضج. وكما يقول علماء السياسة إن الحلول الحوارية في أثناء العملية تجلب المزيد من الصعوبات. في هذا الصدد، فإننا نتقبل النقد، ونتقبل فترة الانتقادات، كجزء من إيجاد حل عادل.

الانتقادات التي ترى أن النموذج الرئاسي المقترح لا يشابه أي نماذج أخرى في العالم

يردّد خبراؤنا الدستوريون هذه الانتقادات، وفي الواقع، فإن هذه الانتقادات تكشف عن الداء الاجتماعي والفكري الذي نعاني منه في بلدنا. هل ينبغي على تركيا دائمًا أن يكون لها قدوة؟ ألا يمكن أن تصبح تركيا مثالًا يحتذى به؟ أليس بإمكان تركيا أن تكون رائدة؟ المعضلة التي ينطوي عليها النقد تدل على أننا ننظر إلى الغرب نظرية عُلْوية (عقدة النقص)؛ ومن ثَمّ، فإن الانتقاد هو إشكالية. على كل حال، النموذج الرئاسي الذي نقترحه يمكن النظر إليه على أساس التجربة الأمريكية.

الانتقادات التي تقول إن الرئيس له سلطة حل البرلمان

في النموذج الأمريكي، الرئيس لا يملك سلطة حل الكونغرس. لا توجد آلية لحل الخلافات والتعنت في حال الوصول إلى طريق مسدود. عندما أُنتخب الرئيس الأمريكي باراك أوباما لولاية ثانية، أكّد في خطاب تنصيبه، ضرورة إصلاح النظام بشأن هذه المسألة. آلية إنهاء الأزمات قائمة في نظامنا.

«فإذا كان للرئيس الحق في حل البرلمان، فلن يُحَلَّ البرلمان فقط، بل ستُلغَى رئاسته تلقائيًّا. هذا النموذج، يمكن أن نسمّيه (الحلّ المتبادل) أو (الإلغاء الفاقد الفعالية)، ويعدّ هذا النموذج الأول من نوعه، وميزة حقيقية للنظام الرئاسي.

وستفضل كل القوى حل الأزمة (الجمود) بدلًا من مخاطر الإلغاء والذهاب الى انتخابات مبكرة. ومع ذلك، فإن ضرورة الحل المتبادل لا تعني إنهاء النظام، ولكن اللجوء إلى (التحكيم العام)، والذي تفعله معظم الأنظمة الديمقراطية. في الواقع، تم اقتراح طرق مشابهة من خلال العلماء الدستوريين البارزين(٢).

(٢) يقول جورج فيديل: «أهم شيء هو تقليل خطر الجمود في النظام، حتى إن إلغاءه (يجب أخذه بعين الاعتبار). في الواقع، التوافق أمر لابدّ منه بين الرئيس والكونغرس من خلال حوارات غير رسمية لا حصر لها، ومساومات بين الطرفين خلف الأبواب. ومع ذلك، ولاسيما في الديمقراطيات الصاعدة، من الممكن أن تؤدي الخصومات بين الهيئات التشريعية والتنفيذية إلى طريق مسدود، بسبب عدم قدرة الرئيس على حل البرلمان، وعدم قدرة البرلمان على عزل الرئيس وعزل مجلس الوزراء. ومن أجل تجنب هذه الحالة، يمكن أن تنشأ قاعدة أنه إذا كان بإمكان الرئيس حل البرلمان، فيشترط أن تجرى انتخابات برلمانية ورئاسية في وقت واحد، وهكذا يتم تمكين البرلمان من عزل الرئيس بشرط إجراء انتخابات رئاسية وبرلمانية في آن واحد.

انتقاد الانتخابات المتزامنة

إن أحد أبرز معضلات النظام الرئاسي هو أن غالبية الناس التي تنتخب الرئيس، (أو حزب الرئيس) ، أو الأحزاب التي تشكل الأغلبية في البرلمان- قد تكون لها خلفيات سياسية مختلفة. ومن المعلوم أن من خصائص النظام الرئاسي أنه يحول التعددية القطبية إلى ثنائية قطبية، ويؤدي إلى ظهور نظام الحزبين. لكن بدلًا من نظام الحزبين الذين يصعب على صانعي الدستور الأتراك تحقيقه، نشهد بناء نموذج الحزب المهيمن على أيدي الشعب التركي، الذي يكنّ الاحترام والتقدير للأداء الرائع لحزب العدالة والتنمية. في المقابل، إذا كان المطلوب في تركيا نظام الحزبين، أو كما اقترح الرئيس الراحل تورغوت أوزال نموذج ديمقراطية الحزبين ونصف الحزب (أي وجود حزبين قويين على غرار النموذج الأمريكي إضافة إلى حزب ثالث أقل قوة) -وهو ما أفضله- فإن النظام الرئاسي هو الحلّ الوحيد أمامنا.

بالإضافة إلى ما سبق، فإن هيكل الحزبين سيؤدي إلى تداول السلطة فيما يتعلق بالحزب أو البرنامج الحزبي خلال ثلاث فترات انتخابية على أقصى تقدير، والذي من شأنه أن يعزز الديمقراطية في تركيا. لذا فإن الاعتراض على أن هذا الوضع سيحكم قبضة السلطة الحاكمة، يعدّ أسلوب تفكير يتجاهل وجود أنظمة ديمقراطية مفتوحة وانتخابات دورية. وحاليًّا، لا يمكن قبول العقلية التي تفضل السلطوية على الاستقرار السياسي وفاعلية الخدمات. على كل حال، يقترح سارتوري انتخابات متزامنة (على أنها علاج) لمثل هذه الحالات الطارئة(٣).

---

(٣) تصريحات سارتوري حول الهندسة الدستورية المقارنة: بحث في الهياكل

الانتقادات حول مؤسسة النظام التنفيذي

إن سلطة الرئيس (النظام التنفيذي) هي سلطة محدودة واستثنائية، ولكنها ضرورية للرئيس كي يكون قادرًا على تنفيذ مهامه، وتقديم خدماته للشعب والوطن. ووفقًا لاقتراح حزب العدالة والتنمية، فإن الرئيس لا يمكنه إصدار أمر تنفيذي حول القضايا التي يوجد بشأنها تشريع بالفعل. وبعبارة أخرى، لإصدار مرسوم رئاسي، لابدّ من وجود فجوة حقيقية في القانون، ولا ينبغي إصدار أمر تنفيذي إلا في غياب نص قانوني بالأمر المعني. من ناحية أخرى، الهيئة التشريعية لها سلطة إصدار القوانين لإبطال أي قرار أو مرسوم رئاسي. وفي حالة نشوب نزاع بين الطرفين، ستكون الأولوية للقانون. وعلاوة على ذلك، لا يمكن للرئيس أن يصدر أوامر تنفيذية في المجالات المتعلقة بالحقوق والحريات الأساسية والحريات السياسية. فهذه الأمور تعود للمؤسسة التشريعية. وإضافة إلى كل ذلك، ستخضع المراسيم للمراجعة القضائية والدستورية. ومن ثَمّ يمكن القول إن الانتقادات لا أساس لها من الصحة من حيث جوهر المراسيم الرئاسية وغرضها.

والحوافز والنتائج، يخصص قسمًا لهذا الأمر: «وفي الختام، اسمحوا لي أن أعود إلى السؤال الآتي: تحت أي ظروف يكون النظام الرئاسي أفضل؟ جوابي هو أن نظام الحزبين هو أكثر فعالية من النظام المتعدّد الأحزاب، لأن الخلافات الأيديولوجية تتقلص، والشروط التالية تسهل الثنائية القطبية: أ) مركزية سلطة الرئيس. ب) وجود الأحزاب بصفتها منافسة رئيسة للرئاسة. ج) أغلبية بسيطة للفوز بالرئاسة (انتخابات من جولتين)؛ د) انتخابات متزامنة للبرلمان والرئيس. ماذا يحدث إذا لم تتحقق هذه الأشياء؟ يجب على النظام الرئاسي الميؤوس منه أن يبحث بجدية عن تغيير، إما لنظام شبه رئاسي أو نظام آخر، «انظر: Comparative Constitutional Engineering: An Inquiry into Structures, Incentives and Outcomes, Translated into Turkish by Ergun Özbudun, (Ankara, 1997), pp. 231-232.

الاستنتاجات

أولًا، يعجّ تاريخ تركيا الحديث بالوصاية. وقد منع نظام الوصاية حدوث تقدّم في كلّ من النظام السياسي بشكل عام والديمقراطي بشكل خاص. وعرقل أيضًا تطور نظام الحكم التركي، مما جعله نظامًا فرعيًّا لنظام الوصاية. لكن الإصلاحات الدستورية التي جرت في الأعوام ٢٠٠٧ و٢٠١٠ قلصت من نفوذ نظام الوصاية. لذلك، عادت العملية الديمقراطية إلى مسارها الصحيح منذ ذلك الحين.

ثانيًا، يعدّ النموذج الرئاسي الذي اقترحه حزب العدالة والتنمية نموذجًا رشيدًا ومتطورًا يأخذ بعين الاعتبار أوجه القصور في النموذج الأمريكي.

ثالثًا، بغض النظر عن نوع النظام المقبول وسماته، فإن انتخاب رئيس الجمهورية (عن طريق التصويت الشعبي) ليس شرطًا للعملية بل للنظام، نظرًا لظروفنا التاريخية.

رابعًا، في إطار المقترح الحالي، فإن رئيس الدولة سيبقي على عضويته في حزبه السياسي، وفقًا للقاعدة التي تمارس في العالم. استمرار عضوية الرئيس في حزب ما أمر طبيعي في كل أنظمة الحكم التي تنتخب الرئيس عن طريق التصويت الشعبي؛ لذا يمكن التخلي عن شرط استقالة الرئيس من عضوية الحزب، الموجود في الدستورين السابقين. وإذا ظلت عملية انتخاب الرئيس من قبل الشعب سارية، فمن باب أولى استمرار عضويته في الحزب (أو على الأقل عدم منع الرئيس من عضوية الحزب).

خامسا، أصبحت هناك حاجة ملحّة لصياغة دستور جديد، يتوافق مع المعايير الديمقراطية على المستوى الاجتماعي. فلا تكفي التعديلات الدستورية الجزئية على النظام الرئاسي. ومن دون شك، الانتقال إلى نظام رئاسي هو إصلاح من شأنه أن يؤدي إلى تحولات أخرى، وسيساعد على تحقيق مكاسب حضارية. وما يهمّنا حقًّا هو الانتقال إلى دستور ديمقراطي، والتخلص من الدستور غير الديمقراطي المعيب الذي وضعه نظام الانقلاب. وقد أخفقت المؤسسات السياسية بالوفاء بالتزاماتها تجاه الأمة وتاريخها. ولم يعد من المحتمل، غياب دستور جديد، أو وجود عيوب مخجلة في الدستور الحالي؛ لذا لابدّ من إنهاء هذا الوضع.

نظام الحكم الجمهوري الرئاسي والتحول الديمقراطي في تركيا

محمد زاهد صوباجي

المدخل:

الديمقراطية النيابية نظامٌ يعتمد على تفويض الصلاحيات، ففي الأنظمة البرلمانية؛ يفوض الشعبُ صاحبُ السيادة الأصلية أعضاءَ البرلمان الذين ينتخبهم، ويفوض أعضاءُ البرلمان مجلسَ الوزراء الذي يمارس السلطة التنفيذية، وينقل الوزراء صلاحياتهم إلى البيروقراطيين، وهكذا يحدّد السياسيون أولويات الشعب وخياراته، ثم يحولونها إلى سياسة عامة، ويقدّم البيروقراطيون خدماتهم العامة في إطار هذه السياسة العامة. ولكي تكون هذه العمليةُ عمليةً ديمقراطيةً؛ لابدّ من وجود عملية معاكسة تشكل آليةَ المحاسبة. بتعبير آخر، ينبغي في الديمقراطية أن يُحاسبَ الوزراءُ البيروقراطيين، والبرلمانُ الوزراءَ، وأن يُحاسبَ الشعبُ البرلمان. وتقدّم هذه العملية رؤوس أقلامٍ قويةً لَما يجب أن تكون عليه العلاقة بين السياسيين والبيروقراطيين في الدول الديمقراطية.

من جانبٍ آخر؛ يشكّل التوفيق بين القيم الديمقراطية ومتطلبات البيروقراطية إحدى المشكلات الرئيسة في الدول المعاصرة. فمتطلبات الطبيعة البيروقراطية -بحسب العلوم السياسية الرئيسة السائدة- تسبّب إشكاليةً للديمقراطية. فالمطلوب في العلاقة بين السياسي والبيروقراطي تقليديًّا هو قيام السياسي بتحديد السياسات، وتطبيق البيروقراطي لهذه

السياسات، وموجب التوفيق بين الديمقراطية والبيروقراطية يقتضي ممارسة رقابة كثيفة من قبل السياسيين على البيروقراطيين، وأن يكونَ البيروقراطي مسؤولًا أمام السياسي. لكن الممارسة السياسية والإدارية الواقعية ليست هكذا، إذ تؤدّي البيروقراطية دورًا مهمًّا في تشكيل السياسة العامة، بل ربما تؤدّي البيروقراطية في بعض الدول، مثل تركيا دورًا أكثر هيمنةً من دور السياسيين في عمليات اتخاذ القرارات السياسية وتشكيل السياسات.

فمرحلة تطبيق المعلومات التقنية والخبرات والسياسات العامة باعتبارها عوامل عامة مؤقتة؛ أصبحت مؤثِّرًا من مؤثرات عمليات اتخاذ القرار السياسي، أو تشكيل السياسة في كل قطر. ومع ذلك، تتمتع البيروقراطية في تركيا بموقعٍ متميزٍ في تقليد الإدارة البيروقراطية في عملية تشكيل السياسة، حتى إنها تفتح الطريق أمام النخب البيروقراطية لتكون وصيَّةً على السياسة.

تدور التساؤلات حول البيروقراطية التي أدّت دورًا رئيسًا في عملية التحديث في تركيا، واكتسبت موقعًا متميزًا، اعتمادًا على هذا الدور. فعقلية حراس البيروقراطية التي تهيمن في تركيا؛ تحدّد ما كان (خيرًا) من أجل المجتمع نيابةً عنه، وتمارس ذلك الخير بحذافيره. وهكذا تبرز البيروقراطية في تركيا أمامنا عنصرًا يميل إلى سياسة مُثْقَلَة بالعديد من الوظائف المختلفة، في مقدمتها المحافظة على بقاء الدولة وحماية العلمانية. وفي هذا الإطار، توجد في تركيا نخبةٌ بيروقراطيَّةٌ تعَرَّتْ من أجل تحديد نهج الحياة السياسية التركية بدلًا من وظيفتها الأصلية التي تكمن في تطبيق النهج التي يتبناه السياسي، وبهذه الخاصية

التي تمتلكها، تتحرك البيروقراطية من خلال أذرعها العسكرية والقضائية والمدنية بصفتها محوراً للوصاية على السياسة في تركيا.

إنّ مرحلة تغيير النظام السياسي التي شغلت الحياة السياسية اليومية في تركيا منذ السبعينيات وصلت إلى نهايتها، وأُقرَّ التحول إلى نظام الحكم الرئاسي بـ(نعم) بنسبة ٥١,٤٪ منَ أصوات الناخبين في استفتاء ١٦ نيسان، وكان تأمين التحول البيروقراطي يشكّل أحد الأهداف الرئيسة للانتقال إلى نظام الحكم الجمهوري الرئاسي. وإنّ الجدل حول التحول البيروقراطي في سياق تغيير النظام السياسي يتعلّق في الأساس بإعادة بناء العلاقة على نطاقٍ واسعٍ بين السياسة والبيروقراطية في تركيا من جديد، بتعبير آخر: لا يقتصر تغيير النظام السياسي في تركيا على تأسيس توازنٍ ورقابةٍ بين الهيئة التشريعية والتنفيذية فحسب، بل يهدف كذلك إلى إنشاء توازنٍ جديدٍ بين البيروقراطية والسياسة المدنية.

والغاية من هذه المقالة هي تحليل الإمكانات التي يمكن أن يقدمها الانتقال إلى نظام الحكم الجمهوري الرئاسي للإسهام في التحول البيروقراطي في تركيا. وفي هذا الإطار ستُقيَّم بدايةً العوامل العامة- والمؤقتة التي توفر للبيروقراطية إمكانية التدخل في تشكيل السياسة في دول العالم عامة، ثم يتناول البحث تقليد الإدارة البيروقراطية التي توفّر للبيروقراطية إمكانية الحصول على الموقع المتميّز في عملية اتخاذ القرار السياسي، وتشكيل السياسة في تركيا، وفي الختام ستُناقَش الفرص التي سيقدمها الانتقال إلى نظام الحكم الجمهوري الرئاسي من أجل التحويل

البيروقراطي الذي يتحرك من موقع الوصاية على السياسة المدنية في تركيا.

دور البيروقراطية في عملية تشكيل السياسة: نظرةٌ عامّة

يمكن الحديث عن عاملين أساسيين اثنين يجعلان البيروقراطية أحدَ العوامل المركزية في عملية اتخاذ القرار السياسي في الدول الديمقراطية، هذان العاملان هما: تحصيل الخبرة والمعلومات التقنية[1]، ومراحل تطبيق السياسات العامة. وهذان العاملان يشكلان في إطار العلاقة بين البيروقراطي والسياسي الورقة الرابحة المهمّة التي تمنح البيروقراطي القوة في ظهوره محورًا.

للسلطة مقابل السياسي.

فالمعتقد السائد عمومًا هو أن للسياسي دوره المهمّ في تشكيل السياسة، وما على البيروقراطي سوى تطبيق القرارات. ولا يمكننا أن نقول: إن الواقع يعكس حقيقة هذا الاعتقاد، فالمعلومات التقنية التي يحتاج إليها السياسيون -رغم القبول بصواب هذا الاعتقاد- لكي يتخذوا قرارًا ويشكلوا سياسةً في مجالٍ محدد ويمتلكوا الخبرة اللازمة من أجل فهم وشرح تلك المعلومات- موجودةٌ بيد البيروقراطيين، وسيطرة البيروقراطيين على المعلومات التقنية والخبرات تمنحهم الإمكانية الكبيرة للتأثير في السياسة العامة، وحاجة السياسيين ماسةٌ إلى

(١) في إطار السلطة الشرعية التي تشكل نوعًا من أنواع السلطة التي حددها فيبر في سياق الاجتماع السياسي؛ تتبوّأ الخبرة المعلوماتية للبيروقراطيين مكانها بين مصادر الصراع بينهم وبين السياسيين. من أجل التفاصيل؛ انظر: Nicos P. Mouzelis، التنظيم والبيروقراطية (ترجمة: بهادر أقين). قونية، مكتبة Çizgi، ٢٠٠٣، ص ٢٢-٢٤.

المعلومات والتعليقات التي ستردهم من البيروقراطيين، حتى لو حاولوا كسر الاحتكار النسبي لموضوع خبرة البيروقراطيين ومعلوماتهم، (كالتعامل مع موظفين آخرين). علاوةً على ذلك، يمكن للبيروقراط أن ينقلوا تلك المعلومات المطلوبة إلى السياسيين بشكلٍ مغلوط عمداً أو بلا قصد، أو تغييرِها، أو نقل نقيضها، أو يمارسوا الانتقائية في نقل هذه المعلومات بغية التأثيرِ في اتخاذ قرارٍ محدَّدٍ من دون مراعاة تبعات النتائج التي ستصدر عنه. بتعبيرٍ آخر: يمكن للبيروقراطيين أن يستخدموا المعلومات التي تعّد أهم ورقةٍ رابحة بين أيديهم للمساومة عليها في سبيل فرض نفوذهم على السياساتً العامة[٢]. وبذلك تسعى البيروقراطية الواعية بالورقة الرابحة المهمّة بين أيديها إلى إخفاء معلوماتها ونياتها، وتعزيز هيمنتها. وتميل الإدارة البيروقراطية دوماً إلى (إدارة الجلسات السرية)، وتحاول الاحتفاظ بمعلوماتها ونشاطاتها بعيدة عند الانتقاد. ومفهوم (السرية الرسمية) إجراءٌ مهمٌ جدًّا طورته البيروقراطية في مواجهة الانتقادات التي تأتي من الخارج. وفي هذا الإطار تعارض البيروقراطية كل أنواع المبادرات التي يسعى فيها السياسيون وأعضاء البرلمان إلى الحصول على المعلومات، ويفضّل البيروقراطي بطبيعته أعضاء البرلمان والسياسيين الضعاف الجاهلين بالمعلومات المطلوبة، أو على الأقل أعضاءَ البرلمان والسياسيين المنسجمين مع مصالح البيروقراطية من قريب أو بعيد[٣]، كما تجعلُ مرحلةُ تطبيقِ السياسة العامَّة من البيروقراطيَّة طرفًا فاعلاً في عملية السياسة العامَة. يختلَف الأشخاص الذَين يتخذون القرارات

---

(٢) Guy Peters, Politics of Bureaucracy. London: Routledge, 2001, P. 228, 234.

(٣) H. H. Geerth ve C. Wright Mills (Ed.), From Max Weber: Essays in Sociology. London: Routledge & Kegan Paul, 1977, P. 232-234.

في السياسة العامة عن الذين يطبقونها، وتطبيقُ سياسة عامة محددة تدفع البيروقراطيةَ العامةَ التي تشكل آلية إدارة الخَدماتِ في الدولةِ- إلى الواجهة اليومية. وفي هذا السياق، يعدُ اتجاه البيروقراطية وموقفها من السياسة العامة أحد الموضوعات المهمّة من حيث تطبيق السياسة العامة. وهكذا يرى إدوارد الثالث أن تطبيق السياسة العامة بشكلٍ ناجحٍ يوجب امتلاك البيروقراطية الإرادة الفعلية للقيام بذلك، ناهيك عن معرفتها لما تريد أن تفعله، وامتلاكها القدرة على تنفيذ ما تريد(٤). وبشكل مشابه؛ يذهب كلّ من ريبلي و فرانكلين إلى عدم حيادية البيروقراطية، وأن رغبات ومواقف البيروقراطيين الشخصية والتنظيمية حول أهداف سياسة ما ومضمونَها- تشكِّلُ عاملاً في غاية التأثير في تطبيق تلك السياسةٍ(٥).

فغاية السياسة العامة التطبيق والإجراء، والسياسة العامة التي لا يجري تطبيقها في الواقع، وتبقى رسم البلاغات الرسمية لا تحمل أي معنىً سوى أنها تكشف نيات الحكومة بأنها حكومة كلامٍ لن تقدّم حلولًا لمشكلات المجتمع. وبهذا المعنى يؤكد بيترٍ(٦) أن السياسة العامة الحقيقية التي تتبناها حكومةٌ ما في مجالٍ معينٍ ليست تلك التي تعلنها الهيئة التشريعية والتنفيذية؛ بل هي السياسة التي يُنتقَل بها إلى التطبيق. ومن قدر التطبيق أنه أسير البيروقراطية، إن شاءت تطبق السياسة العامة في توقيتها وعلى حالتها الأصلية من دون أن تمسها بتغيير، وإن

(٤) George C. Edwards III, Implementing Public Policy. Washington: Congressional Quarterly Press, 1980, P. 11.

(٥) Randall B. Ripley ve Grace A. Franklin, Bureaucracy and Policy Implementation. Illinois: The Dorsey Press, 1982, P. 40.

(٦) Peters, op. cit., P. 231.

شاءت تسوِّف تطبيقها، أو تعيد تأويلها من جديد تبعًا لمعاييرها الخاصة، وتطبيقها بشكلٍ ينسجم مع مصالحها الخاصة بعيداً كل البعد عن السياسة التي تبنتها الحكومة.

هذه الأسباب توفر الإمكانية للبيروقراطية أن تمارس دورًا في السياسة العامة في تركيا، كما هو الحال في كل البلدان، لكن إلى جانب الأسباب العامة والمؤقتة المذكورة، يرتفع تقليد الإدارة البيروقراطية التي تتميز بها تركيا بالبيروقراطية إلى موقع أكثر قوةً في التأثير في السياسة وعملية السياسة العامة وتحديدها.

تقليد الإدارة البيروقراطية في تركيا:

بقيت البيروقراطية في تركيا مهتمّة دومًا بالسياسة، واعتمدت موقفًا بعيدًا عن التبعية للسلطة السياسية، وتحرّكت من موقع الوصاية على السياسة، فتاريخ الجمهورية مليء بالانعكاسات المختلفة للجهود المبذولة من قبل البيروقراطية التركية من خلال أذرعها المدنية والعسكرية والقضائية لتكون الجهة المهيمنة على عملية إدارة السياسة العامة ولتعمق علاقاتها من أجل التحكم السياسة[(٧)] . ويمكن رصد آثار الآليات التي تفتح الطريق أمام البيروقراطية لتؤدّي دورًا أكثر تأثيرًا ونفوذًا من السياسيين في عملية السياسة العامة في تركيا من خلال تقليد الإدارة البيروقراطية التي

(٧) من أجل تفصيلات علاقة البيروقراطية التركية بالسياسة عمومًا وعملية السياسة العامة خصوصًا، وانعكاسات هذه العلاقة على الحياة السياسية طيلة تاريخ الجمهورية؛ انظر: متين خبر، تقليد الدولة في تركيا، إسطنبول: منشورات الشرق والغرب، ٢٠٠٦. محيي الدين تاتار أوغلو، «البيروقراطية منذ الجمهورية إلى يومنا»، بنية المجتمع التركي بين أمس واليوم، (تحرير محمد زنجير قيران). بورصة: منشورات دورا، ٢٠١١، ص٢١٩ – ٢٤٥.

انتقلت من عهد الدولة العثمانية إلى الجمهورية التركية.

في سياق تقليد الإدارة البيروقراطية في تركيا، وخلافًا لطبيعة كونها وسيلةً يتخذها السياسيون لتنفيذ القرارات؛ فرضت البيروقراطية على نفسها وظيفةً مختلفةً تعزّز رغبتها في تولي دور الجهة الحاسمة في العملية السياسية. وقد عُرِّفت البيروقراطية في تركيا في إطار مفهوم المركزية والبيروقراطيةَ القابعة في جهود الإصلاح التي أُسِّست جذورها في عهد التنظيمات، وأنها في الأساس «المؤسسة التي تصنع السياسة، لا أنّها المؤسسة التي تنفذ السياسة التي يضعها الآخرون»[(٨)]. بتعبير آخر؛ يكمن وراء الدور المهيمن للبيروقراطية على عملية السياسة العامة في تركيا عدم انتقالها من (العقلانية الخاصة) إلى (العقلانية الأداتية/ العلمية)[(٩)] . هذا الوضع المتعلق بالبيروقراطية في تركيا (رجحان الجانب السياسي للبيروقراطية وتبنيها للأدوار السياسية) في الواقع- يرتبط ارتباطًا وثيقًا بعدم ظهور التباين الهيكلي -الوظيفي للبيروقراطية في سياق دورها بالمعنى الدقيق في نهاية عملية التحديث، فالتباين والفصل بين الوظائف الاجتماعية الأساسية أو الفصل بين مجالات مؤسسات المجتمع الأساسية -بحسب آيزنشتات[(١٠)] - يعرِّف العلاقة بين المجتمعات المتخصصة، ويحدد أدوارها، وطرق انتظامها في

---

(٨) خبر، تقليد الدولة في تركية، المرجع السابق، ص٩٠ — ٩١.

(٩) «العقلانية الخاصة» تتعلق بالأهداف، و«العقلانية الأداتية» تتعلق بطرق تحقيق الأهداف. بيروقراطية «العقلانية الخاصة» تنزع إلى مناقشة قرارات السلطة السياسية ومحاسبتها. انظر: متين خبر، «الدور السياسي لبيروقراطية الدولة التركية— العثمانية»، مجلة الإدارة العامة، ٦ (٢)،١٩٧٣، ص٢٩ — ٤٠.

(١٠) S. N. Eisenstadt, "Social Change, Differentiation and Evolution", American Sociological Review, 29(3), 1964, P. 376.

سياق الأطر التنظيمية والرمزية المستقلة، والمستقلة ذاتيًّا بشكلٍ نسبيٍّ ضمن حدود النظام المؤسسي نفسه.

وفي هذا السياق، يعبّر التباين الهيكلي في المجتمع عن تباين الوظائف السياسية والاجتماعية والاقتصادية في المجتمع، وعلى صلة بذلك، تصبح النماذج المختلفة للنخب في المجتمع بدل النموذج الواحد موضوع الحديث. والتباين الوظيفي يعني أن كل مؤسسة تؤدّي وظيفة من الوظائف المتباينة، فالتباينُ الوظيفيُ يتجلّى في التباين الأفقي والعمودي بين المؤسسات، فالتباين الوظيفي الأفقي يشير إلى توزيع العمل بين المؤسسات البيروقراطية في تسيير مختلف الوظائف الإدارية، والتباين الوظيفي العمودي يتجلّى في التباين بين دورَي العمل السياسي والبيروقراطي. في هذا الصدد، حتى تتمكن البيروقراطية من اتخاذ قرارٍ سياسيٍّ ينبغي عليها أن توفر المدخلات الضرورية لذلك، وتكون قادرةً على تنفيذ القرارات التي تتخذها. وفي الأحوال التي لا يبرز فيها التباين الوظيفي العمودي بمعناه الدقيق، يمتلك البيروقراطي صلاحية اتخاذ القرار السياسي، ويتحول إلى فريق نخبوي[11]. وعندما يظهر التباين الوظيفي العمودي بين العمل السياسي والبيروقراطي خلال عملية التحديث، أو بعبارة أخرى عندما تتخلى البيروقراطية عن الوظيفة التي قررتها لنفسها؛ فإنها على الأرجح تتحول إلى جهة فاعلة تتصدّر بمعلوماتها التقنية وخبراتها الواجهةَ في عمليةِ السياسةِ العامة. وعلى الرغم من المضي نحو المؤسساتية الهيكَلية والوظيفية في

(١١) متين خبر، العصرنة والبيروقراطية: مدخل للإدارة العامة المقارنة، أنقرة: منشورات مجلة العلوم الاجتماعية التركية، ١٩٧٣، ص٤٩ – ٥٢.

الدولـة العثمانيـة والجمهورية التركيـة بوصفها وارثة لهـا- لم يتم إعـداد الأشـخاص الذين سـيعملون في هذه المؤسسـات بحسـب الأدوار والمواقـف والتصرفـات الملائمـة؛ (بمعنـى أنـه لم تنتشـر المعاييـر الثقافيـة الملائمة) للنمـط المؤسسـاتي الجديد(١٢) .

ولا يخفـى أن الفضل في تبـوُّؤِ البيروقراطية موقعًـا أكثر تأثيرًا فـي عمليـة السياسـة العامّـة فـي تركيـا يعـود إلـى أن تفاصيـل الأدوار والمواقـف التـي تتمـم التباين الوظيفي العمـودي لم تتحقق وفقًـا لمعانيهـا الدقيقـة، أو أن البيروقراطيـة في تركيـا لم تتحول مـن الحالـة البيروقراطيـة إلـى الحالـة التكنوقراطيـة، ومعلومٌ أن البيروقراطيـة ذات نزعـةٍ سياسـيةٍ دومًا، وتتحرك فـي الواقع وفق هـذه الميـول. ولم يُسـفرْ عـن عمليّـة التحديث فـي تركيـا إبرازُ البيروقراطيـة باعتبارها وسـيلةً فعالةً لتنفيذ القرارات السياسـية وحسـب. فتبوّأت البيروقراطية في تركيا موقعًا مهمًّا في السياسـة منـذ عهـد التنظيمات، وأصبحـت الدولـة العثمانيـة التركية تبدو في مظهـر (إمبراطوريةٍ بيروقراطيةٍ تاريخيـة). والبيروقراطية في إطار نظام سياسـي كهذا تكتسـب ميزةً في غايـة الأهمية، ويتورّط الإداريون ولاسـيما فـي المسـتويات العليا في القضايا السياسـية بكثافـة، وتتطـور علـى شـكل بيروقراطيـة طائفـة أو بيروقراطية وصايـة، فتقـدّم الخدمـات لنفسـها، أو تبـدي مواقف أبويّـةً تجاه الإداريين [الوصاية](١٣) .

---

(١٢) متيـن خبـر، تقليـد الإدارة البيروقراطيـة، أنقـرة: منشـورات جامعـة الشـرق الأوسـط للعلـوم التقنيـة، ١٩٧٤، ص٤ .

(١٣) Metin Heper, "Political Modernization as Reflected in Bureaucratic Change: The Turkish Bureaucracy and a 'Historical Bureaucratic Empire' Tradition". International Journal of Middle East Studies, 7(4), 1976, P. 508.

والبيروقراطية التي عدّت نفسها قوةً موجّهةً لعملية التحديث منذ عهد التنظيمات؛ تبوأت كذلك منذ السنوات الأولى في عهد الجمهورية موقعًا مهمًّا، وأصبحت واحدة من الأطراف الحاسمة في الحياة السياسية في تركيا على امتداد السنوات اللاحقة، وبرزت قوةً مركزيةً مهمَّةً في البنية الاجتماعية والسياسية، والتزمت بوظائف إنقاذ الدولة والتغريب [باعتبار الغرب قدوةً في النهضة]، وما شابه ذلك، وفرضت نفسها حارسةً للدولة. وقد تعززت قوة البيروقراطية في تركيا من خلال الدور الحاسم للبيروقراطية في الإصلاحات التي تحقّقت (في نمط التحرك من الأعلى إلى الأسفل) مع تأسيس الجمهورية. يبين لا بالومبارا(١٤) أنّ البيروقراطية تتحمل أدوارًا مهمّة في محاولات عملية إنشاء الأمة والدولة. ويؤكد ما ذكره لا بالومبارا بلوغُ البيروقراطيةِ في تأثيرها في الحياة الاجتماعية والسياسية إلى الحدِ الأعلى في الفترات الأولى من عهد الجمهورية. لابدّ من إحداث كسر في تقليد الإدارة البيروقراطية حتى تتراجع البيروقراطية في تركيا إلى حدودها الطبيعية، وتعود إلى آلية تُقدّم للمجتمع خدماتها العامة التي يحتاج إليها، وبخلاف ذلك تتعزز لدى هذه النخب البيروقراطية التقليدية الرغبةُ في هيكلة السياسة والمجتمع باستمرار، ويمكن أن يشكل نظام الحكَم الجمهوري الرئاسي أرضيَّةً قوية من أجل تحقيق هذا الكسر.

---

(١٤) Joseph LaPalombara, "An Overview of Bureaucracy and Political Development", Bureaucracy and Political Development (Ed. Joseph LaPalombara), New Jersey: Princeton University Press, 1967, P. 22.

إسهامات نظام الحكم الجمهوري الرئاسي الممكنة في التحول البيروقراطي:

يمكننا أن نتناول إسهامات نظام الحكم الجمهوري الرئاسي في تعزيز التحول البيروقراطي تحت عدة عناوين، وفق الآتي:

- إنهاء الوصاية البيروقراطية
- تأسيس سلطة تنفيذية أكثر إحساساً بالمسؤولية
- إنشاء فريقٍ من كبار الإداريين الخبراء
- إنشاء بنية إدارية تتعاطف مع المطالب الاجتماعية
- كسر الكودات الثقافية المهيمنة

إنهاء الوصاية البيروقراطية

إحدى خصائص السياسة والإدارة التركية أن البيروقراطية تتبوّأ موقعًا متميزًا فيها، وتتحرك بمنطق الوصاية على العملية السياسية. وكما ذُكر آنفًا، تهيمن في تركيا عقلية حراسة بيروقراطية تحدّد (ما هو خيرٌ) للمجتمع نيابةً عنه، وتنفيذً ذلك الخيرً من الأعلى إلى الأدنى، وتتداخل مع العقلية [الدولانية أو الدولتية] لتبرز البيروقراطية أمامنا في تركيا عنصرًا يميل إلى سياسة مثقلة بالعديد من الوظائف المختلفة، في مقدمتها المحافظةً على استمرارية دولة النخبة البيروقراطية، وحماية العلمانية، وغيرها. ومن أجل ذلك تسعى النخبة البيروقراطية في تركيا إلى أن تجعل السيطرة على الدولة في يدها بطرقٍ خارجةٍ عن الإرادة الشعبية.

تشكل البرلمانية الوصائية في تركيا إحدى أهم الآليات التي توفر هذه القوة لبيروقراطية النخبة. والنظام البرلماني في تركيا لم يعكس مع الأسف السمات الأساسية للبرلمانية

الكلاسيكية، بل اعتمد منذ قيام الجمهورية التركية [نموذجَ] البرلمانية الوصائية التي تقوم على بيروقراطية النخبة، وتعمل على السيطرة على الدولة، وهذه النخبة غريبةٌ عن نظام قيم مجموعة واسعة من شرائح المجتمع، وتتسم بعقلية نمطية ضيقة إقصائية مفَتِّتَة من حيث العلاقة بين المجتمع والدولة، وتقصي فئات اجتماعيةً محددةً [١٥]. هذه العقلية فتحت الطريق أمام التباعد والافتراق بين الدولة والمجتمع في تركيا. هذا النمط من العلاقة إلى جانب الحياة الحزبية التعددية كان في الواقع موضع تساؤلٍ باستمرارٍ، وكانت البرلمانية الوصائية هي جواب النخبة البيروقراطية في ردها على هذا التساؤل.

فعلى الرغم من فتح القنوات أمام مختلف فئات المجتمع للدخول في مجال السياسة والبرلمان بعد الانتقال إلى الحياة السياسية متعددة الأحزاب في تركيا؛ فإن النخبة البيروقراطية في الواقع صمّمت نظامًا برلمانيًّا يوفر لها الاحتفاظ بالسلطة من دون الفوز في الانتخابات، وفي مقدمتها الآليات الاجتماعية المختلفة التي أحدثها دستور عام ١٩٦١. ففتحت البرلمانية الوصائية الطريق في أغلب الأوقات أمام إدارة السلطة في تركيا بحكوماتٍ ائتلافية ضعيفة، وعملت على إنتاج عدم الاستقرار السياسي والاقتصادي المرتبط بضعف هذه الحكومات، وإقصاءِ شرائح معينة من المجتمع خارج البرلمان، وإغلاقِ الأحزابَ التي لا تتحركُ ضمن الإطار الذي خطَّته النخبة البيروقراطية، والعمل على اعتبار موقع رئاسة الجمهورية صاحب السلطات

(١٥) علي أصلان، النظام الرئاسي من أجل تركيا: التحول الديموقراطي، الاستقرار، المؤسساتية، تحليل SETA، نيسان، ٢٠١٥، ص٢٣ – ٢٤.

المهمّة والخالي من المسؤولية بمثابة الفيتو المعرقل لمسيرة العمل، وعلى تحول البيروقراطية الإدارية إلى ممانعة من خلال تأخير الأعمال وإبطائها، وأخيراً دخول البيروقراطية العسكرية على الخط وقيامها بالانقلاب العسكري[١٦] .

فباستثناء الفترات الاستثنائية التي تسلّمت خلالها الفئات الاجتماعية المنظمة حول القيادات الكاريزمية السلطة في تركيا؛ فتحت الحكومات الائتلافية الضعيفة التي تشكلت في ظل النظام البرلماني الطريق أمام فراغ السلطة، وملأت النخب البيروقراطية -وفق التقليد المتّبع- بأذرعها المدنية والعسكرية والقضائية هذا الفراغ في السلطة. وتحول النظامُ البرلمانيُّ بذلك في تركيا إلى إدارة العملية السياسية تبعًا للعقلية الوصائية، متجاهلاً خيارات الشعب؛ لكن نظام الحكم الجمهوري الرئاسي الذي يمنح السلطة التنفيذية لشخصٍ صاحبِ شرعية سياسية قويّة منتخبٍ انتخابًا مباشرًا من قبل الشعب- كفيلٌ بإزالة الحكومات الائتلافية الضعيفة من الواقع في تركيا، وإحلال سلطة تنفيذيّة قويّة مكانها. وإنّ وجود طرف فاعلٍ قويّ كهذا في مركز العملية السياسية في تركيا سيفتح المجال أمام الاستقرار الإداري من جهة، وسيبطل تدخلات الأطراف غير السياسية التي لا تستمد قوتها من الشعب في العملية السياسة، ويحول دون سعيها للسيطرة على الدولة من جهة أخرى، ويُسهم بذلك في القضاء على الوصاية البيروقراطية.

(١٦) محمد زاهد صوباجي، الجينات النخبوية لحزب الشعب الجمهوري والنظام الجمهوري الرئاسي، برنامج رؤية مفتوحة على قناة ستار، ٨/ يناير/ ٢٠١٧.

تأسيس هيئة تنفيذية أكثر إحساسًا بالمسؤولية:

من أهم ميزات الأنظمة الرئاسية أنها تقضي على التهرّب من المسؤولية، وتأتي بسلطة تنفيذية ذات مسؤولية أكبر أمام الشعب؛ لأن الشخص المنتخب مباشرةً في نظام الحكم الجمهوري الرئاسي المستوحى من النظام الرئاسي يمكن أن ينتج سلطةً أكثر مصداقيةً وتحملاً للمسؤولية؛ لأنه يستخدم سلطته التنفيذية. ففي النظام البرلماني؛ من الصعب جدًّا تحديد المسؤولية ومحاسبة السياسيين عن السياسات الفاشلة، ولاسيّما في ظل التحالفات في عهد الحكومات الائتلافية. بالمقابل سيُسهم نظام الحكم الجمهوري الرئاسي في تأسيس سلطة تنفيذيَّة أكثر نفوذًا، وشرعيَّتُها أكثر قوةً وتحمُلاً للمسؤولية والمحاسبة، وستكون الهيكلية الإدارية المتولدة عنها أكثر تحملاً للمسؤولية والمحاسبة أمام الشعب. ومعلومٌ أن المشكلة السياسية الأهم التي يعانيها نظام الإدارة العامة في تركيا أن الشفافية والمحاسبة لم تُؤَسَّسا بمعناهما الدقيق حتى اليوم.

تشكيل فريق كبار الإداريين الخبراء:

يمنح نظام الحكم الجمهوري الرئاسي رئيس الجمهورية صلاحية تعيين نواب رئيس الجمهورية والوزراء وإقالتهم، إلى جانب فريق المراتب العليا في الإدارة العامة وإنهاء أعمالهم، لكن نواب رئيس الجمهورية والوزراء يجب تعيينهم من خارج البرلمان، وفي حال اختيارهم من أعضاء البرلمان تُلغَى عضويتهم في المجلس الوطني التركي الكبير.

تتولد الحكومة في النظام البرلماني من الوسط التشريعي، ولهذا السبب يتحرك عضو البرلمان دومًا، وهو يأمل في المنصب الوزاري، ويشكل علاقاته بناءً على ذلك من جهة، وحين يختار رئيس الوزراء الوزير يضطر إلى أن يأخذ بعين الاعتبار النفوذ السياسي للمرشح إلى منصب الوزارة، والتوازنات الحزبية الداخلية، والتوازنات السياسية المناطقية في تركيا من جهة أخرى. وحين يُعيَّن نواب رئيس الوزراء والوزراء في النظام البرلمانيِ تُؤخَذ بالحسبان الديناميكية السياسية بدل الخبرات. بخلاف تعيين نواب الرئيس والوزراء من خارج البرلمان في النظام الجمهوري الرئاسي؛ فإنه يعني منح الأولية للخبرة في شَغْلِ المناصب.

يملك رئيس الجمهورية في نظام الحكم الجمهوري الرئاسي صلاحية تعيين الإداريين في المراتب العليا وإنهاء أعمالهم بمراسيم جمهوريةٍ. بتعبير آخر: سيتمكن رئيس الجمهورية من التعيين السياسي، فالإداريون في المراتب العليا هم الأشخاص الذين يتولون المواقع الإستراتيجية المسؤولة عن تحديد السياسات في المؤسسات العامة وتنفيذها، وقيادة المراتب الأدنى من الموظفين، وسيتمكن رئيس الجمهورية في تركيا من تشكيل فريقٍ من الخبراء المنسجمين مع سياساته الخاصة. وهذا الإجراء سيكون حاسمًا للغاية في إضافة الديناميكية إلى البيروقراطية، والحفاظ على علاقات المؤسسات العامة، وتبني مفهوم الإدارة العامة التي ترتكز على المواطنة وتعزيزها، ومن ثَمّ سيمنح نظام الحكم الرئاسي الفرصة للهيئة التنفيذية في اتخاذ قراراتها وتنفيذها بشكلٍ أسرع وأكثر عقلانيةً.

إنشاء كيانٍ إداريٍ يتعاطف مع المطالب الاجتماعية:

في نظام الحكم الجمهوري الرئاسي يُشكَّل مجلس الوزراء، ويُحلُ، وتُحددُ المهام والصلاحيات والهيكل التنظيمي، وتُشكَّل التنظيمات المركزية والفرعية بمراسيم جمهوريَّة رئاسيَّة. إلى جانب ذلك، يمنح النظام الجديد الفرصة لتأسيس الشخصيات الاعتبارية العامة بمراسيم جمهوريَّة رئاسيَّة. وهذه الترتيبات تكتسب أهميَّةً كبيرةً من حيث إحداث كيانٍ إداريٍ ينسجم بقوَّةٍ مع المطالب والحاجات الاجتماعية.

كسر الكودات الثقافية المهيمنة:

يَعُدّ البيروقراطي نفسه باقيًا والسياسيَّ عابرًا، ويشكّل ذلك أحد الكودات المهيمنة في المجال الإداري والسياسي في تركيا. بتعبيرٍ آخر: يَعُدّ البيروقراطي نفسه صاحبَ الخان، والسياسيَّ نزيلَ الخان. والنظام البرلماني الذي تنتُج عنه الحكوماتُ الائتلافيةُ الضعيفةُ في تركيا يُسهم في تكريس هذا المفهوم لدى البيروقراطية؛ بسبب تحديد مدةٍ قصيرةٍ لبقاء السياسي في السلطة. وقد أدّى تحلّي البيروقراطية بصفةٍ الديمومة مقابل المدة القصيرة لأفق السياسي دورًا كبيرًا في مقاومة البيروقراطية لمحاولات الإصلاح وتأجيل التعديلات في تركيا. بالمقابل ستتشكل في نظام الحكم الرئاسي سلطةٌ تنفيذيةٌ قويةٌ تستخدم طاقتها التنفيذية خلال الفترة المقررة (خمس سنوات) بدون انقطاعٍ، وتنفّذ سياساتها بصورةٍ أكثرَ ثباتًا في أرض الواقع.

إن نظام الحكم الجمهوري الرئاسي بما يملكه رئيس الجمهورية من صلاحية تعيين الكادر الإداري من المراتب العليا- يوفّر احتمالية القضاء على البيروقراطية الوصائية، واحتمالية

القضاء على مفهوم «البيروقراطي صاحب الخان، والسياسي نزيل الخان»، ويكسر بذلك الكود المُشْكِلَ في تركيا.

الخاتمة:

تشكّل البيروقراطية أحد عوامل عملية تشكيل السياسة العامّة؛ بسبب المعلومات التقنية والخبرة التي تحتاج إليها مرحلة تطبيقها، لكن علاقة البيروقراطية بالسياسة ونفوذها في عملية السياسة العامة تختلف من بلدٍ إلى آخر، ففي تركيا وبعض الدول يمكن للنخب البيروقراطيةً أن تؤدّي دورًا أكبر مقارنةً بالسياسيين في صنع القرار. ويرتبط الدور الطاغي للبيروقراطية في السياسة العامة في تركيا ارتباطًا وثيقًا بتقليد الإدارة البيروقراطية الخاص بتركيا إلى جانب الأسباب العامة المذكورة آنفًا.

ففي الإصلاحات التي أُجريت خلال مرحلة التحول الديمقراطي في تركيا ولاسيّما في الفترة الأخيرة، وفي سياق تباينات المدير والمُدار والدولة والسوق وما شابه- كانت خيارات السوق في صالح المنتخَبين والأفراد، وقد أثّرت هذه الخيارات كذلك في العلاقات وتوازن القوى بين السياسي والبيروقراطي. وبتعبير آخر، يشكل القضاء على البيروقراطية الأوليغارشية وإعادة البيروقراطية إلى حدودها الطبيعية، كما هو الحال في كلِّ دولة ديمقراطيَّة- أحد الأهداف الأساسية للإصلاحات التي أُجريتً في الفترةً الأخيرة في تركيا، والهدف من نتيجة الإصلاحات المذكورة هو تحويل البيروقراطية من نخبة الموقع إلى نخبة وظيفيَّة ذات قيمة أدائية، وتحديد دورها في عملية السياسةً العامة، وحطّه إلى مستوى الخبرة التقنيَّة.

تقف تركيا اليوم على عتبة مرحلةٍ من التطور السياسي والاقتصادي، فقد انتهت عملية التحول الديمقراطي في تركيا بالانتقال إلى نظام الحكم الجمهوري الرئاسي، وتغيير نظام الحكم في تركيا. وإنّ الانتقال إلى نظام الحكم الجمهوري الرئاسي يسهم في إنشاء أرضيةٍ قويَّة للتحويل البيروقراطي، ويُسهم في التحويل المؤسساتي للخطواتٍ التي تمّت من أجل التحويل البيروقراطي خلال الأعوام الخمسة عشر الأخيرة، وتعميقها.

الأحزاب السياسية
والنظام السياسي وتركيا

علي يشار صاريباي

المدخل:

على الرغم من أن الأحزاب السياسية ليست الأشكال التنظيمية الوحيدة في ظل أي نظام ديمقراطي، كما أوضح الفقيه الفرنسي جورج بوردو منذ فترة طويلة، إلا أنها تجسد إرادة الشعب بشكل مؤثر. لذا لا يمكن تصور الديمقراطيات الحديثة من دون وجود الأحزاب السياسية. في هذا الصدد، فإن الأحزاب السياسية تحافظ على استمرار الديمقراطية، وتدين بوجودها للأنظمة الديمقراطية. لهذا السبب، فإن الأنظمة الديمقراطية ملزمة بتوفير الأرضية القانونية والسياسية الضرورية للأحزاب السياسية لتمثيل الشعب. من ناحية أخرى، ينبغي على الأحزاب السياسية ألا تلحق الضرر بهذا الأساس الذي يعدّ سبب وجودها، ويجب عليها ألا تنظر إليه باعتباره أداة فقط لتلبية مطالب أنصارهم.

أيضًا لابدّ أن تتمتع الأحزاب بعقلية وسلوك ديمقراطيين، بحيث تتمكن من إمداد النظام بمتطلبات الديمقراطية وسيادة القانون، بصفتها ضرورة لديمقراطية قوية. وفي هذا السياق، فإن الأحزاب السياسية، أولًا، توحّد الناس حول الانضمام إلى الحكومة. وفي خضم هذا، يجب عليها أن تلجأ إلى وسائل قانونية وشرعية. وبالتأكيد، مثل هذه الخصائص

للأحزاب السياسية، تشجع على المنافسة؛ أي الانتخابات.

بشكل عام، تخوض الأحزاب السياسية الانتخابات على الرغم من أن بعضها يرفض المشاركة، معتبرًا أن القيام بذلك سوف يضفي شرعية على الأنظمة، (مثل الحزب الشيوعي في أيرلندا)، أو ببساطة يعتقد أن الانتخابات ليست لديها أهداف طويلة الأجل. ومن ثَمّ، فإنه من أجل إضفاء الشرعية على الأحزاب السياسية التي تحكم البلاد، تعدّ الانتخابات أمرًا لا غنى عنه للآليات السياسية، تمامًا مثل أهمية الأحزاب السياسية للديمقراطية. في الواقع، أثبتت البحوث حول النظم الانتخابية أن النظام الانتخابي يحدّد الاتجاهات الاجتماعية والاقتصادية والسياسية والثقافية التي تهيمن على المجتمع ومطالب التمثيل السياسي والقادة السياسيين والإداريين الذين ينبغي أن تُعهَد إليهم مهامّ التنفيذ. بعض المؤسسات الدولية الرائدة والمبادرات البحثية (على سبيل المثال، فريدوم هاوس، نظام الحكم الرابع) يعزّي وجود الأحزاب السياسية إلى مستوى دمقرطة النظام السياسي للبلد، ويراعون أيضًا مدى عدالة المنافسة بين الأحزاب السياسية وتناوب السلطة.

بناء على ما سبق، بالنسبة لكثير من علماء السياسة، فإن العلاقة بين الأحزاب السياسية والنظام الانتخابي تعدّ مجالًا رئيسًا للبحث من أجل فهم نوعية النظام الديمقراطي وطبيعة التغيير السياسي في البلاد. عادة، تشير البحوث كافة في هذا المجال إلى وجود علاقة دورانية بين النظام الحزبي السياسي ونوع النظام السياسي؛ بمعنى أن النظام الانتخابي (مثلاً، التمثيل النسبي) قد يحدّد نوع النظام الحزبي (التعددية الحزبية)، والذي

بـدوره قد يحدّد شـكل النظام السياسـي في البـلاد . ومع ذلك، قد يكـون العكـس هو الحـال أيضًا ؛ فاسـتمرار نـوع معين مـن النظم السياسـية قـد يحتـاج إلى نـوع معين من النظـم الحزبيـة، والذي يمكـن أن يتحقـق عن طريق نـوع معين النظـم الانتخابية، وهذا هو السـبب الذي يكمن وراء العلاقـة الدورانية .

جـرت بحوث تجريبيـة عديدة لتوضيـح العلاقـة الدورانية بين أنـواع النظـم الانتخابية، والنظـم الحزبية والنظام السياسـي. على سـبيل المثـال، تناولـت أمانـدا هوفمـان[١] اثنين مـن الفرضيات الأساسـية، وأكـدت وجـود مثل هـذه العلاقات على أسـاس بيانات حصلـت عليهـا ؛ تنـص الفرضيـة الأولى علـى أن الزيـادة في عدد الأحزاب السياسـية في البـلاد تزيد من مسـتوى الديمقراطية في ذلـك البلد . وتنـص الفرضية الثانيـة على أن الدول التي تسـتخدم نظام التمثيل النسـبي لديها مسـتوى أعلى من الديمقراطية مقارنة بالـدول الأخرى التي لا تقـوم بذلك. ووجدت نتائـج مماثلة لخبراء آخريـن، مثـل آرند ليبهارت، ومايـكل بارينتي وبيبـا نوريس[٢] .

تشـير العلاقـة الدورانيـة المذكـورة آنفًـا أيضًـا إلـى سـمة أساسـية للديمقراطية؛ هي التمثيل السياسـي. على سـبيل المثال، نظـام التمثيـل النسـبي الـذي ينتهجه العديـد مـن الديمقراطيات اليـوم يعزّز من شـرعية النظـام الديمقراطـي، وينهـض بالمعايير الديمقراطيـة التـي وضعها ، ومن ذلك آليات المسـاواة والمشـاركة

---

(١) Amanda Hoffman, "Political Parties, Electoral Systems and Democracy: A Cross-national Analysis," European Journal of Political Research, No. 44 (2005).

(٢) Hoffman, "Political Parties, Electoral Systems and Democracy: A Cross-national Analysis."

الأوسع نطاقا للنساء والأقليات على وجه الخصوص، إضافة إلى مجموعة واسعة من الاتجاهات والمطالب.

من ناحية أخرى، كلما زاد الهيكل السياسي الأكثر تعددية، من شمولية النظام الديمقراطي بوصفه هدفًا للتمثيل النسبي، زاد من عدم الاستقرار الحكومي. وهذه المسألة موضع اعتراض. وإن كان لمثل هذا الاعتراض بعض أوجه الصحة التي لا يمكن استبعادها في بعض البلدان؛ إلا أن بعض الدراسات التجريبية، مثل التي أجراها آريند ليبهارت[٣] ، أثبتت أن هذا الاعتراض ليس قويًّا بحيث يكفي للتخلي عن (التمثيل النسبي) في كثير من النظم الديمقراطية.

ومن هنا، يتضح أن توسيع حدود التعددية من خلال نوع النظام الانتخابي في أي نظام ديمقراطي ليس السبب الوحيد لعدم الاستقرار السياسي. الحقيقة أن إيجاد توازن بين التعددية والاستقرار السياسي هو من خصائص الديمقراطيات الناضجة.

ومع ذلك، من الممكن التساؤل؛ هل يسبب عامل اتساع أو ضيق حدود التعددية (على سبيل المثال التمثيل السياسي الشامل) عدم الاستقرار في الديمقراطية؟ يجيب ليبهارت عن هذا السؤال لمصلحة تضييق حدود التعددية على الرغم من اختلاف نتائج الدراسات حول التمثيل السياسي، وحقوق الجماعات بصفة عامة، وحقوق الأقليات على وجه الخصوص.

---

(٣) Arend Lijphart, Demokrasi Motifleri, (İstanbul: Salyangoz Yayınları,2006), Translated by Güneş Ayas and Utku Umut Bulsun

فكما يوضح فلوريان بيبر[٤]، فإن بعض الباحثين يعدّون تداعيات الأنظمة الانتخابية على التمثيل السياسي نوعًا من الترتيبات المختلفة. مثلاً، يعارض البعض مشاركة الأقليات، في حين لا يزال البعض الآخر محايداً (رسميًّا). وبينما يميل البعض إلى دعم منافسة أحزاب الأقلية وضمان مشاركتهم، يدافع آخرون عن الإقليمية العرقية.

كما يتضح من بعض المناهج المختلفة فيما سبق، فإن تمثيل الأقليات ليس العامل الوحيد الذي يحدد استقرار نظام ديمقراطي ما. وإنّ الاستقرار في ظل الديمقراطية يعتمد على العديد من العوامل (مستوى التنمية الاقتصادية، والثقافة السياسية، وما إلى ذلك) بصرف النظر عن التمثيل السياسي.

لا جدل أن نوعية النظام السياسي في أي بلد، تحددها الطريقة التي يُتعامَل بها مع حقوق الأقلية (المجموعة)، ووضعها حيز التنفيذ عبر التمثيل السياسي. في هذا الصدد، يتناول علماء السياسة بالدراسة النظم السياسية في فئتين: التوافقية والليبرالية. إن علة وجود الديمقراطية التوافقية (التي يدعو ويدافع عنها العالم ليبهارت) هي الحد من التوتر السياسي المحتمل الذي قد ينجم عن (غياب الديمقراطية)؛ ولاسيما بسبب نظام التمثيل النسبي للانتخابات، والتمثيل من خلال تعزيز بعض الآليات السياسية (فيتو الأقليات، والحكم الذاتي، وتمثيل الكتلة، وغيرها).

(٤) فلورينا بيبر، أنظمة الانتخابات وأحزاب الأقليات في جنوب شرق ووسط أوروبا، إسطنبول بيتا، ٢٠١٠

وفقًا لذلك، فإن الهدف هنا هو ضمان مشاركة الأقليات في العملية السياسية، ومن ثَمّ إحباط محاولات إيجاد حلول للمشكلات خارج البرلمان. من ناحية أخرى، النوع (الليبرالي)، منذ البداية، يرفض التمثيل السياسي على مستوى المجموعة، ويعلق أهمية على الحقوق الفردية بدلًا من الحقوق الجماعية. في هذا الصدد، فإن وجهات النظر (الليبرالية) ترى أن الشبكات السياسية، ولاسيما الشبكات السياسية القائمة على الأقلية، تعدّ عاملاً من عوامل زعزعة الاستقرار في العملية السياسية والنظام.

ونتيجة لذلك، فإن النوع التوافقي ينظر إلى التمثيل الأوسع للتجمعات السياسية باعتباره علاجًا للديمقراطية الأقل نضجًا التي نتجت عن تقسيم المجتمعات المنقسمة بالفعل بسبب غياب الديمقراطية. النوع الليبرالي، من ناحية أخرى، يدعي عكس ذلك: منح الحقوق والتمثيل للمجموعات السياسية سوف يسبب مزيداً من الانشقاقات في المجتمعات المنقسمة أصلاً.

في الواقع، هناك العديد من الإجراءات اللازمة لتنفيذ التمثيل السياسي بشكل تام؛ لذلك فإن تقليص هذه الاجراءات إلى مجرد العلاج (السياسي) تحت أي ظرف من الظروف، يعني تجاهل جميع العوامل الأخرى التي تسبب غياب الديمقراطية، وأهمها حجم التمويل الذي يملكه أولئك الذين يطالبون بالتمثيل. لهذا السبب، فإن الجهل بالاقتصاد السياسي للأحزاب، يؤدي إلى رؤية أبعاد معينة فقط من غياب الديمقراطية، حيث تكون الأحزاب الفاعل الرئيس للانتخابات وآليات تجسيد التمثيل.

ورغم ذلك، يؤكد بعض العلماء أن التمويل العام للسياسة لديه العديد من العيوب، كما أن له فوائد أيضًا . وتشير البحوث إلى أن الرغبة في الحفاظ على موقع متميز بفضل التمويل العام، يبدو عاملاً في منع مشاركة الأحزاب الجديدة في النظام السياسي. من ناحية أخرى، فإن توزيع الحوافز المالية أو حوافز الدولة اعتمادًا على النجاح الانتخابي (نسبة الأصوات التي تحصل عليها وعدد المقاعد) يبعد الأحزاب السياسية عن أهدافها المحددة في برامجها وعن قيمها الأيديولوجية، ويحولها إلى أحزاب لاقطة، تهدف فقط إلى الحصول على أكبر عدد من الأصوات(٥) . ونتيجة لذلك، تهيمن أحزاب الصقورية Cartel Parties على السياسة(٦) .

بالرغم من هيمنة الأحزاب السياسية على المسرح السياسي في العالم الغربي منذ القرن التاسع عشر وحتى خمسينيات القرن الماضي، إلا أنها لم تخضع لأي تنظيم قانوني. ومع ذلك، في سياق الفترة التي سبقت الحرب العالمية الثانية، أُدرِجت الأحزاب السياسية في إطار دستوري، وذلك لمواجهة إعادة صعود ديكتاتوريات الحزب الواحد في إيطاليا وألمانيا، وكذلك الفاشية. فأُدرِجت الأحزاب السياسية ضمن الأطر الدستورية في إيطاليا (١٩٤٧) وفي ألمانيا (١٩٤٩). ومن هنا، لم تعد تشكل تهديدًا استبداديًّا على النظم الديمقراطية.

---

(٥) Jonathan Hopkin, "The Problem with Party Finance,"Party Politics, Vol.10, No.6 (2004).

(٦) Mark Blyth and Randy Katz, "From Carch-all Politics to Cartelisation: The Political Economy of the Cartel Party," West European Politics, Vol.28, No.1 (2005); Klaus Detterbek, "Party Cartel and Cartel Parties in Germany,"German Politics, Vol.17, No.1 (March, 2008).

وتمهيد الطريق لتنظيم دستوري أيضًا، جعل هناك حاجة إلى تشريع قانوني للمصادر المالية (الدخل والنفقات) للأحزاب. وقد خرج هذا التشريع إلى النور في السبعينيات. في تلك الفترة، سُلِّط الضوء على (سياسة التمويل) بسبب الفساد والفضائح المالية في النظم السياسية لبعض الدول الغربية، بما في ذلك بريطانيا وفرنسا وألمانيا والولايات المتحدة واليابان، وهو ما استلزم أنظمة قانونية/ دستورية.

إنّ اللوائح القانونية والدستورية التي هي موضع الاهتمام، ليست لتنظيم الأحزاب، ولكن لتوفير المساواة في العملية السياسية، والمنافسة، وحماية الأحزاب من آثار العوامل المالية الخارجية؛ ومن ثَمّ، مساعدتها على اكتساب الحكم الذاتي من خلال الدعم المالي الذي ستقدمه الدولة أو الشعب (تعدّ دراسة أنغريد فان بيزين حول هذا الموضوع دراسة قيمة)[٧].

دراسات أنواع الأحزاب والأنظمة

عرض موريس دوفيرجيه التصنيف الأول والمقبول على نطاق واسع للأنماط الحزبية فيما يتعلق بكوادرها وشعبيتها. فمثلاً، أحزاب الكوادر، لا تتطلب الكثير من الجهد، حيث تقتصر مهامها على فترات الانتخابات، وتقودها مجموعة صغيرة من الناس (مؤثرة في الدوائر الانتخابية)، ولا تسعى إلى كسب أعضاء جدد. في واقع الأمر، تعدّ أحزاب الكوادر أحزابًا قديمة، وُضعت أسسها في البرلمانات قبل تنفيذ مبدأ الاقتراع العام.

---

(٧) Ingrid van Biezen, "Financing Political Parties and Election Campaigns-Guideline," Council of European Publishing, (December, 2003).

لكن لاحقًا، أدّى تبنّي الاقتراع العامّ إلى تزايد رغبة الجماهير في السعي إلى الحصول على حق التصويت. ومن هنا، انضمت أحزاب الجماهير إلى التنافس السياسي على الرغم من اختلاف هياكلها التنظيمية. وثمة سبب آخر لظهور أحزاب الجماهير، وهو أنه يمكن التغلب على الصعوبات في سياسة التمويل، فقط إذا انضمت شرائح اجتماعية أوسع.

لذلك، فإن عدد الأعضاء مهمّ في أحزاب الجماهير، ليس فقط لاعتبارات مالية، بل لاعتبارات أيديولوجية وسياسية أيضًا. وعلى الرغم من أن أحزاب الجماهير بهذه الخصائص تعدّ ظاهرة سياسية في القرن العشرين، إلا أننا نرى نسخًا مختلفة منها اليوم، وأبرز مثال عليها حزب الحركة movement party: يعتمد ظهور حزب سياسي على حركة ما (الحركة الوطنية، والحركة الإسلامية والحركة الثورية، والحركة النسوية، والخضر، ونحو ذلك)[٨]. ومع ذلك، تنوعت اليوم أحزاب الجماهير إلى أشكال عدة.

وثمة حقيقة مهمّة في هذه الأيام؛ وهي أن الأحزاب السياسية تتبنى الجوانب الاقتصادية في المنافسة للانضمام للحكومة، وتعرض نفسها على أنها كيان اقتصادي، تعدّ ناخبيها وأصواتهم ربحًا؛ ومن ثَمّ، فإنها تقلّل من شأن الجماهير إلى كونهم مجرد زبائن تُسوَّق لهم بضاعة سياسية، (رؤية الحزب ومشروعه... وغيرهما). بذلك، فإن الأحزاب السياسية، في نهاية المطاف، أثّرت في تشكيل ثلاثة أنواع من الأحزاب: الأحزاب اللاقطة، وأحزاب الأعمال، وأحزاب صقورية.

(٨) Ayşen Uysal and Oğuz Topak, Particiler (İstanbul: İletişim Yayınları, 2010).

الأحـزاب اللاقطـة ليسـت قويـة مـن حيـث الهيـكل التنظيمي والأيديولوجـي، لكن قيادتهـا قوية. حيث إن هدفهـا الحصول على تأييـد جماعـات المصالـح والقطاعـات المختلفة، كمـا تهدف إلى أن تـروق لجميـع الناخبين(٩) . أما بالنسـبة لأحـزاب الأعمال، فإن زعيـم الحزب في نفس وقت زعامته للحزب، يمتلك شـركة تجارية، ويتمتع بنفوذ سياسـي بسبب الشـبكة الاجتماعية للشركة. وتهدف هـذه الأحـزاب إلى كسـب دعم الناخبيـن عن طريق مكانـة الزعيم الاجتماعيـة وتأثيـره، مثل كونه شـابًا، وحسـن المظهروالمسـتوى التعليمـي... ونحـو ذلك، ومن أجل كسـب أكبر عـدد من الأصوات، يوجّـه فريـق فنـي متميـز مـن الخـارج حـزب الأعمـال بـدلًا من مجموعـة المتطوعين السياسـيين(١٠) .

ومـن سـمات أحـزاب الكارتل أنهـا تبـدو مختلفة إلـى حد ما علـى الرغم من أنهـا تقوم على عقلية الآخرين نفسـها. (الكارتل)، في الأصـل، مفهوم في مجـال الاقتصاد، ويعنـي الاتفاق الضمني أو الصريـح بيـن مجموعـة من الشـركات المسـتقلة علـى العمل معًـا كمـا لو كانـوا مُنتجًـا واحدًا، ومن ثَـمّ الحد من المنافسـة أو إنهاء المنافسـة.

وبالتأكيـد، إذا أبرمـت مثـل هـذه العقلية التي توجه الأنشـطة الاقتصاديـة- الاتفاقات بين الأحزاب المسـيطرة على السياسـة،

(٩) Otto Kircheimer, "The Transformation of the Western European Party Systems," in Joseph La Palombaraand Myron Weiner (Eds.), Political Parties and Political Development, (New York: West European Politics, 1969).

(١٠) Jonathan Hopkin and Caterina Paolucci, "The Business Firm Model of Party Organization: Cases from Spain and Italy," European Journal of Political Research, No.35 (1999).

فإن أحزاب الكارتل ستظهر على الواجهة. وأحزاب الكارتل تعني تحالفًا سياسيًّا بحكم الأمر الواقع بين الأحزاب التي تتقاسم مصلحة مشتركة. في الحقيقة، يكمن وراء مثل هذا التحالف دافع حماية وتعزيز حقوق ومواقف ومميزات مكتسبة للأحزاب الموجودة في النظام. بمعنى آخر، أحزاب الكارتل توحي بأن المحسوبية هي الهدف السياسي. ومن هنا، ترمز إلى شدة معركة التقاسم بين الأحزاب(١١) .

في الحقيقة استُخدم المعيارُ الرقمي لدوفيرجيه لتصنيف النظم الحزبية لفترة طويلة ، ويستخدم هذا المعيار الرقمي عدد الأحزاب في نظام ما، ويصنّف الأحزاب إلى ثلاث مجموعات: نظام الحزب الواحد، ونظام الحزبين، ونظام متعدد الأحزاب. وقد أدّت عيوب تصنيف دوفيرجيه للأحزاب السياسية (على سبيل المثال، اقتراحه بشكل فضفاض ومفرط، لفئات غير مهمّة تتضمن أنواعًا مختلفة، مثل نظام الحزب الواحد) إلى ظهور انتقادات بين بعض الكتّاب، الذين يرون أن المعيار الرقمي ليس كافيًا . أما فيما يتعلق بتصنيف النظم الحزبية اليوم، فقد طوّر العالم السياسي الإيطالي جيوفاني سارتوري إطارًا تحليليًّا أكثر عمقًا(١٢) ، وهو مختلف اختلافًا تامًّا عن التصنيف الكلاسيكي، ويحدد سارتوري سبع فئات للنظم الحزبة:

(١١) Petr Kopecky et al., "Beyond the Cartel Party? Party Patronage and the Nature of Parties in New Democracies,"IPSA/ECPR Conference (Sao Paulo, February, 2011), pp.16-19.

(١٢) Giovanni Sartori, Political Parties and Party Systems (New York: ECPR Press, 1976).

١ . نظام الحزب الواحد
٢ . نظام الحزب المهيمن
٣ . نظام الحزب المسيطر
٤ . نظام الثنائية الحزبية
٥ . نظام التعددية الحزبية المقيدة
٦ . نظام التعددية الحزبية المطلقة
٧ . النظام المفتّت

أولًا فرّق سارتوري بين هذه الأنظمة الحزبية على مستوى الأنظمة السياسية، وقسمهم إلى أنظمة تنافسية ولا تنافسية، ووفقًا لذلك، هناك فئتان فرعيتان في الأنظمة التنافسية: التعددية القطبية، والتعددية المعتدلة. إن نظام الحزبين ونظام الحزب المسيطر هما أمثلة على التعددية المعتدلة. أما الأنظمة اللاتنافسية -من جهة أخرى- فتتضمن نظم الحزب الواحد والحزب المهيمن، والفئات الفرعية لها هي: نظام الحزب الواحد الشمولي، والحزب الواحد السلطوي، والحزب الواحد البراغماتي، والأيديولوجي المهيمن، ونظام الحزب البراغماتي المهيمن. يشكل تصنيف سارتوري خلفية مفاهيمية للأنظمة الحزبية. على سبيل المثال، يميز سارتوري بين النوع والعملية عندما يتعلق الأمر بنظام الحزبين. لذلك، عندما نناقش نظام الحزبين في أي بلد ما، فهذا قد يعني إما أن هناك نوعين من الأحزاب في هذا البلد أو أن عملية النظام الحزبي في ذلك البلد تشبه نظام الحزبين. ومع ذلك، ينبغي أن يؤخذ بعين الاعتبار تأثير الأحزاب الثلاثة هنا. على الرغم من أنه يبدو أن سارتوري يقبل (نظام الثلاثة أحزاب) بصفتها فئة، إلا أنه يرفض تصنيفات بعض الكتّاب، مثل نظام (الحزبين ونصف الحزب).

بالنسبة لسارتوري، من الضروري الحديث عن نظام الحزبين إذا كان الحزب الثالث، كما هو الحال في بريطانيا، لا يؤثر في نظام الحزبين. إن وجود نظام الحزبين يعتمد على الشروط الآتية:

١. المنافسة على أغلبية المقاعد البرلمانية يجب أن تبقى بين حزبين.

٢. أحد الأحزاب المتنافسة يجب أن يحظى بالفوز.

٣. الحزب الذي يحصل على الأغلبية يجب أن يشكل الحكومة.

٤. ينبغي أن تكون هناك علاقة بين الأحزاب الحاكمة والمعارضة.

مما سبق، يتضح أن بريطانيا، والولايات المتحدة الأمريكية ونيوزيلندا والنمسا وكندا لها الأسبقية في تطبيق نظام الحزبين. ويمكن الحصول على الأغلبية بأدنى فارق، أو أن يكون فارق التصويت كبيراً. إذا كان الأخير هو الحاصل، فإن أحد الحزبين قد يتمكن من البقاء في الحكومة لفترة طويلة، وتصبح إمكانية التناوب بين الحكومة والمعارضة ضعيفة. لذا، إذا كان فارق نسبة التصويت بين الحزبين ضخماً، فإن الأقوى سيستمر في البقاء في الحكم. في هذه الحالة، قد يكون من المناسب دراسة نظام الحزب المهيمن.

وفقًا لسارتوري، نظام الحزب المسيطر هو النظام الذي يسيطر فيه أحد الأحزاب في نظام متعدد الأحزاب على السلطة والتشريع، وتكون الأحزاب الأخرى منافسة مستقلّة عن الحزب المسيطر، والتناوب أمر غير وارد بالنسبة للانضمام للحكومة. والأحزاب نفسها تفوز دوماً في الانتخابات وتتمتع بأغلبية مطلقة في البرلمان. يصنف المؤلف البلدان التي لديها نظام الحزب

المسيطر وفقًا لفترة هيمنة الحزب المسيطر، ويضم تركيا لهذه الفئة (فترات ١٩٥٠-١٩٦٠، ١٩٦٥-١٩٧٣) (وبدون شك، علينا أن نضيف إلى ذلك فترات حكومات حزب العدالة والتنمية من ٢٠٠٢ وحتى يومنا هذا).

ومع ذلك، على الرغم من أن سارتوري يضع نظام الحزب المهيمن في الفئة اللاتنافسية، إلا أنه يجب الانتباه إلى سمة من سمات الحزب المهيمن، والتي تذكرنا بنظام الحزب المسيطر. الواقع السياسي في ظل نظام الحزب المهيمن هو أن حزبًا واحدًا فقط تتاح له فرصة حكم البلاد (إما اسميًّا، أو بحكم الأمر الواقع)، والأحزاب الأخرى لا تستطيع. وبعبارة أخرى، لا توجد منافسة بين الأحزاب الحقيقية أو تبادل للسلطة (لأسباب أيديولوجية وبراغماتية) على الرغم من وجود العديد من الأحزاب. وهذا أمر مهمّ على الأقل من ناحية تحول نظام الحزب المسيطر إلى المهيمن تحت بعض الظروف.

الفئة الأخيرة في تصنيف سارتوري هي التعددية المصغرة. يشير سارتوري إلى أنظمة الأحزاب في البلدان الآسيوية والإفريقية بشكل خاص حيث تسود التعددية المتطرفة والمستقطبة في فترات معينة من الزمن. عادة تتأرجح الأحزاب في هذه الدول بين أنظمة الحزب الواحد والتعددية الحزبية. على الرغم من أن المجتمعات الآسيوية والأفريقية، والتي بها العديد من الأحزاب غير المبلورة- تنطلق من نظام الحزب الواحد إلى نظام تعددي متطرف؛ إلا أنها تعود لاحقًا إلى نظام الحزب الواحد؛ نظرًا إلى عدم وجود مفهوم تأسيسي متطور.

الوضع في تركيا

تنصّ الفقرة الثانية من المادة ٦٨ في دستور عام ١٩٨٢ على أن: «الأحزاب السياسية هي عناصر لا غنى عنها لحياة سياسية ديمقراطية»، والفقرة الأولى تنصّ على ما يأتي: «للمواطنين حق تكوين الأحزاب السياسية، وحق الانضمام إليها، والانسحاب منها ...». وينصّ الدستور على أن «تُؤسَّس الأحزاب السياسية من دون الحصول على إذن مسبق، وأن تتابع أنشطتها وفقًا للأحكام المنصوص عليها في الدستور والقوانين». وتنصّ الفقرة الثالثة من المادة ٦٨ على أن الأحزاب السياسية يجب أن تخضع لإطار قانوني. ومع ذلك، فإن الدستور نفسه، من خلال بعض القيود (في المادة ٦٨ الفقرة ٤)[١٣] يقضي بأن طبيعة «الأحزاب السياسية كونها عناصر لا غنى عنها للحياة السياسية الديمقراطية» ليست مطلقة. بشكل أدق، فإن الدستور يسمح بتفسير (الحقيقة المطلقة) المذكورة سابقًا على أنها تعني أن وجود الأحزاب السياسية يجب أن يسهب في تأمين وجود الديمقراطية.

في الواقع، تنصّ الفقرة الأولى من المادة ٦٩ على مثل هذا التفسير بطريقة أكثر واقعية: «يجب أن تتماشى الأنشطة واللوائح الداخلية ونظام عمل الأحزاب السياسية مع مبادئ الديمقراطية. وينظم القانون تطبيق هذه المبادئ». وقد تبلور هذا البند في

(١٣) تنصّ المادة ٤/٦٨ على ما يأتي: «لا يجوز أن تتعارض القوانين والبرامج، وكذلك أنشطة الأحزاب السياسية مع استقلال الدولة، وسلامة ووحدة أراضيها وشعبها، وحقوق الإنسان، ومبادئ المساواة وسيادة القانون، وسيادة الأمة، ومبادئ الجمهورية الديمقراطية والعلمانية؛ ولا يجوز أيضًا أن تسعى إلى تشجيع، أو تأسيس دكتاتورية، أو دكتاتورية جماعية، أو تحريض المواطنين على ارتكاب الجريمة».

القانون رقم ٢٨٢٠، ووضع حيز التنفيذ في عام ١٩٨٣. مبدئيًّا، يجدر بنا تسليط الضوء على تعريف (الحزب) ومحتواه على النحو الذي اقترحه قانون الأحزاب السياسية. وهذا أمر ضروري لفهم لماذا تحتاج الأحزاب السياسية ونظام الانتخابات إلى إصلاحات، وكذلك أوجه القصور.

تصف المادة الثالثة في قانون الأحزاب السياسية، أي حزب سياسي على النحو الآتي: الأحزاب السياسية وفقًا للدستور والقوانين، تساعد في تشكيل الإرادة الوطنية من خلال الدعاية والجهود المبذولة وفقًا لرؤية الحزب من خلال برامجه ولوائحه المعلنة، من خلال الإدارة المحلية والانتخابات النيابية. الأحزاب السياسية كيانات قانونية تُنظَّم لأداء أنشطة في أرجاء البلاد كافة وتحقيق هدف النهوض بالبلاد إلى مستوى الحضارة المعاصرة في دولة ديمقراطية ونظام اجتماعي.

تعدّ الأحكام الواردة في قانون الأحزاب السياسية فيما يتعلق بوصف وظائف الأحزاب السياسية، العوامل الرئيسة وراء المشكلات التي تنشأ من ممارسات الأحزاب والنظام الحزبي. في الواقع، كشفت جهود علماء السياسة وبحوثهم في تركيا عن هذا الوضع. على سبيل المثال، البروفيسور أرغون أوزبودون في بحثه، يولي اهتمامًا كبيرًا بالتدخلات غير النظامية في الهياكل الحزبية والتغييرات في النظم الحزبية. ويعدّ التدخل العسكري في ١٢ سبتمبر أيلول ١٩٨٠ مثالًا صارخًا على مثل هذا التدخل غير النظامي[١٤].

---

(١٤) Ergun Özbudun, Türkiye'de Parti ve Seçim Sistemi (İstanbul: İstangul Bilgi Üniversitesi Yayınları, 2011).

ومن المفيد أن نذكر أن مجلس الأمن القومي (MGK) أغلق جميع أحزاب ما قبل انقلاب ١٢ سبتمبر ١٩٨٠ وحظر رؤساءها من ممارسة السياسة. وبعد ثلاث سنوات، سمح فقط لثلاثة أحزاب بالانضمام الى الانتخابات العامة في عام ١٩٨٣. والسبب كان وجود عدد كبير جدًّا من الأحزاب السياسية في فترة ما قبل ١٢ سبتمبر وربما نتيجة لهذا، كان نظام (التعددية السياسية المتطرفة) خطيرًا. ولفت البروفيسور صبري صياري[١٥] في بحثه الانتباه إلى الدور الريادي للعامل التاريخي غير المرئي: دوافع نخب الدولة لتصميم السياسات الحزبية.

في الواقع، اشتغلت النخب على مثل هذه الدوافع، ومن الأمثلة المتطرفة على ذلك نظام مجلس الأمن القومي. أسس مجلس الأمن القومي نظامًا حزبيًّا سلطويًّا، عن طريق القيود المفروضة على الأحزاب السياسية والعتبة الانتخابية الـ١٠ في المئة. وبالرغم من ذلك، كما يشير أوزبودون فإن أي حزب سياسي شُكِّل بإرادة مسؤولي مجلس الأمن القومي (نظام الحزبين، أو نظام الحزبين ونصف الحزب) لم يدم طويلاً[١٦]. في الواقع، ازدادت أعداد الأحزاب المؤثرة في الفترة من ١٩٨٣-١٩٩٩ (في انتخابات عام ١٩٩٥ على وجه الخصوص) واشتدت درجة التجزئة، كما حدث ما بين عامي ١٩٩٥ و٢٠٠٢ حيث تجاوزت الزيادة فترة ١٩٦١-١٩٨٠. وبلغ عدد الأحزاب السياسية التي يجب أن تؤخذ بعين الاعتبار سبعة في الفترة من ١٩٩٥-٢٠٠٢.

(١٥) Sabri Sayarı, "Non-Electoral Sources of Party System Change in Turkey", in Prof. Dr. Ergun Özbudun'a Armağan, Vol.1 (Ankara, 2008).

(١٦) Özbudun, Türkiye'de Parti ve Seçim Sistemi

وتماشـيًا مع هـذه التطـورات، يـرى أوزبـودون أن صعود حزب العدالـة والتنمية فـي انتخابات عام ٢٠٠٢ كان نقطـة تحوّل وبداية لتغييـرات جذريـة. ويضيـف: « ...نتيجـة للعتبـة الانتخابيـة الـ١٠ فـي المئـة، تمكن حزبـان فقط مـن الفـوز بمقاعـد برلمانية وهو الأمـر الذي سـاعد حـزب العدالـة والتنميـة على الفـوز بالأغلبية البرلمانيـة مـن خلال الحصـول على ثلثـي مجمـوع المقاعد (٦٦ فـي المئـة)، وحـزب الشـعب الجمهـوري، لنفـس السـبب، حصل علـى ٣٢,٤ فـي المئـة. وانخفض عـدد الأحـزاب الفاعلة بشـكل جـذري إلـى واحـد ونصـف. وكانت إحـدى النتائـج الأكثـر أهمية فـي انتخابات عـام ٢٠٠٢ أن أحزاب يمين الوسـط، والأحزاب التي سـادت فـي السياسـة التركيـة منذ عـام ١٩٥٠، خاضـت فترة من الخمـول وتحولت أصواتهم إلـى حدّ كبير لحزب العدالـة والتنمية. ويبـدو أن فترة ضعف أحزاب يمين الوسـط القديمة وصلت نهايتها في انتخابـات ٢٠٠٧ و٢٠١١».

أيضًـا خفّضـت العتبـة الانتخابيـة عـدد الأحـزاب الفاعلة إلـى ١,٢. وبهـذا اتجـه النظـام الحزبـي فـي تركيـا نحـو الاسـتقرار، والـذي ظهـر بجـلاء فـي انتخابـات ١٢ يونيـو العامـة ٢٠١١. وقـد أصبحـت نسـبة هـذه العتبـة لاحقًـا موضوعـا مهمًّـا للمناقشـة. أولئـك الذيـن انخرطـوا فـي المناقشـة انقسـموا إلـى مجموعتيـن: تـرى إحداهمـا أن العتبـة الانتخابيـة مـن شـأنها أن تحـدّ مـن عـدد الأحـزاب الفاعلـة وتحقـق الاسـتقرار فـي الحكـم، بينمـا المجموعـة الثانيـة تؤكـد أن هـذه العتبـة الانتخابيـة ستتسـبب فـي ضعـف التمثيـل. ومـن ثَـمّ فهـي تضر القاعـدة التعدديـة الديمقراطيـة.

ويكفي القول إنه إذا كان (التمثيل) يعني تغير النسبة المئوية لمجموع الأصوات الذي تحصل عليه الأحزاب في أي انتخابات، إذن من الناحية الفنية، يؤكد بعض علماء السياسة أنه لا توجد أي مشكلة في انتخابات ٢٠١١ والتي طُبِّقت فيها العتبة الانتخابية. على سبيل المثال في انتخابات ٢٠١١، شاركت أربعة أحزاب في انتخابات عام ٢٠٠٧ (حزب العدالة والتنمية، حزب الشعب الجمهوري، حزب الحركة القومية، وحزب السلام والديمقراطية/ المستقلون). وكانت النسبة الإجمالية للأصوات التي حصلوا عليها في انتخابات عام ٢٠٠٧ هي ٨٧ في المئة، وارتفعت إلى ٩٥,٥ في المئة في عام ٢٠١١. ووفقًا لأوزبودون، «يمكن أن يفسر هذا بأن نظام من أربعة أحزاب استقرّ في تركيا، وأن مثل هذا النظام أضاف قوة للبرلمان التركي مقارنة مع الفترة السابقة».

من ناحية أخرى، يرى البروفيسور صياري في بحثه الذي نشر عام ٢٠٠٧ أن النظام الحزبي التركي المجزّأ، بين عامي ١٩٩١ و٢٠٠٢، بدأ يتطور إلى نظام الحزب المسيطر بوصول حزب العدالة والتنمية إلى السلطة في عام ٢٠٠٢. وبالفعل، بدأ حزب العدالة والتنمية الفوز بانتخابات متتالية، وبزيادة تدريجية في أصواته. وأثبتت هذه الانتخابات أن تركيا لديها نظام الحزب المسيطر.

وخلاصة نظام الحزب المسيطر، بقيادة حزب العدالة والتنمية هو الاستقرار السياسي. وكما أوضح البروفيسور صياري في بحثه، شُكِّلت ١٤ حكومة من عام ١٩٨٣ حتى انضمام حزب العدالة والتنمية إلى الحكومة في نوفمبر تشرين الثاني عام ٢٠٠٢، وكانت ستة من تلك الحكومات حكومات الحزب

الواحد، في حين كانت الحكومات الأخرى حكومات ائتلافية. وصل حزب العدالة والتنمية إلى السلطة منذ نوفمبر تشرين الثاني عام ٢٠٠٢، وفقا للنظام الانتخابي, الذي يسمّى بطريقة (دي هونت D'hondt) الانتخابية وعتبة الـ١٠ في المئة، واستمرّ في الحفاظ على حكومة الحزب الواحد.

كان حزب العدالة والتنمية ضحية الثقافة السياسية لنظام الوصاية الذي حظر الأحزاب السياسية ضمانًا للاستقرار. لذلك، سعى حزب العدالة والتنمية إلى توسيع حدود النظام السياسي الديمقراطي من خلال الاستفتاء على الدستور في عام ٢٠١١، ومن خلال التعديلات الدستورية. وعزّزت التعديلات الدستورية من نفوذ الحزب، وجعلته ينأى عن عقلية الماضي التي تؤمن أن (إغلاق الأحزاب) يجلب الاستقرار.

في الواقع، تخضع الأحزاب السياسية إلى اللوائح القانونية/ الدستورية فيما يتعلق بوظائفها في إطار نظام ديمقراطي. وبعبارة أخرى، تعدّ اللوائح القانونية بشأن الأحزاب السياسية مجموعة كاملة من المعايير التي تدل على كيفية ممارسة لعبة السياسة الديمقراطية. كما أن القواعد الخاصة بتأسيس حزب سياسي موجودة مسبقًا، لمعرفة المعايير التي بموجبها سيُغلَق حزب سياسي وبأي أجهزة (دستورية)، ومنع التعسف السياسي، وضمان ممارسة السياسة بطريقة عادلة. هذا الفهم هو معيار عالمي في دولة القانون.

للوهلة الأولى، وتمشّيًا مع الرأي السابق، فإن سلطة اتخاذ قرار إغلاق الأحزاب السياسية في تركيا تقع على عاتق المحكمة

الدستورية، لا على المحاكم العامة. في دستور عام ١٩٨٢، ورد ذكر هذه السلطة، في الفقرة الخامسة من المادة ٦٩، على النحو الآتي: «الحكم النهائي بشأن إغلاق الأحزاب السياسية يقع على عاتق المحكمة الدستورية بعد أن يرفع مكتب المدّعي العام للجمهورية الدعوى». ولكن، بالأخذ بعين الاعتبار العدد الإجمالي للأحزاب التي أغلقتها المحكمة، وهو ٢٤، إذن من المشكوك فيه أن اللوائح الدستورية القانونية / في تركيا توفر (الضمانة السياسية) للأحزاب السياسية.

وعندما ننظر إلى بلدان أخرى، نرى أيضًا ضرورة أن يكون إغلاق الحزب وفقًا للوائح القانونية والدستورية الخاصة بالأحزاب السياسية، كما هو الحال في ألمانيا[١٧]، والنمسا، وبلجيكا، والدنمارك، وأستونيا، وفنلندا، وفرنسا، والهند، وهولندا، وبريطانيا، وإسبانيا، والسويد، وإيطاليا، وليتوانيا، والمجر، وبولندا، والبرتغال، ورومانيا، وسلوفاكيا.

تختلف اللوائح القانونية الخاصة بالأحزاب السياسية في بعض الدول المذكورة. ففي بعض البلدان، تعدّ الأحزاب جمعيات تعمل في إطار الدستور من دون أي أحكام دستورية محددة. ولا توجد تنظيمات قانونية خاصة، مثل (قانون الأحزاب السياسية) الموجود في بلدان أخرى؛ على سبيل المثال، يتم التعامل مع الأحزاب بموجب أحكام القانون المدني. وتختلف أيضًا أجهزة الدولة التي تمتلك سلطة

(١٧) Beyhan Kaptıkaçtı, et al., "Siyasi Partilerin Kapatılması Konusunda Türkiye ve Bazı Ülkelerdeki Yasal Düzenlemeler,"Turkish Grand National Assembly (TGNA) Research Center, (March, 2008).

إغـلاق الأحـزاب. إن سـلطة إغلاق الأحزاب يمكـن أن تقع على عاتـق المحكمـة الدسـتورية، أو الحكومـة، أو المدّعـي العام، أو محكمـة الاسـتئناف العليـا أو المحكمـة الإداريـة العليـا.

تختلـف أسـباب إغـلاق الأحـزاب السياسـية أيضًـا مـن بلـد إلـى آخـر، ففـي ألمانيـا، وإيطاليا، علـى سـبيل المثال، شـكلت النازيـة والفاشـية والشـيوعية، بوصفهـا حزبًـا أو اتجاهًـا، سـببًا لإغـلاق أو حظر الأحـزاب السياسـية، وذلك بسـبب الصدامـات السياسـية التـي نتجـت عـن النازيـة والأيديولوجيـات الفاشـية التـي سـبقت الحـرب العالميـة الثانيـة. وقـد أغلقـت المحكمـة الدسـتورية فـي ألمانيـا الحـزب النازي فـي عام ١٩٤٩، والحزب الألماني الاشـتراكي (Sozialistische Reichspartei Deutschlands) فـي عـام ١٩٥٢. والحـزب الشـيوعي الألمانـي (Kommunistische Partei Deutschlands) فـي عـام ١٩٥٦. كمـا أُغلقـت الحكومـة فـي إيطاليـا الحزب الوطني الفاشـي الذي أسَسـه موسـوليني فـي عـام ١٩٤٣. كمـا أُغلقت الأحزاب السياسـية بسـبب (العنصريـة وكراهيـة الأجانـبَ) فـي بلجيـكا وبسـبب (الانفصاليـة) فـي إسـبانيا. علـى سـبيل المثـال، حـزب باتاسـونا (التابـع لحركـة إيتـا) أغلـق فـي عـام ٢٠٠٣ لهـذا السـبب. وفـي تركيا أُغلق ٢٤ حزبًاَ حتـى الآن: ١١ جزبًا منها بسـبب (الانفصاليـة)، وَأربعـة بسـبب (مناهضـة العلمانيـة)، و٩ بسـبب (عـدم اكتمـال الإجـراءات القانونيـة)[١٨].

---

(١٨) Kaptıkaçtı, "Siyasi Partilerin Kapatılması Konusunda Türkiye ve Bazı Ülkelerde ki Yasal Düzenlemeler."

على الرغم من بعض الإختلافات، وضعت اللجنة الأوروبية للديمقراطية خطوطًا إرشادية لحل الأحزاب السياسية من خلال القانون المعروف أيضًا باسم لجنة البندقية، التي تتألف من فقهاء قانونيين مستقلين، وأسّستها لجنة وزراء مجلس أوربا في عام ١٩٩٠. تقوم هذه اللجنة بإجراء بحوث ونشر النتائج حول (الوضع الدستوري) و(إغلاق الأحزاب) للبلدان الأعضاء، بما في ذلك تركيا. وقد أصدرت اللجنة تقريرها الأول، استنادًا إلى دراسة استقصائية، بعنوان (تقرير حول حظر الأحزاب السياسية والتدابير المماثلة) في عام ١٩٩٨. وبعد هذا التقرير، أعدت لجنة البندقية (المبادئ التوجيهية لحظر وحلّ الأحزاب السياسية والتدابير المماثلة) في عام ١٩٩٩، وقدمته إلى الجمعية البرلمانية لمجلس أوربا (PACE) ومكتب الأمين العام. وتعمل لجنة البندقية على تعزيز العلاقة بين الأحزاب السياسية والديمقراطية.

الخاتمة:

كلمة (حزب) تعني (قطعة) باللغة التركية. وستصبح مفعلة بشكل تامّ إذا تمت بلورة كلمة (الكل) الذي تنتمي إليه (القطعة). إن كلمة (الكل) تتكون من قطَع تسمَّى الأحزاب السياسية، وهي النظام السياسي الديمقراطِي. هذا هو الحال، علاقة جدلية بين الأحزاب السياسية والنظام السياسي الذي تعمل فيه: لذا كلما كان النظام السياسي أكثر ديمقراطية، كانت الأحزاب السياسية أكثر ديمقراطية. من ناحية أخرى، كلما ازداد حرص الأحزاب السياسية على العمل بطريقة ديمقراطية، اتسعت القدرة الديمقراطية للنظام السياسي على التوسع.

الإطار الدستوري للنظام الرئاسي في تركيا

سردار غولنر، نبي ميش

المدخل:

أُعدّ نظام الحكومة الجديد الذي يسمّى بالنّظام الجمهوريّ الرئاسَيّ في مقترح تعديل الدستور؛ وفق نموذج الحكومة (الرئاسيّ) من حيث التّرتيبات المتعلقة بالعلاقة القائمة بين السّلطة التّشريعيّة والتّنفيذيّة والقضائيّة. فالنّظام الجمهوريّ الرئاسيّ الذي ينطلق من البحث عن نظام حكومة معدّلٍ؛ يصمّم دستوراً جديداً في مسائل شتّى، مثل انتخابات السّلطتين التّشريعيّة والتّنفيذيّة، وشكلِ تجديد الانتخابات، ومهامّ السّلطة التّنفيذيّة، وبعض التّرتيبات الخاصة بالقضاء، وأصول محاكمة رئيس الجمهوريّة والوزراء واستجوابهم، ونوّاب رئيس الجمهوريّة، وصلاحيّات رئيس الجمهوريّة في إصدار القرارات، ومصادقة الموازنة وغيرها[١].

تمّ الاستفتاء الشعبي على حزمة التّعديلات الدّستوريّة التي تركّز على النّظام عقب الوفاق الذي حصل بين حزبي العدالة والتّنمية والحركة القوميّة، وعرضها على المجلس العموميّ

(١) هذه المقالة تستند إلى البحث الآتي: (سردار غولنر، نبي ميش، التصميم الدستوري للنظام الجمهوري الرئاسي)، نبي ميش وبرهان الدين ضوران (المحرّر) تحول النظام السياسي والنظام الرئاسي في تركيا . منشورات وقف الدراسات السياسية والاقتصادية والاجتماعية SETA، إسطنبول ٢٠١٦، ص٥١-٥٣ . ترجمة: مصطفى حمزة.

للبرلمان باعتبارها اقتراحًا من حزب العدالة والتّنمية، وقبولها من قبل هذا المجلس، وعقب مصادقة رئيس الجمهورية أردوغان. ونجاح الاستفتاء انتهت قضية تحوّل النّظام السّياسيّ لتجاوز أزمة النّظام البرلماني التركي الذي بقي موضع جدلٍ ونقاشٍ على مدى أربعين عامًا تقريبًا. وعلى الرغم من أن النّظام الجمهوريّ الرئاسيّ يُعدّ نتاج الجهود الحثيثة التي بذلها حزب العدالة والتّنمية؛ فإنه في نهاية المطاف تشكّلَ نتيجة وفاقٍ بين الحزبين. والنّص الذي تشكّل نتيجةَ الوفاق لا يعكس تماماً آراء الأحزاب السّياسيّة التي تؤيّد الوفاق.

وقد صُمِّمت التّعديلات الدّستورية بحسب النّظام الرئاسيّ، وإن كان يسمّى (بالنّظام الجمهوريّ الرئاسيّ)[٢]. وبهذا المعنى، يتبيّن من موجبات هذا التّصميم أنه أُعدّ لتخطّي الأزمات التي كانت تحصل في النّظام البرلماني التركِي، ويحول دون أن يولِّد النظام الجديد أزمات جديدةً أخرى. فبينما يُعَدّ عدم امتلاك السّلطتين التّشريعيّة والتّنفيذيّة صلاحيّة إنهاء مدة عمل بعضهما من خصائص النّظام الرئاسيّ على سبيل المثال- يجري تنظيم النظام الجمهوريّ الرئاسيّ بشكلٍ مختلف. فقد أُدْرِجَ في النّظام الجمهوريّ الرئاسيّ من النّموذج التّركي مَنْحُ كلٍّ من السّلطتين التّشريعيّة والتّنفيذيّة الصّلاحيّة المتبادلة في تجديد كلٍّ منهما انتخاب الآخر لتخطّي حالات الطرق المسدودة في النّظام السّياسيّ الأمريكيّ، وهو الأمر الذي كان موضوع جدلٍ منذ وقت طويلٍ. وهكذا أُدرِج تنظيم يسمح للسّلطتين التّشريعيّة والتّنفيذيّةً

(٢) نبي ميش، (تصميم النظام الدستوري في مقترح حزب العدالة والتنمية)، مجلة كريتر، كانون الأول ٢٠١٦.

في التّوجه إلى انتخاباتٍ جديدةٍ بصورةٍ متبادلةٍ في حالات وصول النّظام إلى طريقٍ مسدودٍ نتيجةَ أزمةٍ قد تقع بينهما.

عندما نمعن النّظر في الموجبات العامة لمقترح التّعديلات الدّستوريّة يمكن القول إنه من الممكن أن نجد فيها ملخصاً عن الجدل الدائر حول نظام الحكومة في تركيا حتى الآن[٣]. ويتّضح أنّ أحد أهم الدّواعي لإجراء التعّديلات الدّستوريّة لها علاقةٌ بضرروة إنهاء الأزمات التي أوجدها نظام الوصاية الذي بناه دستورا ١٩٦١ و١٩٨٢. وقد تطرّقت الموجبات العامّة إلى بعدين مهمّين بهذا الخصوص: أولهما يتعلّق بتجاوز حدود النّظام البرلمانيّ بإعطاء رئيس الجمهوريّة صلاحيّات واسعة جدّاً بموجب دستور ١٩٨٢. والبعد الثّاني له علاقةٌ بمسألة الرئاسة المزدوجة التي ظهرت في النّظام، مع الانتقال إلى فترة انتخاب رئيس الجمهوريّة بأصوات الشّعب بعد عام ٢٠٠٧، وعدم قدرة نظام الحكومة الحالي على تحقيق الاستقرار، وأنه يفتح الطريق للوصاية البيروقراطيّة على السّلطة السّياسيّة موجبٌ آخر تم تأكيده. كما أُكّد بشكلٍ خاصّ أن التّغلب على هذه المشكلات لن يكون ممكنًا إلا من خلال نظام حكومةٍ جديد.

تبيّن في ضوء التّجارب الدّستوريّة السّابقة أن حلول المشكلات التي يعانيها النّظام البرلمانيّ لن تكون مجديةً مع تحوّل النّظام إلى نظامٍ شبه رئاسيّ بصورةٍ فعليّة. وإلى هذا السّبب تستند

(٣) من أجل الجدل الدائر حول تحول النظام السياسي في تركيا وموجباته منذ السبعينيات؛ انظر: برهان الدين ضوران ونبي ميش، "The Transformation of Turkey's Political System and the Executive Presidency", InsightTurkey, Fall 2016, Volume 18, No: 4. P.11-29.

موجبات إعداد التّعديلات الدّستوريّة في نموذجٍ يناسب النّظام الرئاسي. وما من شكٍّ في أن التّعديلات الدّستوريّة التي تُعرَض بوصفها تصميمًا لنظامٍ معدّلٍ يتوافق مع واقع تركيا- له نواقص وعيوبٌ وجوانب تثير الجدل، لكنه لا ينبغي أن يغيب عن الأنظار أيضًا أن التغلّب على المشكلات التي ستظهر في فتراتٍ متقدّمةٍ سيكون ممكنًا بترتيباتٍ تجرى داخل النّظام.

يشمل مقترح التّعديلات الدّستوريّة تعديلات تتضمّن بالأكثر نظام الحكومة. إذ أجريت تعديلاتٌ دستوريةٌ في مجالاتٍ مثل انتخابات السّلطتين التّشريعيّة والتّنفيذيّة، وشكل تجديد الانتخابات، ومهام السّلطة التّنفيذيّة، وبعض التّرتيبات الخاصة بالقضاء، وأصول محاكمة رئيس الجمهوريّة والوزراء واستجوابهم، ونوّاب رئيس الجمهوريّة، وصلاحيّات رئيس الجمهوريّة في إصدار القرارات، ومصادقة موازنة الدولة. ولم تُجْرِ أي ترتيباتٍ جديدةً في مجالات مثل خصائص الدّولة الأساسيّة وصفاتها المركزيّة، ونظام الحرّيّات والحقوق العامة، وبنية السّلطة التّشريعيّة، وواجبات المحكمة الدّستوريّة وانتخاب أعضائها.

والتّعديل الأهمّ في المقترح هو إلغاء ازدواجيّة الرئاسة في السّلطة التّنفيذيّة النّاجمة عن النّظام البرلماني. وبالتّعديلات الحاصلة في الدّستور أُدرِج تعيين نوّاب رئيس الجمهوريّة والوزراء وكبار موظفي الحكومة، وتأسيس الوزارات وإلغاؤها، وتحديد مهامها وصلاحياتها؛ ضمن مهام ومسؤوليّات رئيس الجمهوريّة الذي يمثل رئيس الدولة، إلى جانب كونه يملك صلاحيّات السّلطة التنفيذيّة. كما أُلغي الحكم الموجود في الدّستور الحالي بخصوص «قطع رئيس الجمهورية المنتَخَب علاقته بحزبه إن

وجدت». وبذلك تتيح التّعديلات الدّستوريّة لرئيس الجمهوريّة الذي انتخبه الشعب مباشرةً أن يحدّد مستوى علاقته بالتّقليد السّياسيّ الذي ينحدر منه. كما يشكل توسيع المسؤوليات الجزائيّة لرئيس الجمهوريّة وتسهيلها موضوع الحديث.

ومن جهة أخرى أُجريت تعديلاتٌ متعدّدةٌ فيما يخص آليّة عمل البرلمان. فرُفع عدد نوّاب البرلمان من ٥٥٠ إلى ٦٠٠ وخُفِّضت سنّ الترشّح للانتخابات إلى ١٨ عامًا. فضلاً عن إجراء الانتخابات البرلمانيّة والرئاسيّة بصورة متزامنة مرّةً كل خمسة أعوامٍ، وحصر صلاحيّات عرض القوانين -باستثناء قانون الموازنة- في يد النوّاب. ويعطى كلٌّ من رئيس الجمهوريّة والبرلمان صلاحيّات متبادلةً في تجديد كلٍّ منهما انتخاب الآخر في حال وصول النّظام إلى طريقٍ مسدودٍ.

بدأت مناقشة العرض في اللجنة الدستوريّة في ٢٠ كانون الأول، وقُبِل في ٢٩ كانون الأول إثر اجتماعات ساخنة وحادة، ولقاءات متسارعة، وأسفر عن لقاءات اللجنة تخفيض عددٍ المواد المقترح تعديلها من ٢١ مادة إلى ١٨ مادة، وحُذفت المؤسسة النّيابيّة الاحتياطيّة التي كانت موجودةً في المَقترح بحلّته الأولى، واتُّفق على جعل عدد أعضاء مجلس القضاة والمدّعين العامّين (حاليًّا المجلس الأعلى للقضاة والمدّعين العامّين) ١٣ عضوًا بدخول مستشار وزارة العدل فيه. واستُبدل بشرط «أن يكون المرشّح لرئاسة الجمهوريّة تركيًّا بالولادة» شَرطُ «أن يكون المرشّح لرئاسة الجمهوريّة مواطنًا تركيًّا»، وأُضيف إلى النص أداء نوّاب رئيس الجمهوريّة والوزراء القَسَم في مَجلس الشّعب التركيّ الكبير، وحُذفت من النص صلاحيّة رئيس الجمهوريّة

بتأسيس تشكيلات المركز والأطراف في إطار المادة ١٢٦ تحت عنوان (الإدارة المركزية) بقرار رئاسي. وبينما كان المقترح قبل عرضه على اللجنة ينصّ على أن رئيس الجمهوريّة يمثّل القيادة العامة للقوّات المسلّحة التركية، أعيد تنظيم صلاحيّة رئيس الجمهوريّة هذه بعد التّعديلات الحاصلة في اللجنة، بإضافة عبارة «يستعملها باسم مجلس الشّعب التركي الكبير».

في ٩ كانون الثاني انتقلت مناقشات مواد الاقتراح إلى أجندة المجلس العمومي لمجلس الشّعب التركي الكبير. وانتهت هذه المناقشات في النّصف الثاني من شهر كانون الثاني، وقُبِل العرضُ الذي قدّمه حزب العدالة والتّنمية بعنوان (قانون إجراء تعديلات في دستور الجمهوريّة التركية) المكوَّن من ١٨ مادةً بـ ٣٣٩ صوتًا، وأرسلَ إلى رئيس الجمهوريّة، وبدوره صادق عليه ليُصار إلى استفتاءَ شعبيٍ في ١٦ نيسان ٢٠١٧.

سنتطرق في هذه الدراسة إلى جوانب النّظام الجمهوريّ الرئاسيّ التي برزت في التّصميم الدّستوري. فالأوساط التي تعترض على تغيير النّظام بعد تبلوره في إطاره الدستوريّ على شكل النّظام الجمهوريّ الرئاسيّ تقوم بتحليل التّعديلات الدّستوريّة من وجهة نظرٍ برلمانية. وبذلك تجري مناقشة النّظام الجمهوريّ الرئاسيّ المصَمَّمً بحسب النّظام الرئاسيّ في مستوياتٍ خاطئة. فبينما تُناقَش آليّات الرقابة والتوازن في العلاقة الموجودة في السّلطتين التّشريعيّة والتّنفيذيّة على سبيل المثال؛ يجري الاستفهام حول عدم وجود أمورٍ، مثل التّصويت على الثّقة والاستجواب في النّظام الجديد. أو تُمقارَن (صلاحيات الرئيس في اتخاذ الإجراءات التنظيمية) تحت مسمّى (الأوامر

التّنفيذيّة)[٤] في الأنظمة الرئاسيّة مع (القرار بحكم القانون) في الأنظمة البرلمانيّة. وبنفس الشكل لا يتم التّفريق بين آلية إعطاء قرارٍ بأن يُجدّد كلٌّ من السّلطتين التّشريعيّة والتّنفيذيّة انتخاب الآخر في حال وصول النّظام إلى طريقٍ مسدود، وبين صلاحيّة رئيس الجمهوريّة أو رئيس الدّولة في النّظام البرلماني بأن يحلّ البرلمان لوحده.

وبهذا المعنى تهدف هذه الدراسة إلى مناقشة النّظام الجمهوريّ الرئاسيّ بالتّركيز على نموذج الحكومة الرئاسيّ. ولا بدّ من البيان هنا عن وجود ترتيبات من شأنها أن تعزّز دولة القانون والديمقراطيّة، مثل إلغاء الأحكام العرفية التي لا تمتّ إلى نظام الحكومة بصلة مباشرة، وانفتاح قرارات الشّورى العسكرية العليا (YAŞ) على الرقابة القضائيّة، وانفتاح مؤسسة القوّات المسلّحة التركية (DDK) على الرقابة.

الخلفيّة التّاريخيّة للانتقال إلى النّظام الجمهوريّ الرئاسيّ[٥]

دافعت الأحزاب السّياسيّة ورجال السّياسة الذين يتبنّون آراءً سياسيّةً مختلفةً عن تحوّل النّظام السّياسيّ بموجبات شتّى منذ سبعينيّات القرن الماضي. فتحدّثت الأحزاب في برامجها عن سلبيّات النّظام البرلماني، وعبَّرَتْ عن إمكانيّة التغّلب على هذه

---

(٤) قرارنامه، القرار الذي يصدره رئيس الجمهورية، ويسمى أيضًا (مرسوم)، و(مرسوم جمهوري). اخترنا في هذه الترجمة كتابتها على شكل قرار وقرارات. المترجم.

(٥) من أجل المزيد من التفصيلات انظر: برهان الدين ضوران ونبي ميش، (تحول النظام دستوري في تركيا والنظام الرئاسي الجمهوري)، منشورات SETA، إسطنبول، ص ١٥- ٥١. سردار غولنر،
"The Constitutional AmendmentDraft: The End of Debates on Change in the Turkish Political System?", Insight Turkey, Fall 2016, p. 109-125.

السّلبيّات والمشكلات عبر إجراء تعديلاتٍ جوهريّة في النّظام السّياسيّ، وأعطت قدرًا كبيرًا من الاهتمام بهذه المسألة في بياناتها الانتخابيّة، وطرحت نماذج التّعديل التي تنوي إجراءها في النّظام السّياسي في حال تم انتخابها. والذين كانوا ينادون بضرورة تحوّل النّظام السّياسيّ إلى نموذج الحكومة الرئاسيّ تحدّثوا عن هذه الحاجة والضرورة بالتّركيز على الأزمات السّياسيّة التي برزت في عهدهم. وهكذا يمتدّ تاريخ النّقاشات الدّائرة حول النّظام الرئاسيّ في تركيا إلى سبعينيّات القرن الماضي. ويُعدّ حزب النّظام الوطنيّ (ملّي نظام) وحزب السلامة الوطني (ملّي سلامت) اللذان يشكلان تقليد الرؤية الوطنيّة (ملّي غوروش) أوّل من أطلق نقاشات تحوّل النّظام السّياسيّ إلى نموذج الحكومة الرئاسيّ في هذه الفترة. فحزب النّظام الوطنيّ الذي أُسّس عام ١٩٧٠ نادى في برنامجه إلى ضرورة «انتخاب رئيس الجمهوريّة مباشرةً بدرجةٍ وحيدةٍ حتى تصير السّلطة التنفيذيّة أكثر قوةً، وتعمل بشكلٍ سريعٍ، وتنظيم نظام السّلطة التّنفيذيّة وفقًا للنّظام الرئاسي (presidantielle)»[٦].

أما حزب السّلامة الوطنيّ فقد اقترح في بيانه الانتخابيّ عام ١٩٧٣ الانتقال إلى النّظام الرئاسيّ، وبيّن ضرورة أن تكون الانتخابات مباشرةً وحيدة الدّرجة، ودمج منصبي رئيس الحكومة ورئيس الدولة. «إن حزب السلامة الوطنّي عازمٌ على أن يأتي بدولةٍ وحكومةٍ ديمقراطيةٍ ونظامٍ برلمانيٍ يتوافق مع شخصيّتنا وخصوصيّتنا الوطنيّة. وفي سياقٍ هذه الجملة؛ سيتم

---

(٦) (حزب مللي نظام: البرنامج والنظام الداخلي)، دار نشر حق طَنِر، إسطنبول، ص١٠،
https://www.tbmm.gov.tr/eyayin

إحـلال النّظام الرئاسـيّ، والدّمج بيـن رئاسـة الجمهوريّة التي هي رئاسـة الدولـة وبيـن رئاسـة الـوزراء التي هـي رئاسـة الحكومة، وسـيتم تأمين القوة والسـرعة والتأثير للسّـلطة التنفيذيّة، وسـيتم انتخـاب الرئيس من الشـعب مباشـرةً. وهكذا سـيتحقّق الانخراط والاندمـاج الذّاتـي بيـن الدولة والشّـعب، ولـن يبقى هنـاك مجالٌ لتكهنـات داخليّة وخارجيّة في موضوع انتخابات رئاسـة الجمهوريّة تـؤدّي إلى تـآكل النّظام»[٧].

أمـا ألـب أرسـلان توركـش الذي عمـل زعيمًـا لحـزب الحركة القوميّـة لفتـرة طويلـة فقـد عبّـر عـن آرائه فـي كتاب لـه بعنوان الأنـوار التسـعة (Işık Dokuz) علـى النّحو الآتي: «إن جمع السّـلطة التّنفيذيّـة في يـدٍ واحدةٍ يؤمّن التّنفيذ القويّ والسّـريع. لهذا ندافع عـن النّظام الرئاسـيّ باعتباره يتوافق مع تاريخنـا وأعرافنا». ويرى توركش «أن تقسـيم رئاسـة السّـلطة التنفيذيّة في الدولـة القوميّة إلـى قسـمين محفـوفٌ بالمخاطر؛ لأنه يضعف السّـلطة».

انطلاقًـا من رأيه هـذا، يقول توركش: «نحـن عازمون على جمع منصـب رئيـس الجمهوريّـة ورئيـس الـوزراء تحـت مسـمّى واحدٍ ألا وهـو منصـب رئيـس الدولـة، وجعل السّـلطة التّنفيذيّـة في يدٍ واحـدة»، ويصـف مقترح النّظـام السياسـيّ لتجاوز أزمة السّـلطة علـى النّحـو الآتي: «عندمـا يتحقّق رأينا هذا الذي نسـمّيه بالنّظام الرئاسـيّ سـيتم انتخـاب رئيـس الدّولة مباشـرةً من قبل الشـعب بذاته عبر إجراء اسـتفتاءٍ شـعبيٍ، وهكذا يسـهم الشّعب في الإدارة

(٧) (حـزب مللـي سـلامت، البيـان الانتخابـي ١٩٧٣)، مطبعـة دار نشـر فاتـح، إسـطنبول ١٩٧٣، ص١٧، https://www.tbmm.gov.tr/eyayin

ويشارك بذاته في القرارات التي ستُتّخَذُ في موضوعات تهمّه، فيتم تأسيس الدّيموقراطية الشّعبيّة»[٨].

في هذا السياق بنى كلّ من التّقليدَيْن السّياسيَّيْن ضرورةَ الانتقال إلى النّظام الرئاسيّ في هذه الفترة على (أزمة السّلطة) بالأكثر، و(انعدام الاستقرار السّياسيّ) الذي خلقته حكومات التّحالف[٩].

وفي فترة إعداد دستورٍ جديدٍ بعد الانقلاب العسكري الذي حدث في ١٢ أيلول ١٩٨٠ تناولت الأجندات النّظام الرئاسيّ والنّظام شبه الرئاسيّ بصورةٍ متزامنةٍ، ودار الجدل حول هذين النّظامين السّياسيَّيْن بالتّركيز على انتخاب رئيس الجمهوريّة من قبل الشّعب[١٠]. فالأزمة التي حصلت نتيجة الإخفاق في انتخاب رئيس الجمهوريّة في مجلس الشّعب التركي الكبير في الفترة المقبلة على انقلاب ١٩٨٠، والطرق المسدودة التي تم الوصول إليها في أثناء انتخاب رئيس الجمهوريّة الذي تكرّر أكثر من ١١٥ جولة؛ جعلت الحاجة إلى نظامٍ جديدٍ أكثر وضوحًا. ولكن الإرادة التي أعدّت دستور ١٩٨٢ قمعت هذا الجدل؛ لأنها عرّفت منصب رئيس الجمهوريّة على أساس (التطابق الأيديولوجي) والمهمّة التي تحمي آليّات الوصاية. فعندما ينتخب الشعب رئيس الجمهوريّة تنعدم احتماليّة انتخاب رئيس الجمهورية بما يتماشى مع الأيديولوجيات التي تريدها.

---

(٨) ألب أرسلان توركش، الأنوار التسعة، (معده للنشر: جنغيز زنغين، منشورات بيلغه أوغوز، ٢٠١٥).

(٩) ألب أرسلان توركش، النظرات الأساسية، (منشورات دركاه، إسطنبول ١٩٧٥)، ص ١٥٦، ١٦٤.

(١٠) انظر: جمع وإعداد عثمان بالجيغيل، (الدستور الذي يجري حوله النقاش في منتديين ومقترح تعديلٍ دستوريٍّ)، منشورات بيريكيم، إسطنبول ١٩٨٢.

كان تورغـوت أوزال أوّل مـن أطلـق الجـدل حول إدخـال النّظام الرئاسـيّ بعد وضع دستور ١٩٨٢ حيّز التّنفيذ. وصرّح بأن النّظام الرئاسـي ضـروريٌّ من أجل تطـوّر تركيـا اقتصاديًّـا، وأن القفزات الاقتصاديّـة لـن تتحقّـق إلا بالنّظام الرئاسـيّ. كما قـال أوزال: إنه مـن الصعوبة بمكانٍ أن يتوقّف الحـزب الحاكم والأحزاب المعارضة عـن العـراك والمشـاحنة، والالتفـاف حـول الوفـاق فـي مسـائل أساسـيّة، مشـيرًا إلـى ضعف ثقافة الوفـاق في السّياسـة التركية، وأن تكـون تركيـا بلـدًا زعيمًا في المنطقة مسـتفيدةً مـن الفرصة التّاريخيّـة التـي أمامها في هذه الفترة[١١]. فبيّن أن القرارات سـيتم اتخاذها بسـرعة عند الانتقال إلى النّظام الرئاسـيّ؛ لأنه سـيحدث فصـلٌ قويٌّ بين السّـلطات.

وانخفـاض أصـوات حـزب الوطـن الأم فـي انتخابـات ١٩٨٤ المحليّـة بنسـبة خمسـة بالمئـة مقارنـةً مـع أصواتهـا فـي الانتخابـات العامـة التـي جـرت قبل عـامٍ مضـى، قيّمه تورغـوت أوزال علـى أنـه يوحي بالعـودة مرّةً أخـرى إلى عهد حكومـات التّحالـف بُعَيْـدَ الانتخابـات، واستشـار مـن حولـه فـي موضـوع النّظـام الرئاسـي[١٢]. لكنـه أجّـل مناقشـة هذه المسـألة فـي الـرأي العـام للحيلولـة دون صدامٍ مـع رئيس الجمهوريّـة كنعـان أفـرن.

---

(١١) (التاريخ القريب للجدل الدائر حول النظام الرئيسي: ....)، (٣٢٣).

(١٢) (١٠ سنوات من الجدل)، صباح، ٥ تشرين الأول ١٩٩٩، http://arsiv.sabah.com.tr/1999/10/05/p08.html . انظر أيضًا: خليل شوّغين، إعادة الهيكلة والنظام الرئاسي: أمل تركيا للخروج من الأزمة، (منشوراتَ وقف تطوير الديمقراطية في العالم التركي، أنقرة، ١٩٩٧).

لم يتوقف تورغوت أوزال عن الحديث عن ضرورة الانتقال إلى النّظام الرئاسيّ في تركيا حتى وفاته عام ١٩٨٨[١٣]. وقال: إن النّظام الرئاسي هو أنسب نموذجٍ إداريٍّ لتركيا باعتباره (محرّك التغيير)؛ لأنه كان يرى أن البرلمان التركي يبطئ الإصلاحات التي يجب القيام بها[١٤]. وبينما كان تورغوت أوزال يدافع عن النّظام الرئاسيّ، كان يقدم الأدلّة والبراهين على عدم قدرة حكومات التّحالف على بناء إدارةٍ فعالة في تركيا. فكان يزعم من جهة أن الاختلافات المجتمعيّةً في تركيًا تحرّض على تجزئة الخياراتً السياسية التي تتشكل تبعًا للمناطق والمدن والثقافات السياسيّة القائمة عليها، ويؤكّد من جهةٍ أخرى على أن النّظام الرئاسيّ سوف يخدم وحدة البلاد.

كان أوزال يعتقد أن «النّظام الرئاسيّ أنسب نظامٍ لبلدٍ يضمُّ مجتمعات ذات قاعدة إثنية واسعة». وكان يرى أنه إذا تم ربط الخَيارات السيّاسيّةً لمجتمعٍ متعدّد الألوان بالنّظام البرلمانيّ فإن عوامل أخرى خارج التنافس في الخدمة، مثل الاختلافات الإثنية والفروقات الدينيّة والمذهبيّة والمناطقية تدخل إلى البرلمان[١٥]. والبرلمان الذي يتكوّن من هذا الضرب من الديناميّات لا يستطيع التركيز على الأعمال التّشريعيّة، ويتعسّر فيه الوفاق في السيّاسة تدريجيًّا.

(١٣) (صيغة حزب الوطن الأم للانتخابات المحلية وتعديل الدستور، صندوق مزدوج في تشرين الأول)، مليَت، ٨ شباط، ١٩٩٨.

(١٤) (نظرة مختلفة من أوزال)، مليَت، ١٧ تموز، ١٩٩٠، ص١١.

(١٥) محمد بارلاس، (مذكرات تورغوت أوزال)، كتب صباح، ١٩٩٤، إسطنبول، ص١٤١)

لم يكتف أوزال بالحديث عن الأسباب الكامنة وراء الحاجة إلى النّظام الرئاسيّ، بل قدّم أيضًا إطارًا لما يجب أن يكون عليه النّموذج الرئاسيّ بالنسبة لتركيا. فكان أوزال يرى أنه يجب الاحتفاظ بصلاحيّات رئيس الجمهوريّة المبيّنة في دستور ١٩٨٢ في حال تم انتخابه من قبل الشّعب، وأن يتم انتخاب رئيس الجمهوريّة بحسب نظام الأغلبيّة المطلقة بجولتين كل خمسة أعوام، وأن تتم الانتخابات الرئاسيّة والبرلمانيّة بصورةٍ متزامنة، وأنه يجب انتخاب رئيس الجمهوريّة من جديدٍ في حالٍ قرّر المجلس خوض انتخاباتٍ مبكرة(١٦).

لقيت مساعي تورغوت أوزال من أجل الانتقال إلى النّظام الرئاسيّ اعتراضًا من قبل سليمان دميريل الذي طالب هو الآخر بالانتقال إلى النّظام الرئاسيّ لاحقًا. فدميريل كان يرى أنّ رغبة أوزال في الانتقال إلى النّظام الرئاسيّ جاءت نتيجة انخفاضٍ تدريجيٍّ في دعم المجتمع له. وقد عززت انتقاداته خسارة حزب الوطن الأم وأوزال الاستفتاء الذي قدّمه لتقديم الانتخابات المحلية عامًا واحدًا في ٢٥ أيلول عام ١٩٨٨ بنسبة ٦٥٪. وركّز انتقاداته على الانتخابات الرئاسيّة. واعتمد دميريل في انتقاداته على خسارة حزب الوطن الأم قاعدته من الدّعم الشعبي المشروع نظرًا إلى انخفاض معدل الأصوات التي تقول (نعم). فزعم دميريل أنّه من غير الصّواب انتخاب رئيس الجمهوريّة الجديد من قبل مجلسٍ يشكل حزب الوطن

(١٦) (مقترح أوزال لتركيا جديدة)، مليَّت، ٣٠ تشرين الثاني ١٩٩٠. (ثلاثة دساتير لثلاثة أحزاب)، مليَّت، ١١ تشرين الثاني ١٩٩٠، ص٩.

الأم أغلبيّته السّاحقة، واقترح أن يتم انتخاب رئيس الجمهورية الجديد من قبل الشّعب[١٧].

كانت صيغة الحلّ التي قدّمها دميريل وهو يعترض على انتخاب أوزال رئيسًا للجمهوريّة من قبل (مجلسٍ فقد شرعيته)؛ أن يتمّ انتخاب رئيس الجمهوريّة من قبل الشّعب. كان دميريل يؤيّد من جهةٍ انتخاب رئيس الجمهورية من قبل الشّعب، ويؤكّد من جهةٍ أخرى على أن صيغته ليست النّظام الرئاسيّ، وذلك في بيانٍ منه بأنه لا يملك فكرًا مشابهًا لفكر أوزال فيما يتعلق بالتحوّل السّياسيّ[١٨].

وقد جسّد دميريل مقترحاته خلال هذه الفترة، فبدأ بإعداد مقترحٍ لإجراء تعديلاتٍ دستوريةٍ لانتخاب رئيس الجمهوريّة بانتخاباتٍ عامةٍ في منتصف ١٩٨٩، ولم يتمكن من جمع التوقيعاتِ الكافيةِ لمقترحه؛ لأن بقية الأحزاب باستثناء حزب الطّريق القويم بقيت على مسافة من هذا المقترح، لكنه شغل جداول الأعمال طويلاً في فترة الانتخابات الرئاسيّة[١٩].

في كانون الأول ١٩٩٠ نقل حزب الطّريق القويم برئاسة سليمان دميريل مناقشات التّعديلات الدّستوريّة التي احتفظ بها في الأجندات طويلاً؛ إلى جدول أعمال مؤتمره الحزبيّ بعد

(١٧) (ينبغي أن يكون بين رئيس جمهورية مباشر ورئيس جمهورية مصادقة: صيغة دميريل)، مليِّت، ٢٣ تشرين الأول ١٩٨٨، ص ٨.

(١٨) (صيغة دميريل)، مليِّت، ٢٣ تشرين الأول ١٩٩٨، ص٨.

(١٩) (حزب الطريق القويم يقول بإصرار: فليأتِ حزب الوطن الأم ولننظر)، مليِّت، ٧ نيسان ١٩٨٩، ص ٩.

بلورتها بشكلٍ أكبر، فكان مقترح التّعديلات الدّستوريّة يقترب من نموذج الحكومة شبه الرئاسيّ، متضمنًا تصميمًا لمنصب (رئيسٍ جمهوريٍ يتمتّع بنفوذٍ أكبر). فكان المقترح يعطي رئيس الجمهورية صلاحيّات في طرح الدّساتير على استفتاء شعبيٍّ، وحلّ البرلمان، وتحديد المبادئ الأساسيّة التي ستُطبّق في سياسة الأمن القومي والسّياسة الخارجيّة، وينص على إجراء تعديلات من قبيل إلغاء إلزاميّة التّصويت على الثّقة عند بدء الحكومة أداءً عملها، ووضع نظامٍ انتخابيٍّ ذي مرحلتين، وأن يكون البرلمان مكوّنًا من مجلسٍ مزدوجٍ[٢٠].

كان سليمان دميريل يتهم أوزال في دفاعه عن النّظام الرئاسيّ في تركيا بأنه يريد (السّلطنة)، لكنه في فترة رئاسته للجمهوريّة أطلق النقاش حول ضرورة الانتقال إلى النّظام الرئاسيّ عام ١٩٩٧، وقال: «إني هنا في جانقايا منذ ٤ أعوام و٣ أشهر. وقد صادقت خلال هذه المدة على ٦ حكومات بالتّمام والكمال، وهذا الوضع يجعل المجلس محطّ جدلٍ شئنا أم أبينا. فالانتخابات تجري، وعندما يعجز المجلس المنتخب عن تشكيل الحكومة تبرز المشكلات والصّعوبات. وهذا الوضع يدفع تركيا إلى السعي إما إلى نظامٍ رئاسيٍّ أو نظامٍ شبه رئاسيّ. وهذا ما تحدّده الشروط والظّروف. فما الذي يحصل؟ يحصل الانتقال من حكومة ينتخبها المجلس إلى حكومة ينتخبها الرئيس»[٢١]. وعندما دافع دميريل عن الانتقال إلى النّظام الرئاسيّ سلسل نفس الموجبات التي سلسلها أوزال: «النّظام الرئاسيّ شرطٌ

(٢٠) (حزب الطريق القويم يقدّم للمجتمع دستورًا جديدًا)، مليَت، ٢٠ تشرين الثاني ١٩٩٠، ص١٦.

(٢١) (ينبغي إدارة تركيا بالنظام الرئاسي)، حريَت، ١٩ أيلول ١٩٩٧.

لتأمين الاستقرار السّياسيّ، ينبغي الفصل بين السّلطتين التّنفيذيّة والتّشريعيّة، النّظام الرئاسيّ أمرٌ لا مفرّ منه، يجب على تركيا أن تناقش هذا النّظام». أما بالنّسبة للانتقادات الموجّهة للنّظام الرئاسيّ وأنه يجلب الدّيكتاتوريّة؛ فأجاب على النحو الآتي: «وأكثر الأمثلة الملموسة على هذا هي الأحكام المسبقة الشّائعة التي يمكن إيجازها على أن النّظام الرئاسيّ سوف يفضي إلى الدّيكتاتوريّة. وإمكانية إطلاق مثل هذا الكلام تتطلب تحليلاً وتقديم موجباتٍ جيدة لإثباته»[٢٢].

ومع حلول الألفينيات، ومنذ عام ٢٠١١ أخذ الجدل حول النّظام الرئاسيّ حيّزًا كبيرًا في أجندة البلاد، وإنّ بدء انتخاب رئيس الجمهورية من قبل الشّعب مع الاستفتاء الشّعبي الذي حصل لتعديل الدّستور عام ٢٠٠٧ كان سببًا من الأسباب وراء تصاعد الجدل حوله. وعند التفكير في قبول انتخاب رئيس الجمهوريّة من قبل الشّعب جنبًا إلى جنبٍ مع النموذج الذي يرسمه دستور ١٩٨٢ الذي يمنح رئيس الجمهوريّة الصلاحيّات من دون أن يترتّب عليه أيّ مسؤوليّة؛ يمكن القول إن النّظام البرلماني المطبّق في تركيا يقترب من النّظام شبه الرئاسيّ[٢٣]. وفي عام ٢٠١٣ تبلور هذا الجدل في مقترح النّظام الرئاسيّ من قبل حزب العدالة والتنمية قدمته إلى لجنة الوفاق الدستوريّ، ومنذ ذلك الحين أصبح الحديث عن النّظام الرئاسيّ على لسان المسؤولين في الحكومة ورجب طيب أردوغان. واشتدّت حدّة الجدل حول النّظام الرئاسيّ مع أول انتخابٍ لرئيس الجمهوريّة

(٢٢) (دميريل: نقاشات النظام الرئاسي)، حريّت، ٢١ تشرين الأول ١٩٩٧.

(٢٣) أرغون أوزبودون، (تركيا والنظام الرئاسي)، *Analiz Perspektif Liberal*، رقم: ١ (٢٠١٥): ١١.

من قبل الشّعب عام ٢٠١٤، وتركّز الجدل حول صلاحيّات رئيس الجمهوريّة وعلاقته بالحزب الذي ينحدر منه. وفي إطار هذا الجدل بدأ رجال السّياسة يتحدّثون عن ضرورة تعديل الدّستور الحالي[٢٤]. وتناول بيان حزب العدالة والتنمية في الانتخابات العامة التي أجريت عام ٢٠١٥ مراجع متعددةً حول النّظام الرئاسيّ[٢٥].

مقترح التّعديلات الدّستورية لحزب العدالة والتّنمية وحزب الحركة القوميّة:

انطلقت مباحثات تغيير الدّستور عقب تصريح زعيم حزب الحركة القوميّة دَوْلَت بَهْجَلي في شهر تشرين الأول، واللقاءات التي جرت إثرها بين حزبي الحركة القوميّة والعدالة والتّنمية، وأفضت إلى اتفاقٍ بينهما حول مقترحٍ لتغيير الدّستور. ولن يكون مضلّلاً القول إن الجدل الدّائر حول النّظام الرئاسيّ في تركيا والذي اجتاز أكبر مراحله حتى اليوم هو نتاج هذا التّصريح الذي أطلقه بهجلي. وقد بيَّن بهجلي بوضوح نشوء وضعٍ فعليٍّ لرئيس الجمهورية ضمن الجهاز التّنفذيّ، وأنه لا بد من وضعه في إطارٍ دستوريٍّ، وأفاد باسم أعضاء حزب الحركة القوميّة أنّهم منفتحون على الاقتراحات التي يمكن أن تَرِدَ إلى المجلس بخصوص هذا الموضوع. ولابد من القول هنا إن موقف حزب الحركة القوميّة في نقاشات النّظام الرئاسيّ اختلف حتى اليوم عن وضعيّة الأحزاب المعارضة الأخرى. فحزب الحركة القوميّة

(٢٤) جيجك: (لا توجد مشكلة في النظام الجمهوري الرئاسي)، سي إن إن تورك، ٧ نيسان ٢٠١٤.

(٢٥) أرغون أوزبودون، (تركيا والنظام الرئاسي)، Liberal Perspektif Analiz ، رقم: ١ (٢٠١٥): ١٢.

لـم يُبـدِ اعتراضًـا اصطفافيًّا على النّظـام الرئاسـيّ، وعلى الرغم مـن تصَريحاته المتكررة التـي تؤكّد أولوية النظـام البرلماني؛ فقد كـرَّر مـرارًا بـأن هناك موادَّ غيـر قابلـةٍ للتّغيير في الدّسـتور، وأن كل واحـدةٍ منهـا تشـكّل خطًّا أحمر في حـالٍ أي تغييرٍ للدسـتور.

وفـي أعقـاب محاولة الانقلاب العسـكريّ الذي قـام بها تنظيم غولـن الإرهابـي فـي ١٥ تموز أعـرب حـزب الحركـة القوميّة عن رأيـه في النّظام الرئاسـيّ بشـكلٍ واضحٍ، وصرّح بـأن تركيا ناضلت مـن أجـل بقائهـا ضـدّ التّهديـدات الإرهابيّة التـي تعرّضـت لها، وأعـرب عـن رغبتـه في إنهـاء نقاشـات النّظـام الرئاسـيّ بصورةٍ إيجابيةٍ أو سـلبية، وبدون إضاعة مزيدٍ مـن الوقت[٢٦]. وفي أعقابِ هـذه التصريحـاتِ أعـدّ حـزب العدالـة والتّنميـة مسـودّة اقتراحٍ بالتّعديـلات الدّسـتوريّة وقدّمهـا لحـزب الحركـة القوميّة، وجرت لقـاءاتٌ بيـن زعيمـي الحزبين أسـفرت عـن الاتفاق حـول مقترح التّعديلات الدّسـتوريّة التـي قُدِّمت للمجلس. وقـد نوقش المقترح فـي اللجنـة الدّسـتورية، ثم قُـدِّم إلـى المجلس العمومـي باعتباره حزمـةً مكونـةً من ١٨ مـادة. وانتهى إلى قبوله بأصـوات ٣٣٩ نائبًا فـي البرلمان، ثم إرسـاله إلـى رئيس الجمهوريّة الـذي صادق عليه ليُصـار إلى اسـتفتاءٍ شـعبيٍّ في ١٦ نيسـان ٢٠١٧.

إنّ الهـدف الرئيـس مـن هـذه الدّراسـة هـو التعـرّف علـى ماهيّـة التّصميـم الدّسـتوري لهذه التّعديـلات الدّسـتوريّة المزمَع تقديمـه لاسـتفتاءٍ شّـعبي. في هـذا الإطـار سـنتناول أولًا توقيت

(٢٦) انظـر: سـردار غولَـن أر، (التوافـق الـذي جعـل النظـام الجمهوري الرئاسـي حقيقـة)، Star Açık Görüş، ٤ كانـون الأول ٢٠١٦.

الانتخابات الرئاسيّة، وانتخابات مجلس الشّعب التركي الكبير، والعلاقة بين الجهازين التّشريعيّ والتّنفيذيّ في إطار أصول انتخاب رئيس الجمهوريّة. وبعد ذلك سنعمل على تقييم طرق الرقابة والحصول على المعلومات في المجلس، وقرارات رئيس الجمهوريّة والمسؤولية الجزائيّة المترتبة على رئيس الجمهوريّة، ونوّاب رئيس الجمهوريّة والوزراء، وتعيين الموظفين الحكوميين وإقالتهم، وقبول الموازنة، وصلاحيّة رئيس الجمهوريّة في توجيه الرسائل، وعلاقته بحزبه السّياسيّ. وأخيرًا سنتناول التّعديلات التي ليست لها علاقةٌ مباشرةٌ بالتّعديلات الجارية في نظام الحكومة ولكنها تخصّ الجهاز القضائيّ الذي يعدّ مهمًّا للغاية.

التصميم الدّستوريّ لنظام الحكومة الرئاسيّ

العلاقة بين الجهازين التّشريعيّ والتّنفيذيّ:

إن نوعيّة العلاقة بين الجهازين التّشريعيّ والتّنفيذيّ أمرٌ أساسيٌّ يكتسب نظام الحكومة على أساسها خصائص وصفات. وتُحدَّد نوعيّة هذه العلاقة في إطار تأسيس هذين الجهازين وانتخاباتهما والمهامّ والصلاحيّات التي يمكن أن يستعمله كل منهما على الآخر. ويقترب النظام من النظام البرلماني كلما ازدادت قدرة كل منهما في التّأثير في الآخر، ويتجه نحو النظام الرئاسي كلما تكرس الفصل التام بينهما. والعرض الذي تقدم به حزب العدالة والتّنمية إلى المجلس هو نموذجٌ رئاسيٌّ نمطيٌّ بهذا المعنى، إضافةً إلى بعض النواحي الخاصة به. ومقترح التّعديلات الدّستوريّة المقدَّم إلى مجلس الشّعب التركي الكبير يتضمن أمورا مهمّة من حيث العوامل التي من شأنها أن تؤثّر في دعم الأغلبيّة في مجلس الشّعب التركي الكبير. ويمكن توضيح

هـذه الأمـور مـن خـلال عاملـين: أحدهمـا توقيـت الانتخابـات الرئاسـيّة والبرلمانيّـة، والآخر أصـول انتخاب رئيـس الجمهوريّة.

توقيت الانتخابات الرئاسيّة والبرلمانيّة:

إنّ الخاصيّـة المهمّـة التـي تؤمّن فصل السّـلطات فصلاً تامًا فـي النّظام الرئاسـيّ تتحـدّد من خلال إجراء انتخـاب الجهازين التّشـريعيّ والتّنفيـذيّ فـي انتخابـات منفصلـة. فوجـود رئيسٍ يمثـل الجهـاز التّنفيـذيّ، منتَخَـبٍ مباشـرة مـن قبـل الشّـعب، وجهـازٍ تشـريعيٍّ منتخَـبٍ أيضًـا من قبل الشّـعب- سـببٌ رئيس لهـذا الفصـل. وإنّ إجـراء انتخابـات كلٍّ مـن هذيـن الجهازيـن فـي وقت واحـد أو في أوقـات مختلفة يكتسـب أهميـةً في هذه النّقطـة[٢٧]. فهنـاك مقاربتـان مختلفتان في توقيـت الانتخابات تأخـذان بعيـن الاعتبـار تأثيـر الرئيـس فـي دعـم الأكثريـة القائمـة فـي الجهاز التشـريعي: أولـى هاتيـن المقاربتين تقول: إن إجـراء الانتخابـات الرئاسـيّة وانتخابـات الجهاز التّشـريعي فـي وقـتٍ واحدٍ سـيكون مؤثّـرًا فـي تكوين آليّـة من شـأنها أن تحـول دون الوصول إلى طرقٍ مسـدودة بين الجهازيـن التّنفيذيّ والتّشـريعي. وإنّ إجـراء كلٍّ مـن الانتخابـات فـي وقـت واحـد تعبيـرٌ عن أنه سـينتهي بأن يأتـي الرئيس والأكثريـة في الجهاز التّشـريعي مـن رأيٍ سياسـيٍّ واحد. وبهذا الشـكل لـن يظهر في النّظـام الرئاسـيّ وضـع (البطّـة العرجاء) الذي يـؤدّي إلى عدم الاسـتقرار. وتقـول المقاربـة الثّانية: إن الانتخابـات التي تجرى فـي وقتيـن مختلفين تزيـد مـن احتماليّـة التّباين بيـن الرئيس

(٢٧) من أجل التقييمات المتعلقة بهذا الموضوع انظر: سردار غولَن أر، (التوازن والرقابة في النظام الرئاسي)، وقف البحوث السياسية والاقتصادية والاجتماعية SETA، إسطنبول: ٢٠١٦، ص١٧-١٩.

والأكثرية في الجهاز التّشريعيّ، وإن هذا الأمر سيكون أكثر بروزًا في حال وجود انتخابات رئاسيّة على جولتين. والذين يدافعون عن هذه المقاربة يقولون: إن نظام الرقابة والتوازن بين الجهازين التّشريعي والتّنفيذيّ سوف يعمل بشكلٍ أكبر. وينبغي القول هنا إن مبدأ الانتخابات المتزامنة أسلوبٌ يهدف إلى الحيلولة دون الوصول إلى طريقٍ مسدودٍ بين الجهازين التّشريعيّ والتّنفيذيّ. وتستند هذه المقاربة إلى فرضية أن الانتخابات المتزامنة سوف تجعل الرئيس والأكثريّة الدّاعمة له يهيمنون على الجهاز التّشريعيّ. وهذا الرأي صحيحٌ إلى حدّ ما، لكن احتماليّة البرلمان المجزّأ تبقى قائمةً كلّ حينٍ في الانتخابات المتزامنة. ولن تجري الانتخابات المتزامنة كذلك في الوضع الذي لا يُنتَخب فيه رئيس الجمهوريّة في الجولة الأولى في نظام الانتخابات على جولتين. ففي مسوّدة مقترح تغيير الدستور المُعَدَّة من قبل حزب العدالة والتّنمية وحزب الحركة القوميّة يتفق الطرفان على إجراء الانتخابات الرئاسية والبرلمانيّة في وقتٍ واحد. فالنّظام الرئاسيّ الذي ينحدر فيه الرئيس والأكثرية في الجهاز التّشريعي من خلفيّتين سياسيّتين مختلفتين يحمل مخاطر فقدانه خاصية تأمين الاستقرار بسبب ما يؤدي إليه من بناء حكومة مجزّأة. وكما أسلفنا يؤدّي هذا الوضع إلى نشوء نظامٍ برلمانيٍ ضمنيٍّ يشكّل معضلةً كبيرةً بالنّسبة لنظامٍ يعير أولويةً للاستقرار. ومن ثمّ فإن إجراء الانتخابات في وقتٍ واحدٍ يمكنه أن يقدم للنّظام الرئاسيّ إسهامات مهمّةً لتأمين الاستقرار في النّظام السياسيّ. فبهذه الطريقةً يمكن الحدّ من أزمة الإدارة التي يمكن أن تظهر نتيجة نموذج حكومةٍ مُجَزّأ بين الجهازين التّشريعيّ والتّنفيذي. وبهذا النوع من

الحلّ يمكن للنّظام السّياسيّ في تركيا أن يستند إلى بنيةٍ حزبيةٍ منضبطةٍ ولا يكون على شكل دولةٍ فيدرالية.

والأمر الآخر الذي يجب الوقوف عنده إضافةً إلى الانتخابات المتزامنة هو أن يجدّد الجهازان التّشريعيّ والتّنفيذي كلٌّ منهما انتخابات الآخر، يسميه بعض الكتّاب (فسخًا) أو حلًّا. غير أن ما يجب فهمه من هذا الوضع هو إمكانية أن يجدّد الجهازان التّشريعي والتّنفيذي كلٌّ منهما انتخابات الآخر. وصلاحيات رئيس الجمهورية في إعطاء قرارٍ بإجراء الانتخابات البرلمانيّة منفرداً ليست واردةً في الأنظمة الرئاسيّة. ويمكن القول إن الحلّ من طرف واحد أمرٌ خاصٌ بالأنظمة البرلمانيّة على أغلب تقدير[28]. ولا يستطيع رئيس الجمهورية أن يحلّ الجهاز التّشريعيّ منفرداً في نظام رئاسة الجمهورية من النموذج التركي. وعندما يعطي قراراً بانتخاب الجهاز التّشريعيّ عليه هو الآخر أن يتوجّه إلى الانتخابات. وينطبق الأمر نفسه على الجهاز التّشريعيّ.

ومن أكبر المشكلات في الأنظمة الرئاسيّة (الطرق المسدودة) التي قد تظهر بين الجهازين التّشريعي والتّنفيذي. هذا الوضع الذي يمكن رؤيته في تجارب عديدةٍ يمكن أن يؤدّي إلى أزماتٍ جادّة بالنسبة للبرلمان والرئيس اللذين يتحتّم عليهما مباشرةً العمل في وقت واحد وإنهاء وظيفتهما في وقت واحد. لذلك كان من الأهمّيةً بمكانٍ أن يجدّد الجهازان التّشريعيّ والتّنفيذيّ كل منهما انتخابات الآخر. ولا يمكن للمجلس أن يستعمل هذه

---

(28) «كبير مستشاري رئيس الجمهورية شكري قره تبه: «قمنا بإعداد أربعة نماذج مختلفةً للنظام الرئاسي»، خبر تورك، 19 كانون الأول 2016.

الصلاحيّة إلا بعد موافقة أغلبية ثلاثة أخماسه، ولكن لا يتطلب استعمال هذه الصلاحية من قبل رئيس الجمهورية بالمقابل أيَّ شرط. وينظر هنا إلى اشتراط أغلبية ثلاثة أخماس المجلس بوصفه آلية للحدِّ من استعمالٍ كيفيٍّ للصلاحيّة التي يملكها المجلس، وخطوةً للحيلولة دون ظهور نتائج أكثر خطورةً عند انحدار أغلبية المجلس إلى خطٍّ يختلف عن الخطِّ السّياسيّ الذي يأتي منه رئيس الجمهوريّة(٢٩).

أصول انتخاب رئيس الجمهوريّة:

الأمر الآخر الذي سيحدّد دعم الأغلبيّة في الجهاز التّشريعيّ لرئيس الجمهوريّة هو أصول انتخاب رئيس الجمهوريّة(٣٠). تفيد الدراسات أن إجراء الانتخابات الرئاسيّة في النّظام الرئاسيّ على جولة واحدة أو على جولتين سوف يؤثّر في مدى انحدار المُمثّلين الذين سيُنتَخبون للجهاز التّنفيذيّ من الأغلبيّة السّياسيّة التي ينحدر منها رئيس الجمهوريّة. وكلٌّ من النموذجين له بعض النواحي الإيجابية والسّلبيّة. فبينما تمنع الصّيغة ذات الجولة الواحدة ظهور نتائج تصادفية؛ يمكن أن تكون سببًا في استجواب الشرعيّة الديمقراطيّة بسبب احتماليّة انتخاب المرشّحين بأصوات منخفضة جدًّا. هذا ويمكنها أن تزيد في الانقسام والاستقطاب السّياسيّ.

---

(٢٩) سردار غولَن أر، (ما حقيقة تغيير الدستور؟)، Star Açık Görüş، ١ كانون الثاني ٢٠١٧.

(٣٠) سردار غولَن أر، (التوازن والرقابة في النظام الرئاسي)، (وقف البحوث السياسية والاقتصادية والاجتماعية SETA، إسطنبول: ٢٠١٦، ص١٩.

وفـي النمـوذج ذي الجولتيـن بالمقابل؛ يبقى فـي الجولة الثانية علـى العمـوم مرشّـحان حصـلا على الأصـوات الأكثر فـي الجولة الأولـى. وبهـذا الشـكل يمكـن أن يحصـل توافـقٌ بيـن اتجاهـات سيّاسـيّة عـدة على مرشّـح واحدٍ تفاديًا للانقسـام والاسـتقطابِ في السّـاحة السّياسـيّة. ولكـن يحدث في بعض الـدول التي تطبّق هذا النّظام أن تترشّـح شـخصيّات معروفة من قبل الشّـعب وقادمةٍ مـن خارج السّـاحة السّياسـيّة؛ للانتخابـات الرئاسـية، بل فوزهم أيضًا.

يتبنـى حـزب العدالـة والتّنمية فـي اقتراحه صيغـة الانتخابات الرئاسـية على جولتين. وهـذا التّطبيق هو نفس النّظـام الذي قُبِل فـي الاسـتفتاء الشّـعبي الـذي جرى عـام ٢٠٠٧ بخصـوص تغيير الدسـتور، إذن لـم يحصل تغييـرٌ في أصول هـذه الانتخابات، وبناءً عليـه سـتتمّ الانتخابات الرئاسـيّة علـى جولتين، حيـث يُنتَقل إلى الجولـة الثانيـة في حال عدم تأميـن الأغلبيّة المطلقـة في الجولة الأولى، ويجري السّـباق بين مرشـحين حصلا علـى أكثر الأصوات في الجولـة الأولى.

بهذا الشّـكل سـيحصل اتفـاقٌ على المرشّـح الـذي حصل على أكثريـة الأصـوات فـي الجولـة الثانيـة (وإن كان قـد حصـل على أصـوات قليلة فـي الجولة الأولى). وهـذا الأمر يبرز مشـهدًا يعزّز الشّـرعيَّة الديمقراطيّـة التـي جئنا علـى ذكرها آنفًـا. ولكن يجب الانتبـاه إلى أن نظـام الانتخابات علـى جولتين يتيـح الفرصة أمام الشّـخصيات المشـهورة التي لا تمتّ بصلةٍ إلى السّـاحة السّياسيّة أن يفـوزوا بالانتخابـات فـي حـال ترشـحهم، والعـرض يتضمّـن ترتيبـاتٍ وقواعدَ تعطي مجـالًا لهذا الوضع، والقاعـدة التي تقول:

إن الأحـزاب التـي حصلـت علـى خمسـة بالمئـة علـى الأقـل من الأصـوات في الانتخابات الأخيـرة أو التي حصلت علـى توقيع مئة ألـف ناخـبٍ على الأقـل يمكنهـا أن ترشّـح أعضاءهـا للانتخابات الرئاسـيّة؛ قاعـدةٌ تعطـي مجالًا لهـذا الوضع.

طرق الرقابة والحصول على المعلومات في المجلس:

والعنصـر الآخـر الذي يحـدّد العلاقـة بين البرلمـان ورئيس الجمهوريّـة هو طرق رقابـة المجلس وحصوله علـى المعلومات. ويجـري الحديـث فـي المقتـرح عن أربـع طـرقٍ أساسـيّة مبيّنة فـي المادتيـن ٩٨ و١٠٦ علـى النّحـو الآتـي: (بحـث المجلـس) و(المناقشـات العامـة) و(اسـتجواب المجلـس) و(الأسـئلة الخطيّـة). فبحث المجلـس يعني البحث الذي يقـوم به المجلس للحصـول علـى معلومـاتٍ فـي موضـوعٍ محـدّدٍ، والمناقشـات العامـة هـي مناقشـة قضايـا معينّـة تهـمّ المجتمـع والدّولـة فـي مجلس الشّـعب التركـي الكبيـر، واسـتجواب المجلس هو الاسـتجواب الـذي يقـوم بـه المجلس لنـوّاب رئيـس الجمهوريّة والـوزراء وفقًـا للبنـد الخامـس والبند السـادس والبند السـابع مـن المادة ١٠٦، والأسـئلة الخطّيـة تعني توجيه نـوّاب البرلمان أسـئلةً خطيّـةً إلـى نـوّاب رئيـس الجمهوريّـة والـوزراء على أن يُجَـاب عنهـا خطيًّا خلال خمسـة عشـر يومًا علـى أبعـد تقدير.

ويتـرك المقتـرح شـكل (بحـث المجلـس) و(المناقشـات العامـة) و(الأسئلة الخطيـة) وأصولهـا ومضمونهـا وإطارهـا للائحـة النّظام الدّاخلـي للمجلس. فالعناصر الثلاثة باسـتثناء (الاسـتجواب) الـذي يعـدّ واحدًا من آليّـات الرقابـة مصانةٌ في النّظـام الحالـي. أمـا الاسـتجواب فهو آليّـةٌ ناجمةٌ عـن طبيعة

النّظام البرلماني، فالجهاز التنفيذيّ مسؤولٌ أمام الجهاز التّشريعي، في حين يكون الجهاز التّنفيذيّ مسؤولًا أمام الشعب مباشرةً في النّظام الرئاسي الجمهوري.

قرارات رئيس الجمهوريّة:

لدى دراسة النّماذج المقارَنَة يمكننا أن نرى أنه يُعطَى الرئيس الذي يمثل رئيس الجهاز التّنفيذيّ في النّظام الرئاسي صلاحيات (اتّخاذ الإجراءات التّنظيميّة) والتي تسمَّى (الأوامر التّنفيذية) حتى يستطيع تنفيذ السّياسات التي يريد تطبيقها. ففي الولايات المتحدة الأمريكية على سبيل المثال لا يعطي الدّستور للرئيس مثل هذه الصلاحيّة بصورةٍ مباشرة، ولكن يمكن القول إن الرؤساء يستخدمون هذه الصلاحية استناداً إلى المادة الثانية من الدستور. هذه القرارات التي تسمَّى الأوامر التنفيذيّة (order executive) يشكّل كلٌّ منها إجراءً تنظيميًّا، وتُقيَّم على أنها أداةٌ مهمّةٌ لبناء مؤسساتٍ مختلفة، وتعديل أو تغيير بعض العمليّات البيروقراطيّة، وتأمين تنفيذ القوانين الصادرة من قبل الجهاز التّشريعي[٣١]. ويعطي المقترح الذي قُبِل في المجلس رئيس الجمهورية صلاحيّات إصدار القرارات. فرئيس الجمهوريّة يمكنه أن يصدر قرارات متعلّقة بصلاحيّاته التّنفيذيّة في إطار التغيير المتوقع إجراؤه في المادة ١٠٤ من الدّستور. وتتضمن المادة ذاتها استثناءات القرارات التي سيصدرها رئيس الجمهوريّة. ومن هذه الحالات الاستثنائيّة نذكر:

(٣١) سردار غولن أر، (التوازن والرقابة في النظام الرئاسي)، وقف البحوث السياسية والاقتصادية والاجتماعية SETA، إسطنبول: ٢٠١٦)، ص٥٤.

- لا يمكـن لهـذه القـرارات أن تنظّم الحقوق الأسـاسـيّة وحقوق الأشـخاص وواجباتهـم المذكـورة فـي الفصليـن الأول والثاني من القسـم الأول للدّسـتور، والحقوق والواجبات السّياسـيّة الواردة في الفصـل الرابع من القسـم ذاته.

- لا يمكـن لرئيـس الجمهوريّـة أن يصـدر قـرارًا فـي موضـوع يحصـر الدسـتور تنظيمـه بالقانون.

- لا يمكـن إصـدار قـرارات فـي مسـائل نُظِّمـت بوضـوحٍ في القانون.

- في حـال إصدار رئيـس الجمهوريّة قراراتٍ تتعـارض أحكامه مـع القوانين تُطبَّق أحـكام القانون.

- عندمـا يصـدر مجلس الشّـعب التركـي الكبيـر قانونًـا في الموضـوع ذاتـه يُطبَّـق القانون.

ويمكـن القـول إن هـذه الاسـتثناءات المعـدودة تفيد في رسـم إطـار القـرارات التي يصدرها رئيس الجمهوريـة، وتحول دون إيذاء الجهاز التّنفيـذيّ جوهرَ صلاحيّات الجهاز التّشـريعي. فأحد أكبر الانتقـادات الموجهـة إلى القـرارات هي أنهـا تفتح المجال بشـكلٍ حقيقـيٍّ لسـيطرة الجهاز التّنفيذيِّ على سـلطة الجهاز التّشـريعي فـي إعـداد القوانين الـذي يعدّ من صلاحيّاته الأساسـية. وسـبب التوصـل إلى مثل هذه النّتيجة هو المقارنـة بين صلاحيّات مجلس الـوزراء فـي النّظـام البرلماني الحالي فـي إصدار قـرارات بحكم القوانيـن مع صلاحيات رئيس الجمهوريّة فـي إصدار القرارات من دون الحاجـة إلـى البرلمان. ففـي النّظام البرلمانـي يمكن لمجلس الـوزراء أن يسـتعمل صلاحيّاته في إصدار قـرارات بحكم القوانين اسـتنادًا إلـى قانـون الصّلاحية التـي تأخذهـا من مجلس الشـعب التركـي الكبيـر. لكن يجـب أن لا نتجاهـل أن صلاحيّات السّـلطة

التّنفيذيّة في إصدار قرارات بحكم القانون في النّظام الحالي تتضمّن أيضًا إلغاء القوانين أو تغييرها ولاسيما في الفترات التي يُطبّق فيها نظام حالة الطوارئ. بيد أنه من الملاحَظ أن التّعديلات المذكورة في المقترح واردةٌ في إطارٍ أضيق، وأن صلاحيّات رئيس الجمهوريّة في إصدار القرارات محدودةٌ بالأعمال المتعلّقة بالجهاز التّنفيذي(٣٢).

ويبقى هنا الغموض الذي يحيط بحدود هذه القرارات التي سيتم اتخاذها من قبل رئيس الجمهوريّة محلاً للانتقاد. وفي المادة ١٠٤ من الدّستور نصادف تعديلاً من شأنه أن يسلّط الضوء على هذا الغموض، ويتّخذ تدبيرًا وقائيًّا ضد احتمال استعمال القرارات لانتهاك الحريّات والحقوق الأساسيّة الأمر الذي نراه كثيرًا في النماذج المقارَنَة. فيبيّن هذا التعديل بوضوحٍ أن القرارات الصادرة من قبل رئيس الجمهوريّة لن تكون لها علاقةٌ بأيٍّ من الحقوق والواجبات المذكورة في فصل الحقوق والواجبات الشخصيّة والحقوق والواجبات السّياسيّة في الدّستور.

عند التّطبيق يُمكن أن نقول: إن قرارات رئاسة الجمهوريّة تملك صلاحية تنظيم العمليّات البيروقراطيّة لرئاسة الجمهورية؛ أي الجهاز التّنفيذي. وهذا الوضع مذكورٌ أيضًا تحت حكمٍ في المادة ١٠٦ من الدّستور. ومن ثمّ فإن تعيين نوّاب رئيس الجمهوريّة والوزراء سيكون ممكنًا بقرارات رئيس الجمهوريّة. كما سيكون بالإمكان من خلال هذه القرارات تحديد أعداد الوزراء

(٣٢) خلوق ألقان، (هل يضيق النظام الجمهوري الرئاسي مجال السلطة التشريعية؟)، Star Açık Görüş، ٢٨ كانون الثاني ٢٠١٧.

الذين سيُعيَّنون من داخل البرلمان ومن خارجه، وأسماء الوزارات، ومهام بنى تشكيلات الجهاز وصلاحياتها . ويمكن القول باختصارٍ إن التّرتيبات كافّة الخاصة بالوزارات يمكن إجراؤها عبر قرارات رئيس الجمهوريّة . ويلاحظ أن رقابة القرارات قضائيًا من شأن المحكمة الدّستوريّة، وتأخذ هذه الرقابة معناها الأكبر عند التفكير في إمكانية ظهور تعارض بين القوانين والقرارات.

ورغم الحكم الواضح في اقتصار القرارات على الصلاحيّات التّنفيذية؛ فإن تحديد القرارات التي تندرج في صلاحية الجهاز التنفيذي في مجال حماية التوازن الحساس بين السلطتين التنفيذية والتشريعية على وجه التحديد في المقترح يكتسب أهمية في هذه النقطة. لكن رسم حدود هذه الصلاحيّات وإطارها سيكون ممكنًا بالنص عليها بعبارات واضحة تخصّ التغييرات التي ستُجرَى في التّرتيبات القانونيّة المتعلّقة بالتّشكيلات الإداريّة. وتقترح هذه الترتيبات إمكانية إصدار رئيس الجمهوريّة القرارات في فترات حالة الطوارئ. والمادة ١١٩ من الدّستور تنظم قرارات رئيس الجمهوريّة تحت عنوان (إدارة حالة الطوارئ)، وهي تشبه من حيث الأهداف القرارات بحكم القانون في حالة الطوارئ في النظام الحالي، والتي يصدرها مجلس الوزراء الذي ينعقد برئاسة رئيس الجمهورية. في حالة الطوارئ سيكون بإمكان رئيس الجمهوريّة أن يصدر قرارات بحكم القانون في موضوعات تستلزمها حالة الطوارئ من دون التقيّد بالحدود المبيّنة في الجملة الثانية من البند السابع عشر من المادة الـ١٠٤ . وستُقدَّم هذه القرارات بحكم القانون إلى مصادقة المجلس في نفس اليوم الذي تُنشَر فيه في الصحف الرسميّة.

المسؤوليّة الجزائيّة المترتبّة على رئيس الجمهوريّة:

إن ازدواجيّة الرئاسة في الجهاز التّنفيذي في الأنظمة البرلمانيّة تجرّد رئيس الجمهوريّة من المسؤوليّة السّياسيّة، وتعدّ مجلس الوزراء الجناحَ المسؤولَ عن السّلطة التّنفيذيّة. أما وجود رئيسٍ واحد للسّلطة التّنفيذيّة وانتخابه مباشرةً من قبل الشّعب في الأنظمة الرئاسيّة ف على رئيس الجمهورية مسؤوليّات في مسائل أخرى بقدر ما يفرض عليه مسؤوليّةً سياسيّةً. وتتجلّى هذه المسؤوليّة بصورة أكبر على شكل المسؤوليّة الجزائيّة، ويُقيَّم هذا الأمر في أغلب الأحيان على أنه أداة توازنٍ ورقابة، تتيح المجال أمام إقالة الرئيس. وفي المادة ١٠٥ من الدّستور يلاحَظ تنظيم هذه الأداة التي تسمّى أيضًا التجريم (impeachment). والأمر الآخر المهمّ الذي يجب قوله هنا هو أن نطاق آلية التجريم هذه واسعٌ جدًّا. ففي النّظام البرلمانيّ الحالي لا يترتّب على رئيس الجمهوريّة مسؤوليّةٌ جزائيّةٌ إلا في حال (خيانة الوطن) رغم اتّساع المهام والصلاحيّات الممنوحة له، والتّعديلات الواردة في المقترح تعمل على توسيع نطاق أسباب تجريم رئيس الجمهوريّة بما فيه الجرائم الناجمة عن أفعالٍ شخصيّة.

وبحسب المادة ١٠٥ من الدّستور يمكن فتح تحقيق مع رئيس الجمهورية في حال وجود مزاعم بارتكابه جريمةً بناء على مقترح تقدّمه الأغلبية المطلقة لكامل أعضاء مجلس الشعب التركي الكبير. يناقش المجلس المقترح خلال شهر على أبعد تقدير، ويقرر فتح تحقيق بعد تصويت سري يشارك فيه ثلاثة أخماس أعضائه. بعد صدور القرار بفتح التحقيق، يجري التحقيق من قبل لجنةٍ مكونةٍ من خمسة عشر شخصًا يُختارون بسحب

أسـمائهم فرادى من أجل كل حزبٍ سياسـيٍّ مـن بين ثلاثة أضعاف الأعضـاء الذيـن يمكن لهذا الحـزب أن يقدمهم إلـى لجنة التحقيق تبعًـا لقوتـه داخل المجلس. تقدم اللجنـة التقرير الخـاص بنتائج التحقيـق إلـى رئاسـة المجلس خلال شـهرين. وفي حـال لم ينته التحقيـق ضمن هذه المدة تُعطَى اللجنـة مهلة جديدة ونهائية لمدة شـهر. ويُوزَّع التقرير خلال عشـرة أيام بدءًا مـن تاريخ تقديمه إلى الرئاسـة، ويُناقَـش في المجلس العام خلال عشـرة أيـام من تاريخ توزيعـه. يمكـن لمجلس الشـعب التركـي الكبيـر أن يقرر إرسـال الشـخص إلـى الديـوان العالـي بعد إجراء تصويت سـري يشـارك فيـه ثلثا كامل أعضائـه. تتم المحاكمـة في الديـوان العالي خلال ثلاثـة أشـهر، وفي حـال عـدم كفاية هـذه المـدة يُعطَـى الديوان العالـي ثلاثـة أشـهر إضافية لمـرة واحدة فقـط، وتتـم المحاكمة خـلال المدة قطعًا. لا يمكـن لرئيس الجمهورية الـذي صدر بحقه فتـح تحقيقٍ أن يأخـذ قرارًا له علاقـة بالانتخابـات. ويُقَال رئيس الجمهوريـة المحكـوم عليه في الديـوان العالي بجريمـة تمنعه من الترشـح للانتخابـات. وتُطبَّق أحكام هـذه المادة بعـد إقالة رئيس الجمهوريـة من وظيفته جـراء جريمة يُدَّعـى ارتكابها خلال وجوده علـى رأس عمله.

عنـد مقارنـة هـذا النّظـام بالتّطبيـق الحالـي نجـد أنـه يربـط محاكمـة رئيـس الجمهوريّة بنظـامٍ مكوّنٍ مـن مراحل. وهـذا الوضع يبـدو مقبـولًا عندما يؤخـذ بالحسـبان اقتراب النّظـام مـن النمـوذج الرئاسـي. ففـي النّظـام الحالـي يمثّل رئيـس الجمهوريّـة الجنـاح التّنفيـذيّ غيـر المسـؤول ولا يحاكَـم إلا بسـبب خيانتـه للوطن. وبهذا الشـكل أُعِيد تنظيم أصـول محاكمة رئيـس الجمهورية الذي اتّسـعت مسـؤوليّاته،

وتحوّل إلى جناحٍ إجرائيٍ للجهاز التّنفيذي. وينبغي هنا التأكيد من جديدٍ أن رئيس الجمهوريّة لن يحاكَم على خيانته للوطن فحسب، بل سيحاكَم أيضًا على الجرائم الأخرى بعد اتساع مسؤوليّاته الجزائيّة. وهكذا سيتحكّم الشّعب من جهته بمسؤولية رئيس الجمهوريّة السّياسيّة، ويتحكم المجلس بدوره بمسؤولياته القانونيّة(٣٣). علاوة على ذلك ستبقى الإجراءات كلّها التي يقوم بها رئيس الجمهوريّة منفردًا مفتوحةً على الرقابة في نظام الحكومة الرئاسي مقابل عدم خضوع هذه الإجراءات للرقابة في النّظام الحالي. هذا الوضع ينبغي اعتباره تطوّرًا آخر يزيد مسؤوليّات رئيس الجمهورية، ويعزز إمكانيّة محاسبته.

نوّاب رئيس الجمهوريّة والوزراء:

ومن النّتائج المهمّة الأخرى التي أسفرت عنها التغييرات الجذريّة التي حصلت في نظام الحكومة بحسب المقترح إحداث هيئة نوّاب رئيس الجمهوريّة. والذي يشد الانتباه هنا هو وجود منصبين مهمّين غير منصب رئيس الجمهوريّة في هذا النّظام الجديد الذي سيمثّل فيه رئيس الجمهورية السّلطة التّنفيذيّة تمثيلاً رئيسًا، وهما منصب نائب رئيس الجمهوريّة ومنصب الوزير.

(٣٣) محمد أوجوم: (هذا التغيير يطلق عملية إصلاح). خبر تورك ٢١ كانون الثاني٢٠١٧.

أمّا منصب نائب رئيس الجمهوريّة فهو أحد العناصر المهمّة في المكتب الرئاسيّ؛ باعتباره منصبًا موجودًا في الكثير من الأنظمة الرئاسيّة[٣٤]. ومن الأسباب الرئيسة في أهميّة هذا المنصب كونه يملك صلاحيّات تولّي كرسيّ الرئاسة بالوكالة في حال بقائه شاغرًا لأيّ سببٍ من الأسباب.

تتناول المادة ١٠٦ من الدّستور منصب نائب رئيس الجمهورية تحت عنوان (نوّاب رئيس الجمهورية والوزراء). والأمر المهمّ الآخر في المقترح كونه يعطي إمكانيّة تعيين أكثر من نائبٍ عن رئيس الجمهورية، وهو الأمر الذي يختلف مجدّدًا عن النماذج المقارَنَة. وتبقى الوظيفة الأهمّ التي يتحمّلها نائب رئيس الجمهورية منسجمة مع الأمثلة الموجودة في العالم. وينص المقترح على أن يتولى نائب رئيس الجمهوريّة كرسي الرئاسة، ويستعمل صلاحيّات رئيس الجمهوريّة بالوكالة إلى حين الانتخابات في حال شغور هذا المنصب لأي سببٍ من الأسباب. وعندما يعجز رئيس الجمهورية عن القيام بوظيفته لأسبابٍ (مؤقّتة)، مثل المرض أو السفر خارج البلاد يتولّى نائبه مهامه بالوكالة. وعند النّظر في أصول انتخاب نوّاب رئيس الجمهورية يلاحظ أنها تختلف كثيرًا عن النماذج المقارَنَة. ففي العديد من النّماذج التي يتم إدارتها بالنّظام الرئاسيّ يُنتَخَب نائب رئيس الجمهورية في الوقت الذي يُنتَخَب فيه رئيس الجمهوريّة، والترتيبات التي نتحدث عنها تحمل أهميّةً بالنّسبة للشرعيّة الدّيمقراطيّة لهذا المنصب الذي سيستعمل صلاحيّات رئيس الجمهوريّة عند الضّرورة.

---

(٣٤) من أجل مواقع نواب الرئيس في النماذج المقارنة، انظر: نبي ميش وآخرين، (تطبيقات النظام الرئاسي في العالم)، ط ٢، تقرير SETA، أنقرة: ٢٠١٥).

يتبنّى المقترح في هذا الموضوع أصول التّعيين عوضًا عن أصول الانتخابات. ونعتقد أن المقترح يرى من المناسب إضافة شرعيّة نوّاب رئيس الجمهوريّة إلى رئيس الجمهوريّة المنتَخَب مباشرةً من قبل الشعب. فليس هناك من حرجٍ في مقامٍ يُعيّنه مباشرةً رئيس الجمهوريّة، ويكون مسؤولًا أمامه، ويمكن إقالته من عمله عند الحاجة. هذا ويجب ألا يغيب عن الأنظار أن نائب رئيس الجمهوريّة الذي ينتخبه الشعب بالتزامن مع انتخاب رئيس الجمهوريّة؛ يمكن أن يكون سببًا في خلق أزمة ازدواجيّة الشرعيّة(٣٥).

و(الوزارات) هي المقام المهمّ الآخر بالنّسبة إلى رئيس الجمهوريّة حتى يؤدّي صلاحيّاته ومهامه باعتباره الجهاز التّنفيذي. ويتناول المقترح الوزراء أيضًا تحت نفس العنوان الذي يتناول فيه نوّاب رئيس الجمهوريّة. فالوزراء يُعيّنهم ويُقيلهم رئيس الجمهوريّة، إضافة إلى كونهم مسؤولين أمامه. وإذا عُيِّن الوزراء من بين أعضاء مجلس الشعب التركي الكبير يتم إلغاء عضويتّهم في هذا المجلس.

يلاحظ بحسب المادة ١٠٦ وجود مسؤوليّة جزائيّة مترتّبة على الوزراء ونوّاب رئيس الجمهوريّة. ويرى الاقتراح أن تكون أصول إجراء المسؤوليّة الجزائيّة المترتّبة على الوزراء ونوّاب رئيس الجمهورية نفس أصول التّحكّم بالمسؤوليّة الجزائيّة المترتّبة على رئيس الجمهورية. ولكن إتّباع أصول الاستجواب الجزائي لكلٍّ من هاتين المؤسّستين الموجودتين ضمن مقام

(٣٥) نبي ميش، (مقترح دستور رئاسي)، تركيا، ١٥ كانون الثاني ٢٠١٧.

رئاسة الجمهوريّة لنفس الأصول الخاصة برئيس الجمهوريّة الذي يمثل رأس هذا المقام- أمرٌ قابلٌ للانتقاد. وبهذا الشكل يتشكّل تصورٌ بوجود مساواةٍ بين جميع المناصب والمقامات. لكن إمكانيّة تعرّض الوزراء إلى محاكمة سياسيّة باعتبارهم أداةً في محاسبة رئيس الجمهورية سياسيًّا نظرًا لتعيينهم من قبله- يمكن قبولها على أنها واحدةٌ من الأسباب المهمّة في ظهور التّرتيبات بهذا الشكل(٣٦).

تعيين الموظّفين الحكوميّين وإقالتهم:

عندما ندرس النماذج المقارَنَة نجد أن رئيس الجمهوريّة في كثيرٍ من الأنظمة لديه صلاحيّة في تعيين كبار رجالات الدولة وإقالتهم(٣٧). نذكر من هؤلاء السّفراء والولاة ورؤساء البنك المركزي وغيرهم. والأساس المهمّ اللافت للانتباه في هذه الأمثلة هو أن رئيس الجمهورية يعيّنهم بموافقة الجهاز التّشريعي.

إن منح رئيس الجمهورية صلاحيّات تعيين الموظّفين الحكوميّين رفيعي المستوى يشكّل واحدًا من العناوين المهمّة لمقترح التّعديلات الدّستوريّة المتعلّقة بنظام الحكومة. وفي المادة ١٠٤ التي تعطي هذه الصلاحيّة لا يوجد إطارٌ واضحٌ حول من هم هؤلاء الموظّفين. ولكن يمكن إصدار بعض التّخمينات انطلاقًا من بعض التّرتيبات القانونيّة التي حصلت سابقًا. فالمادة الثانية من القانون رقم ٣١٤٩ (القانون الخاص

---

(٣٦) عبد الحميد غول (حوار)، (النظام الجمهوري الرئاسي الأكثر عقلانية)، مجلة كريتر، كانون الثاني ٢٠١٧.

(٣٧) انظر: سردار غولَن أر، (التوازن والرقابة في النظام الرئاسي)، وقف البحوث السياسية والاقتصادية والاجتماعية SETA، إسطنبول: ٢٠١٦)، ص١٧-١٩.

بتعيين الإداريّين رفيعي المستوى)[٣٨] الذي ألغته سابقًا المحكمة الدّستورية على سبيل المثال يحدد هؤلاء الموظّفين الحكوميّين بالمستشار ونوّاب المستشار والمدير العام والرئيس ورئيس المجلس، ونوّاب المدير العام ورؤساء الدوائر والسفراء والولاة والقائم مقام ومديري المناطق، والإداريين رفيعي المستوى الآخرين الذين يتم تحديدهم بعرض رئاسة موظفي الدولة وقرار مجلس الوزراء. ويمكن لرئيس الجمهورية أيضًا أن يقوم بتعيين كلّ من يعمل في مستويات رفيعة في العمليّة البيروقراطيّة. والإداريّون الآخرون رفيعو المستوىً يمكن تحديدهم أيضًا من قبل رئيس الجمهورية. وتحديد هؤلاء الإداريين من قبل رئيس الجمهورية بقرارات يصدرها يشكّل موضوع الحديث عند الأخذ بالحسبان صلاحيّةً رئيس الجمهوريّة في إصدار القرارات في هذا المضمار.

صلاحيّة رئيس الجمهوريّة في توجيه رسائل إلى المجلس حول السّياسة الدّاخليّة والخارجيّة:

من النّتائج المهمّة للفصل التّام بين السّلطات في النّظام الرئاسيّ، قلّة عدد وسائط التّفاعل بين السّلطتين التّنفيذيّة والتّشريعيّة. ويمكن تليين هذا الوضع الذي يقلّل من قدرة الجهازين التّشريعيّ والتّنفيذيّ على التّأثير المتبادل بينهما؛ من خلال بعض الآليّات، وتوجيه الرئيس الرسائل إلى المجلس واحدةٌ من هذه الآليّات.

---

(٣٨) الصحيفة الرسمية رقم: ١٨٦٤٠، تاريخ: ١٩. ١١. ١٩٨٥. انظر أيضًا: أحمد أونلو، (كيف ستكون أصول تعيين الإداريين في المستوى الأعلى في الترتيبات الجديدة؟)، يني شفق، ١٢ كانون الأول ٢٠١٦.

ينبغي ألا ينظر إلى توجيه رئيس الدولة الرسائل باعتباره جزءًا يختصّ بالنّظام الرئاسي وحده. فالدّول التي يُطبَّق فيها النّظام الرئاسيّ مثل فرنسا وإيطاليا والنرويج والبرتغال واليونان وهولندا تمنح رئيس الدّولة صلاحية توجيه الرسائل إلى البرلمان دستوريًّا[٣٩]. وإرسال الرسائل إلى الهيئة التّشريعيّة أسلوبٌ ينبغي النّظر إليه من خلال الصلاحية الممنوحة للرؤساء في تقديم اقتراحٍ بسنّ قانونٍ أو العدول عنه. وهذه الصلاحية أسلوبٌ يتعلّق بتأثير الرئيس على التّشريع في الأنظمة التي لا يحقّ للرئيس تقديم مشروع قوانين. وتتجلّى إمكانية تأثير الرئيس في العمليّة التّشريعيّة من خلال الرسائل التي يرسلها إلى الهيئة التّشريعيّة، ولاسيّما في المجالات التي تحتاج إلى تشريعات قانونيّة. هذه الصلاحية الممنوحة في حالات كثيرة إلى رؤساء الدّول يمكن تفسير ورودها في بنود تعديلات الدّستور المقترحة بصفتها ترتيبًا يهدف إلى تقريب نظام الحكم المصَمَّم من نموذج النّظام الرئاسي. ويمكن النّظر إليه على أنه محاولة من أجل زيادة التّفاعل بين رئيس الجمهوريّة الذي لا يملك صلاحية تقديم مشروع القوانين والسّلطة التّشريعيّة، ووسيلة من أجل تليين الفصل التّام بين السّلطتين التّشريعيّة والتّنفيذيّة.

الميزانيّة:

تعدّ الميزانيّة من الآليّات المهمّة التي تُناقش تحت عنوان الرقابة والتّوازن في أنظمة الحكم، وتحمل طابعًا حاسمًا من حيث العلاقة بين السّلطتين التّشريعيّة والتّنفيذيّة. فالسّلطة

---

(٣٩) كمال غوزلر، (رؤساء الدولة)، أكين للنشر، بورصة، ص ١٤٣ – ١٤٥.

التّنفيذيّة بشكلٍ عامٍّ تملك صلاحية إعداد الميزانيّة، وتتولّى السّلطة التّشريعيّة؛ أي البرلمان صلاحية الإقرار. ويختلف نطاق صلاحية هاتين السّلطتين تبعًا لنظام الحكم البرلماني أو الرئاسي.

تُعَدّ المادة الخامسة من الدستور المقترح إقرارَ الموازنة من مهمّة مجلس الشعب التركي الكبير وصلاحيته، وتمنح المادة الخامسة عشر مهمّة إعداد الموازنة لرئيس الجمهوريّة. فيقدّم رئيس الجمهوريّة مشروع قانون الميزانية إلى مجلس الشعب التركي الكبير قبل خمسة وسبعين يومًا من بداية السّنة الماليّة على الأقل، وتناقش لجنة الميزانيّة مشروع الميزانية، وتعرض اللجنة خلال خمسة وخمسين يومًا النّص المقبول أمام الجلسة العامة لمناقشتها وتكون جاهزةً لصدور القرار بحقّها حتى رأس السّنة الماليّة.

ويلاحظ أن الفقرة الثانية من هذه المادة تتعرّض لترتيباتٍ أساسيّة تعالج موضوع الميزانيّة في نظام الحكم المقترح. حيث تنصّ الفقرة على أنه: «إن لم تُوضَع الميزانية موضع التّنفيذ خلال الفترة القانونيّة المقرّرة، فإنه يُصدَر قانون ميزانية مؤقّتة حتى يُقَرَّ القانون الجديد. وفي حال عدم إقرار الميزانيّة المؤقّتةً أيضًا؛ تُنفَّذ ميزانيّة العام السابق مع إضافة زيادةٍ بمعدّل إعادة التّقييم حتى تُقَرَّ الميزانيّة الجديدة».

يُعتَقَد أن التّرتيبات المقترحة تسهم في إيجاد حلٍّ فعّالٍ للعقبات التي تظهر في موضوع اعتماد الميزانيّة الذي يشكّل عقبةً يمكن أن يظهر بين الرئيس والبرلمان في كثيرٍ من الأنظمة

الرئاسـيّة، وفـي مقدمتها الولايـات المتّحـدة الأمريكيّة على محور السّـلطتين التّشـريعيّة والتّنفيذيّة في حال رفض البرلمان مشـروع الميزانيّـة الـذي اقترحـه رئيـس الجمهوريـة[٤٠]، وذلـك من خلال اعتمـاد ميزانيّـة العام الماضـي مع إعادة تقييمهـا بمعدّل التّضخم ميزانيّـةً مؤقتّةً.

التّغييرات المتعلّقة بالأجهزة القضائية:

إن مقتـرح التّعديـلات الدّسـتوريّة يتضمّـن تغييـرات وثيقـة الصّلـة بالجهـاز القضائـيّ رغـم أنها لا تمـتّ إلى نظـامٍ الحكومة بصلـة مباشـرة. فـي مقدّمـة التّعديـلات المزمـع إجراؤهـا فـي المـادةً التّاسـعةً مـن الدّسـتور يأتـي تغيير كلمـة (المسـتقلّة) في عبـارة «تمـارس المحاكـم المسـتقلة الصلاحيـة القضائية باسـم الشـعب التركـي» على شـكل (المسـتقلّة المحايـدة). وتأكيد صفة (الحيـاد) التـي لا يمكـن الاسـتغناء عنهـا فـي السّـلطة القضائيّة دسـتوريًّا -وفقًـا لهـذا التّعديـل- يعدّ تطـوّرًا في غايـة الإيجابيّة. ويأتـي إلغـاء جهـاز القضـاء العسـكريّ فـي مقتـرح التّعديـلات الدّسـتوريّة خطوةً مهمّةً جـدًّا. وبهذه التّعديـلات المطروحة بكثرةٍ علـى جـداول الأعمـال؛ تُـزال المحاكـم العليا مـن الدّسـتور، مثلً المحاكـم العسـكريّة العليـا، والمحاكـم الإداريّـة العسـكريّة العليا، إلـى جانـب المحاكـم العسـكرية، في خطـوةٍ لتحقيـق التّكامل في النّظـام القضائـي تحديـداً. فالتغيير الـذي لحق بالمـادة ١٤٢ من الدسـتور يمنـع تشـكيل المحاكـم العسـكريّة، ويسـتثني المحاكـم التأديبيّـة ومحاكـم حـالات الحرب للنّظـر في الدعـاوى المرفوعة

(٤٠) انظر: ياوز عطار، (لماذا النظام الجمهوري الرئاسي؟)، Star Açık Görüş، ٢١ كانون الثاني ٢٠١٧.

بحقّ العسكريّين الذين يرتكبون جرائم في إطار عملهم المهني. وقد سبق الإعداد لهذه الترتيبات الخاصة بالقضاء العسكريّ منذ فترة طويلة، حتى إنها وردت في جدول أعمال لجنة الوفاق الدّستوريّة التي شُكّلت بين حزب العدالة والتّنمية وحزب الشّعب الجمهوريّ وحزب الحركة القوميّة في مرحلة ما بعد ١٥ تموز. ودرست هذه اللجنة مجموعة التّعديلات المقترحة حول سبع موادّ من بينها أربع موادّ تتعلق بإلغاء المحاكم العسكريّة.

وهناك أيضًا تعديلان آخران في المقترح، هما: إلغاء كلمة (الأعلى) من المجلس الأعلى للقضاة والمدّعين العامّين (HSYK)، وتخفيض عدد أعضائه إلى ١٣ عضوًا أصيلاً، والعمل على شكل جهازين. وقد نُظِّمت المادة الـ١٤ المتعلقة بمجلس القضاة والمدّعين العامّين على النحو الآتي: المادة ١٤- حُذف عنوان المادة الـ١٥٩ من القانون رقم ٢٧٠٩، وكلمة (العليا) مَن بنديه الأول والتاسع، وغُيِّر البند الثاني والبند الثالث والبند الرابع والبند الخامس بالشكل المذكور أدناه، وحُذفت كلمة (الأصيل) من البند السادس من نص المادة، واستُبدِلت بعبارة (وفقًا للقوانين والتشريعات الأخرى) عبارةُ (وفقًا للقوانين واللوائح والتعميمات). يتكون مجلس القضاة والمدّعين العامّين من ثلاثة عشر عضوًا، ويعمل على شكل دائرتين. وزير العدل هو رئيس المجلس، ومستشار وزير العدل هو عضو طبيعي في المجلس. رئيس الجمهورية ينتخب ثلاثة أعضاء للمجلس من بين المحكمة العدلية والقضاة والمدّعين العامّين من الدرجة الأولى، وعضوًا واحدًا من بين المحكمة الإدارية والقضاة والمدّعين العامّين من الدرجة الأولى؛ وينتخب مجلس الشعب التركي الكبير ثلاثة أعضاء من بين أعضاء المحكمة العليا، وعضوًا

واحداً من بين أعضاء مجلس الدولة، وثلاثة أعضاء من بين المحامين والحقوقيين من أعضاء هيئة التعليم، الذين يعملون في حقل الحقوق بمؤسسات التعليم العالي المبيّنة مواصفاتهم في القانون. يجب أن يكون أحد الأعضاء المنتخَبين من بين المحامين والحقوقيين في هيئة التدريس؛ محامياً على الأقل، ويكون أحدهم الآخر أستاذاً جامعيًّا على الأقل. وتُقدَّم الطلبات إلى رئاسة مجلس الشعب التركي الكبير من أجل الأعضاء الذين سينتخبهم لعضوية المجلس. وترسل رئاسة المجلس الطلبات إلى لجنة مشتركة مكونة من أعضاء لجان الدستور والعدل. وتحدد اللجنةً ثلاثة أعضاء من أجل كل عضويةٍ بأغلبية ثلثي العدد الكامل للأعضاء. في حال لم تنته إجراءاتٍ تحديد المرشحين في أثناء الاقتراع الأول يُقبَلون فيَ الاقتراع الثاني بأغلبية ثلاثة أخماس العدد الكامل للأعضاء. وفي حال لم يُحدَّد المرشحون في هذا الاقتراع أيضًا، تتم إجراءات تحديدهم بأسلوب سحب اسم من بين مرشحينِ حصلا على أكثرية الأصوات. كما ينتخب مجلس الشعب التركي الكبير أعضاء مجلس القضاة والمدّعين العامّين من بين المرشحين الذين حدّدتهم اللجنة، وذلك بإجراء اقتراع سري من أجل كلّ عضوية. في التصويت الأول يجب أن تتوفر أغلبية ثلثي العدد الكامل للأعضاء، وأغلبية ثلاثة أخماس العدد الكامل للأعضاء في التصويت الثاني في حال إخفاق الانتخاب في التصويت الأول. أما إذا أخفق الانتخاب في التصويت الثاني فيُنتَخب الأعضاء بسحب اسم من بين مرشحينِ حصلا على أكثرية الأصوات. يُنتخَب الأعضاء لأربعة أعوام، كما يمكن انتخاب الأعضاء الذين انتهت مدتهم مرة أخرى. يُنتخَب أعضاء المجلس خلال ثلاثين يومًا قبل انتهاء مدة وظيفة الأعضاء. وفي حال انفصال أعضاء المجلس قبل انتهاء مدة وظيفتهم

يُنتخَب أعضاء جدد خلال ثلاثين يومًا يلي الانفصال».

والهدف من هذا الإجراء هو تخليص المجلس من الوهن. كما أن اختيار قسم من أعضاء المجلس من قبل رئيس الجمهورية والقسم الآخر من قبل مجلس الشعب التركي الكبير المنتخبينِ من قبل الشعب- سيعزّز مشروعية المجلس الديمقراطية. كما أن أسلوب اختيار مجلس الشعب أعضاءَ مجلس القضاة والمدّعين العامّين من حيث أصول اختيارهم والتوجه الديمقراطي- يحمل احتمال توليد تأثيرٍ للبحث عن التوافق في المجلس، حيث يمكن اعتبار اختيار العضو (الأعضاء) في المرحلة الثالثة بإجراء القرعة بين المرشحينِ اللذينِ حصلا على أعلى الأصوات في المرحلة الثانية في حال الإخفاق في تحقيق الأغلبية المطلوبة؛ عقبةً في وجه اختيار العضو وفقًا لرغبات الجهة السياسية صاحبة الأغلبية في المجلس. وكذلك تمّ التخلّي عن تطبيق اختيار قسمٍ من أعضاء مجلس القضاة والمدّعين العامّين HSK من قبل القضاة والمدّعين العامّين من الدرجة الأولى.

وقد جاء هذا النظام وفقًا للتعديل الدستوري الذي حدث أول مرة في عهد حزب العدالة والتنمية أيضًا عام ٢٠١٠. فالتعديل الدستوري عام ٢٠١٠ رغم أنه كان يبدي أسلوبًا ديمقراطيًّا؛ فإن مدة سبع سنوات كان إجراءً يجانب الصواب. كما اشتكى جميع أطراف القضاء من أسلوب الاختيار الذي كان سببًا في التسييس والتكتل داخل القضاء. ومشروع تعديل الدستور الذي قدمته الأحزاب السياسية إلى مجلس الشعب التركي الكبير عام ٢٠١٢ كان يتضمن التخلي عن تطبيق الاختيار من قبل القضاة من الدرجة الأولى. والمشكلة الأخرى في هذا الأسلوب هي وجود احتمال التلاعب بهذه الانتخابات والسيطرة على القضاء من

قبل الكيانات السرية المنظّمة تنظيماً جيداً، كما هو الحال في مثال تنظيم كيان غولن. وكان لابدّ من انخفاض مصادر أعضاء المحكمة الدستورية أيضًا، مع إلغاء المحكمة الإدارية العسكرية العليا، والمحكمة العسكرية العليا. فمع إلغاء هاتين المحكمتين يُخفَّض عدد الأعضاء السبعة عشر الموجودين في الوضع الحالي إلى خمسة عشر عضواً.

في فترات الوصاية، كانت مسؤولية الأمن في ظل الأحكام العرفية تنتقل للعسكر، فتُعطَى الصلاحيات للمقامات العسكرية، وتتشكل المحاكم العسكرية. لهذا السبب تحمل إدارة حالة الطوارئ OHAL أهمية تاريخية بوصفها نظام إدارة استثنائية. ينصّ المقترح على أن تكون قرارات الشّورى العسكرية العليا YAŞ مكشوفة للرقابة القضائية، كما ينصّ على إخراج القائد العام للجندرمة من عضوية مجلس الأمن القومي MGK وإلغاء القانون الذي يضع القوات المسلحة التركية TSK خارج رقابة هيئة رقابة الدولة. وبهذا الشكل تتعزز الرقابة المدنية على القوات المسلحة التركية(٤١).

علاقة رئيس الجمهورية بالحزب السياسي:

في أنظمة الحكم الديمقراطية لا يوجد إطار عام محدد للعلاقة بين رئيس الدولة والحزب السياسي. فالعلاقة بين رئيس الدولة والحزب السياسي تتشكل وفقًا للثقافة السياسية للقطر. كما أن علاقة رئيس الدولة ورئيس

---

(٤١) جم دوران أوزان، (الدستور الجديد: موضوع تركيا المتجدد: أين وصلنا؟») Star Açık Görüş، ٣ كانون الثاني ٢٠١٦.

الـوزراء بالأحـزاب السياسـية تتبايـن وفقًـا لأنظمـة الحكـم فـي الـدول[٤٢]. ففـي النظـام البرلمانـي تحمـل مهـامّ رئيس الجمهوريـة الطابـع الرمـزي علـى العمـوم، ولا مانـع أمامـه مـن العضويـة في حـزب سياسـي، وعليه أن يتبنى ممارسـات تسمو علـى الحزبيـة. فـي الأنظمـة البرلمانيـة فـي الـدول الأوربيـة لا توجـد ترتيبـات دسـتورية حـول إنهـاء رئيـس الجمهوريـة عضويتـه مـن الحـزب السياسـي. لكـن دسـاتير بعـض الأنظمـة البرلمانيـة فـي الـدول الأوربيـة لا تسـمح بكـون رئيـس الجمهوريـة عضـوًا فـي البرلمـان، وتمنعـه من شـغل أي وظيفـة عامـة أو خاصـة توفـر لـه مـوردًا. ويذهب بعـض الآراء إلـى أن (مهمّـة عامّـة أو خاصّـة) ومـا شـابهها فـي الدسـاتير تشـمل العضويـة فـي الأحـزاب السياسـية أيضًـا، لكن هـذا الأمـر يبقى جدلًا يؤخـذ بعيـن الاعتبار في الممارسـات السياسـية. ومـن هنا نلاحظ رؤسـاء جمهوريات ينحـدرون عمومًـا مـن جـذورٍ سياسـية، أو أنهـم أعضـاء في أحـزابٍ سياسـية حتـى فـي الأنظمـة البرلمانية التـي ينتخب فيهـا أعضـاء البرلمـان رئيـس الجمهوريـة، لكنـه لا يمـارس عضويتـه الحزبية بشـكل فعّـال. وفي الأنظمة الرئاسـية التي ينتخـب فيهـا الشـعب أو (الهيئـات الانتخابية) رئيـس الدولة انتخابًـا مباشـرًا، كمـا فـي الولايـات المتحـدة الأمريكية- لا توجـد علـى العمـوم أحـكام أو قرارات دسـتورية حـول تخلي رئيـس الدولـة عـن عضويتـه فـي الحـزب السياسـي الـذي ينتمـي إليـه. ومن ثَمّ، فـي الأنظمة الرئاسـية ينظـر إلى كون

(٤٢) نبـي ميـش وأرقـوت أيـواظ، (رئيـس/ رئيـس الجمهوريـة وعلاقتـه بالحـزب السياسـي فـي نظـام الحكومـة الديمقراطـي)، (النظـام الجمهـوري الرئاسـي وتحـوّل النظـام السياسـي فـي تركيـا)، منشـورات SETA ، إسـطنبول ٢٠١٧، ص٣٢١-٢٨١.

الرئيس عضوًا في حزب سياسي، وحتى كونه الرئيس الطبيعي للحزب في العديد من الدول على أنه تعبير عن الطابع المعتاد للنظام. وتتباين أبعاد العلاقة بين الرئيس وحزبه من دولة إلى أخرى في الدول التي تُدار وفق النظام الرئاسي. فالرئيس الذي يُعَدّ نقطة البداية في النظام الرئاسي في الولايات المتحدة الأمريكية على سبيل المثال هو عضو في حزب من الأحزاب، فهو عضو في حزب سياسي؛ أي أنه (حزبيٌّ). لكن رئاسة (اللجنة الانتخابية) في الحزب الذي ينتمي إليه رئيس الولايات المتحدة الأمريكية تُدار من قبل شخص آخر.

في الأنظمة شبه الرئاسية لا تقطع العلاقة بين رؤساء الجمهوريات وبين أحزابهم التي ينتمون إليها. فعلاقة رئيس الجمهورية في فرنسا التي تدار بنظام شبه رئاسي؛ بحزبه وثيقة جدًّا، وهو العضو السياسي الأكثر تأثيرًا في تحديد التوجهات السياسية لحزبه وإدارتها. التفاعل السياسي السليم وما وراء ذلك من حضور لعلاقات الحزب السياسية في النظام شبه الرئاسي يحملان أهمية كبرى فيما يتعلق بديمومة السلطة واستقرارها قياسًا بأنظمة الحكم الأخرى؛ لأن العلاقة بين الجهاز التشريعي والتنفيذي ومن ثَمّ العلاقة بين الجهاز التنفيذي مع الأحزاب السياسية تحمل طابعًا متشابكًا في النظام شبه الرئاسي قياسًا بالأنظمة البرلمانية والرئاسية. وهناك احتمال كبير لحدوث سوء تفاهم بين الأجهزة المختلفة الثلاثة: رئاسة الجمهورية والجهاز التنفيذي والبرلمان.

ومن الصعب جدًّا في النظام الرئاسي وشبه الرئاسي، أن

يتمكن مرشَّحٌ مستقلٌ من تنظيم حملة انتخابية تتطلب تنظيمًا كبيرًا وتكاليف عاليةَ، ويحقق الفوز. كما أن الرئيس المستقل عن أي حزب سياسي ربما يواجه صعوبة للحصول على الدعم اللازم من السلطة التشريعية في الأمور المتعلقة بسلطته التنفيذية. ولا يستطيع الرئيس الذي لا ينال الدعم من أي حزب سياسي أن يمارس سلطاته التنفيذية بشكل فعال(٤٣).

وفي الحياة السياسية التركية، نص دستور عام ١٩٦٠ على قطع رئيس الجمهوريّة ارتباطه بالحزب الذي ينتمي إليه. وكان رؤساء الجمهورية حزبيينَ حتى ذلك العهد. كما أن دستور عام ١٩٨٢ ينصّ على أن «يقطع رئيس الجمهوية المنتخب ارتباطه بحزبه إن وجد، وتنتهي عضويته في مجلس الشعب التركي الكبير». على الرغم من اعتبار قطع رئيس الجمهوريّة ارتباطه بحزبه السياسي مطلبًا من مطالب الحيادية بعد دستور عام ١٩٦٠، لكن رؤساء الجمهورية الذين تم اختيارهم من العسكريين المتقاعدين أو قيادات الفرق العسكرية وقفوا مع الطرف الحامي لآلية الوصاية تحت غطاء (التشابك الأيديولوجي). كما ينبغي التنويه إلى أن تورغوت أوزال وسليمان دميريل لم يبتعدا عن أحزابهما السياسية بعد انتخابهما. فكان رد تورغوت أوزال مثلاً على الانتقادات التي وجهت إليه كما يأتي: «كيف أنكر أنني أسست حزب الوطن الأم ANAP، وكيف لي أن أنكر انتمائي لحزب الشعب الديمقراطي الاجتماعي SHP بعد أن أصبحت رئيسًا للجمهورية؟! لذلك، أدعو إلى انتخاب رئيس الجمهورية من بين مرشحي الأحزاب السياسية

---

(٤٣) David J. Samuels ve Matthew S. Shugart, Presidents, Parties and Prime Ministers, (Cambridge University Press, New York: 2010)

انتخابًا مباشرًا من قبل الشعب»[٤٤].

وقد ألغيت في التعديل الدستوري المقترح عبارة «يُقطع ارتباط رئيس الجمهوية المنتخب بحزبه إن وجد» من المادة ١٠١ في الدستور. وهكذا يسمح للرئيس الذي سيُنتخب أن يشكل مستوى علاقاته مع حزبه في إطار الآليات السياسية. ومن ثَمّ يمكن للرئيس أن يكون رئيسًا لحزبه، أو عضوًا فيه، أو أن لا يكون عضوًا في أي حزب. ولا بد هنا من النظر إلى علاقة رئيس الجمهورية مع الأحزاب السياسية من منظور الثقافة السياسية ونظام الأحزاب في تركيا. فإن لم يكن رئيس الجمهورية رئيسًا للحزب الذي خرج منه فمن المحتمل ظهور (مشكلة ازدواجية الرئاسة) من جديد. فتباين الأجندة السياسية بين رئيس الجهورية ورئيس الحزب قد يؤدي إلى عراقيل جديدة في النظام. فرئيس الحزب يمكنه استخدام قوة حزبه في البرلمان لعرقلة القوانين اللازمة لسلطة الرئيس التنفيذية. ومن المحتمل إبعاد رئيس الجمهورية من الحزب إذا كان نفوذ رئيس الحزب في حزبه أقوى من نفوذ رئيس الجمهورية في حال حدوث خلاف بينهما. وعندما يكون رئيس الجمهورية رئيسًا للحزب أيضًا يقوم بالتأثير المباشر على العوامل المختلفة، مثل (انضباط الحزب) و(الحملة الانتخابية) و(عملية التصويت)و(عملية ترشيح نوابه). وبخلاف ذلك لن يكون قادرًا على ضبط تصرفات كتلة حزبه في المجلس، وسيضطر باستمرارٍ إلى المساومة مع الأحزاب المعارضة عند اتخاذه القرارات، وهذا الوضع من شأنه أن يفتح الطريق للمشكلات في الإدارة والاستقرار السياسي. من ناحية أخرى، إذا كان نفوذ رئيس الجمهورية في حزبه قويًّا، فسيؤدّي

(٤٤) (أوزال اقترح تركيا جديدة)، مليَّت، ٣٠ تشرين الثاني ١٩٩٠، ص٥.

دوراً أكثر فعالية في إقبال الناخب على الصندوق، وفي حملات حزبه الانتخابية. وشعبية الرئيس لدى الرأي العام وقبوله من قبل الناس سيعزّز شرعية موقع رئاسة الجمهورية باعتباره المؤسسة الأهم في أعين الناس. وانقسام توجهات الناخبين بالمقابل بين كتلة الحزب البرلمانية ورئيس الحزب ورئيس الجمهورية سيزيد النظام هشاشة في مواجهة البيروقراطية. ورغم أن الرئيس هو الذي يعين أعضاء الحكومة فإن وجود رئيس قوي للحزب سيؤدي إلى تشتت التوجهات داخل الحزب.

الخاتمة:

اقترب منذ أمدٍ طويلٍ الجدل الدائر في تركيا حول تحول النظام السياسي من نهايته. فالتوافق بين حزب العدالة والتنمية AK وحزب الحركة القومية MHP نتج عنه قبول نظام الحكم المسمّى (النظام الجمهوري الرئاسي) من قبل مجلس الشعب التركي الكبير. ثم صار إلى تصديق رئيس الجمهورية وإلى عرضه على الاستفتاء الشعبي. ومن المزمع أن يُنتقَل إلى عهدٍ جديدٍ في هذه المسألة التي بقيت مدار جدل سياسيّ استمرَّ أربعينَ عامًا؛ بعد موافقة الشعب على التعديل الدستوري.

وقد ساقت الأحزاب السياسية اليمينية اعتبارًا من أعوام السبعينيات موجباتها في ضرورة إجراء تغيير النظام السياسي. فقد سادت حالة عدم الاستقرار السياسي فترة الحكومات الائتلافية في أعوام السبعينيات، وانطلقت المناقشات تحت ذرائع تعزيز فعالية السلطة التنفيذية بوصفها طريقة لتجاوز تلك الحالة، وتوجّه السياسيون الذين تمحورت لقاءاتهم حول موضوعات (إدارةٍ فعالةٍ) و(استقرارٍ سياسيٍّ) و (عدالةٍ في

التمثيل)- نحو تغيير النظام الانتخابي بدايةً من أجل تجاوز أزمة نموذَجِ النّظام البرلمانيِّ التركيّ، لكن ذلك لم يزد البنيان السياسي إلا تمزقًا وهشاشة.

فرأت الأطراف السياسية ضرورة إجراء تغييرٍ أكثر عمقًا، فاقترحت تحويل النظام السياسي إلى النظام الرئاسي. وتجسد السعي الأول نحو النظام الرئاسي في ظل انقلاب ١٩٨٠ بمناقشة اقتراح انتخاب رؤساء الجمهوريات من قبل الشعب. لكن خشية الكيان الوصائي وخشية الكتل السياسية على مصالحها تأخرت مساعي الحلول في هذا الصدد . لكن النقاشات لم تنقطع نتيجة الأزمات السياسية المتكررة بشكل دوري. وقد تعلّل تورغوت أوزال بأن الحكومات الائتلافية تقف عقبة أمام الإدارة الفعّالة لتعزيز مطالبته بالنظام الرئاسي في نهاية أعوام الثمانينيات، محذّرًا من التمزق الذي يهدّد البنية الاجتماعية والسياسة الاجتماعية في تركيا، وأن النظام البرلماني يسهّل هذا التمزق. وعبّر عن اعتقاده بأن التكامل في تركيا سيتعزز مع الانتقال إلى النظام الرئاسي.

وفي النصف الثاني من أعوام التسعينيات، دافع سليمان دميريل عن النظام الرئاسي الذي كان ينادي به تورغوت أوزال بحجج مشابهة، وكان قد عارضه من قبل. فقد ربط التمزق السياسي بين اليمين والوسط واليسار بالآلية التنفيذية في النظام البرلماني، ورأى ضرورة اختيار رئيس السلطة من قبل الشعب من أجل إيجاد حلٍّ لمشكلة الإخفاق الحكومي. وأكد طيب أردوغان بدوره في كل فترة من فترات حياته السياسية على أن نموذَجَ النّظام البرلمانيِّ التركيّ ملائمٌ لإمكانية التدخل من قبل مراكز الوصاية، وأنه لا مفرّ من التحوّل إلى النظام الرئاسي

بعد حين من أجل تسريع اتخاذ القرارات، وتقديم الحساب أمام الشعب، وإبعاد الوصاية البيروقراطية. ويمكن من خلال كيان تنفيذي يدرك مسؤولياته وصلاحياته إدراكًا جيدًا التوصل إلى فترة طويلة من الاستقرار. كما أن طرازًا حكوميًّا يتوصل إلى استقرار سياسي واقتصادي سيمنح الفرصة من أجل نضج التحول الديمقراطي وبلورته وتعزيزه.

وبعد مسار شاقّ طويل آتت جهود أردوغان أُكُلَها، وانطلقت الخطوات العملية للتحول إلى النظام الرئاسي. وقد تضمن مشروع التعديلات الدستورية الذي أعدّه حزب العدالة والتنمية تحول النظام السياسي، كما هو واضحٌ في موجباته، مستفيداً في ذلك من المشكلات السياسية التي شهدتها تركيا في الماضي. كما استُفيد من نتائج التطبيقات النافعة لنماذج هذا النظام في العالم. فَي هذا السياق يدافع المسؤولون في حزب العدالة والتنمية عن هذا التغيير باعتباره نظامًا عقلانيًّا سياسيًّا رشيدًا.

يحدد النظام الجمهوري الرئاسي حدود الأجهزة التشريعية والتنفيذية والقضائية وفقًا لنظام سياسي (رئاسيّ). وقد صُمِّمت أصول الانتخابات وشروط تجديدها بوصفها واحدة من أهم الآليات التي تشكل عائقًا في وجه إنتاج النظام للأزمات. ويقوم المجلس بوظيفته في الرقابة على السلطة التنفيذية من خلال آليات الميزانية والبحث البرلماني والجلسة العامة و الاستجواب البرلماني.

فشرط معدل ٥٠٪ من أصوات الناخبين اللازم لانتخاب

رئيس الجمهورية سيسمح بظهور الثقافة السياسية التي تعزز مركز السياسة وتطويره. فمن خلال النظام الانتخابي الذي أعدّ بهذا المفهوم سيكون الوفاق والشراكة في السياسة شرطًا لازمًا من أجل كسب تأييد الشعب في الانتخابات. كما أن انتخاب رئيس الجمهورية بشكل مباشر من قبل الشعب ولدورتين اثنتين كحد أقصى لمدة خمس سنوات في كل دورة يجعل الانتقادات حول (حكم الرجل الفرد) في المقدمة دون معنى. من ناحية أخرى، سيحقق اختيارُ رئيس السلطة التنفيذية مباشرة من قبل الشعب انزياح مركزِ ثقلِ السلطة التنفيذية من بيروقراطيةٍ معيَّنةٍ تعيينًا إلى سلطةٍ تنفيذيةٍ منتخبة .

ستتحول السلطتان التشريعية والتنفيذية معًا إلى كيانين قويين في النظام الرئاسي، وفي هذا الصدد سيخفّ احتمال ظهور أزمات حكومية على خلفية سياسة التصميم التي يمكن أن تنتج بسبب التداخل بين السلطتين والغموض والرئاسة المزدوجة وتوقعات المستقبل. وفي النهاية سيجلب النظام الجديد معه ديمومة الاستقرار السياسي والاستقرار الاقتصادي، وسيحمل الاستقرار في كلا المجالين الديمومة في تعزيز الديمقراطية وتعميقها.

جرى الاستفتاء العام ست مرات في العهد الجمهوري، وسيكون هذا الاستفتاء حول التعديلات الدستورية المتضمّنة للنظام الرئاسي الاستفتاءَ السابع. وهو الاستفتاءُ الثالث في عهد حزب العدالة والتنمية. وقد مارس المجتمع التركي

حتى الآن سلوك التصويت بالموافقة على كل التغييرات التي تهدف إلى مواجهة الأزمات، وتسهم في التحوّل الديمقراطي السياسي، وتجعل الأمّة صاحبة القرار في السلطة التنفيذية.

ملحق:

التعديلات الدستورية
المنظّمة للنظام الرئاسي الجمهوري

إضافة مبدأ (الحياد) إلى جانب الاستقلال في المادة التاسعة من الدستور.

رفع عدد النواب من ٥٥٠ إلى ٦٠٠ نائب انسجاماً مع زيادة عدد السكان. وتخفيض عمر الترشح إلى عضوية البرلمان من ٢٥ إلى ١٨ انسجاماً مع التوجهات العالمية، وتغيير عبارة (الذين لم يؤدوا الخدمة العسكرية الإلزامية) من صفات العضو المرشح للبرلمان لتصبح بشكل (الذين لهم صلة بالعسكرية).

منح رئيس الجمهورية صلاحيات السلطة التنفيذية، وإلغاء منصب رئاسة الوزراء ومجلس الوزراء.

إجراء انتخابات رئيس الجمهورية ومجلس الشعب التركي الكبير الذي يمثل الجهاز التشريعي معاً في نفس اليوم كل خمس سنوات. والمحافظة على أصول الجولتين في انتخاب رئيس الجمهورية الموجود في النظام الحالي.

إعادة صياغة المادة ٨٧ من الدستور المنظّمة لمهامّ مجلس الشعب التركي الكبير. بإلغاء صلاحية إصدار المرسوم بمثابة

القانون من نص المادة. كما أُلغي مفهوم (مشروع القانون)؛ لأن رئيس الجمهورية الذي يمثل السلطة التنفيذية في النظام الرئاسي لن يستطيع تقديم مشروع القانون.

تناول تغيير المادة ٩٨ من الدُستور المتعلّق بآليات رقابة مجلس الشعب التركي الكبير على السلطة التنفيذية موضوع (توجيه السؤال) وحده، واعتمد فيه أصول (الجواب المكتوب)، وحافظ على (البحث البرلماني) و(المناقشة العامة) و(الاستجواب البرلماني).

الجمع بين المادتين ١٠١ و١٠٢، وإعادة صياغة أصول الترشح لرئاسة الجمهورية وعملية الانتخاب. حيث أزيلت عبارة «يُقطع ارتباط رئيس الجمهورية المنتخب بحزبه إن وجد»، وأصبح المجال مفتوحًا أمام رئيس الجمهورية ليكون حزبيًّا. وتحديد مدة رئاسة الجمهورية بخمس سنوات، وتحديد إمكانية ترشح الرئيس لدورتين اثنتين كحدّ أقصى. وعدم السماح لرئيس الجمهورية بصفته رئيسًا للسلطة التنفيذية أن يكون عضوًا في السلطة التشريعية.

يُسمَح لكل مواطن تركي تجاوز عمر الأربعين وأنهى المرحلة الدراسية العليا وله مؤهلات الترشح لعضوية البرلمان أن يترشح لرئاسة الجمهورية. وأُقرّ شرط أن يحصل المرشح لرئاسة الجمهورية على توقيَع مئة ألف ناخبٍ كحدٍّ أدنى، أو أن يكون مرشح حزب حصل في الانتخابات الأخيرة على ٥٪ من الأصوات. ويُختَار الفائز بأصواتٍ أعلى من نسبة ٥٠٪ من الأصوات في الجولة الأولى مِن الانتخابات، وفي حال عدم تمكن أحد من الفوز

بهذه النسبة يتم التنافس بين المرشحين الأكثر حصولًا على الأصوات في جولةٍ جديدةٍ تجري في يوم الأحد التالي للانتخابات.

يبين التعديل الذي طرأ على المادة ١٠٤ من الدستور أن رئيس الجمهورية يملك صلاحيات السلطة التنفيذية إلى جانب كونه رئيسًا للدولة. ويصدر رئيس الجمهورية قرارات بتعيين نوابه ووزرائه.

على صلة بالسلطة التنفيذية، يُمنَح لرئيس الجمهورية صلاحية إجراء الترتيبات التنظيمية. وقد صيغت صلاحية رئيس الجمهورية في إصدار القرارات على الشكل الآتي: «ليس لرئاسة الجمهورية صلاحية إصدار القرارات في قضايا الحقوق الأساسية والحقوق الشخصية والحقوق والواجبات السياسية. ولا يسمح بإصدار قرارات في القضايا التي نُظِّمت تنظيمًا واضحًا في القانون. وعندما تتضارب أحكام قرارات رئاسة الجمهورية مع القوانين يُتقيَّد بأحكام القوانين. وعندما يصدر مجلس الشعب التركي الكبير قانونًا في نفس القضية، يُعَدّ مرسوم رئاسة الجمهورية لاغيًا».

يُمنَح لرئيس الجمهورية الذي لا يُسمَح له بتقديم مشروعات قوانين فرصة طلب غير ملزِم لتغيير الدستور عن طريق توجيه رسالة.

من خلال تعديل المادة ١٠٥ من الدستور أُلغيت الحصانة الجزائية لرئيس الجمهورية. وينصّ القانون على مسؤوليته عن أعماله المرتبطة بمهنته أو غير المرتبطة بها على حد سواء،

وإمكانية تجريمه من قبل المجلس وسَوقه إلى الديوان العالي للمحاكمة. ويمكن للأغلبية المطلقة لكامل أعضاء المجلس المطالبة بفتح استجواب بحق رئيس الجمهوريّة، ويُفتَح الاستجواب بأغلبية ثلاثة أخماس المجلس. وقد نصّ على ما يأتي: «لا يمكن لرئيس الجمهورية الذي صدر بحقه فتح تحقيقٍ أن يأخذ قرارًا له علاقة بالانتخابات. ويُقال رئيس الجمهورية المحكوم عليه في الديوان العالي بجريمة تمنعه من الترشح للانتخابات».

نصّت المادة ١٠٦ من الدستور على منح رئيس الجمهورية صلاحية تعيين أكثر من نائب للرئيس، وتحديد نائب الرئيس الوكيل عنه، وكذلك تعيين الوزراء ونواب الرئيس وعزلهم من مهامّهم. وكذلك نصّت على إلغاء عضوية النائب أو الوزير الذي يُعيَّن في السلطة التشريعية إن كان عضوًا فيها.

نصّت المادة ١٠٠ على مسؤوليات أعضاء الهيئة التنفيذية السياسية أمام رئيس الجمهورية، ومسؤولياتهم الجزائية أمام مجلس الشعب بإمكانية استجوابهم وسوقهم إلى الديوان العالي.

تُنشَأ الوزارات وتُلغَى، وتُحدَّد مهامّها وصلاحياتها وهيكلياتها التنظيمية بقرارات رئاسة الجمهورية.

تنصّ المادة ١١٦ من الدستور على تجديد انتخابات رئاسة الجمهورية ومجلس الشعب التركي الكبير معًا. ويمكن لرئيس الجمهورية بمفرده ومجلس الشعب التركي الكبير بأغلبية ثلاثة أخماس كامل أعضائه اتخاذ قرار تجديد انتخابات رئاسة الجمهورية والمجلس. وفي حال اتخاذ قرار بإعادة انتخاب الجهاز التشريعي

أو الرئيس؛ تجري إعادة الانتخابات معًا في نفس الوقت. وإذا قرّر المجلس إعادة الانتخابات ضمن الفترة الرئاسية الثانية لرئيس الجمهورية يمكن للرئيس أن يرشح نفسه مرة أخرى.

من خلال التعديلات التي أُجرِيَت على المادة ١٤٢ من الدستور أُلغيَت المحاكم العسكرية باستثناء حالات الحرب والمحاكم التأديبية.

من خلال التعديلات التي أُجريَت على المادة ١٥٩ من الدستور أُعيدت هيكلة المجلس الأعلى للقضاة والمدّعين العامّين HSYK . فأُزِيلت كلمة (العليا) من اسم المجلس، وغُيِّرت أصول اختيار الأعضاء. يترأس المجلس وزير العدل كما هو الحال في النظام الحالي، ويكون مستشار وزارة العدل عضوًا طبيعيًّا في المجلس. وخُفِّض عدد أعضاء المجلس من ٢٢ إلى ١٣ عضوًا. وخُفِّضَ عدد الدوائر من ثلاثة إلى دائرتين. وصُمِّم اختيار الأعضاء الأحد عشر بحيث يختار رئيس الجمهورية أربعة أعضاء، ويختار المجلس سبعة أعضاء بالأغلبية النوعية للأصوات.

نُقِّحت الأحكام الواردة في الموادّ ما بين ١٦١-١٦٤ ذات الصلة بالميزانية، وكُيِّفت وفقًا للنظام الرئاسي، وصيغت في مادة واحدة، حيث يَعُدّ رئيسُ الجمهورية مشروعَ قانون الميزانية، ويقدمه إلى المجلس. إن لم تُوضَع الميزانية موضع التنفيذ خلال الفترة القانونية المقررة، يُصدَر قانون ميزانية مؤقتة، حتى يُقَرّ القانون الجديد. وفي حال عدم إقرار الميزانيةً المؤقتة أيضًا؛ تُنفَّذ ميزانية العام السابق مع إضافة زيادةٍ بمعدل إعادة التقييم حتى تُقَرّ الميزانية الجديدة».

أُلغيَت الأحكام العرفية التي تنقل سلطة تنفيذ القوانين إلى المناصب العسكرية، وبقيت حالة أحكام الطوارئ.

كُشفت قرارات الشّورى العسكرية العليا YAŞ أمام الرقابَة القضائية، وأُخرِج القائد العام للجندرمة من عضوية مجلس الأمن القومي MGK، وأُلغِي القانون الذي يضع القوات المسلحة التركية TSK خارَج رقابة مجلس رقابة الدولة.

تمّ تغيير الكلمات والعبارات اللازمة في مواد الدستور أو إضافتها أو إخراجها من النصوص بما ينسجم مع النظام الرئاسي والتعديلات الأخرى، وأُلغِي سريان بعض المواد بما ينسجم مع النظام.

مع بدء سريان التغيير اعتماداً على المادة المؤقتة الملحقة بالدستور؛ يُجرَى أول الانتخابات العامة وانتخابات رئاسة الجمهورية في ٣ تشرين الثاني ٢٠١٩، ويُجرَى تنظيم لوائح مجلس الشعب التركي الكبير الداخلية والشؤون القانونية الأخرى خلال ستة أشهر وفقًا لما يتطلبه التغيير الساري، ويُجرَى اختيار أعضاء مجلس القضاة والمدّعين العامّين HSK خلال ثلاثين يومًا، ويُلغَى القضاء العسكري خلال أربعة أشهر بدءًا من دخول القانون قيد التنفيذ.

صلاحيات السلطة التشريعية في رقابة السلطة التنفيذية في النظام الرئاسي التركي

خلوق ألقان

المدخل:

في النظام الرئاسي، تستمد السلطتان التشريعية والتنفيذية مشروعيتهما من الشعب مباشرة من خلال عمليتين انتخابيتين منفصلتين، بخلاف النظام البرلماني الذي تستمد فيه السلطة التنفيذية مشروعيتها من البرلمان. ويمثّل السلطة التنفيذية شخص واحد[1]. والأنظمة الرئاسية هي أنظمة ذات شرعية ديمقراطية مزدوجة[2].

هذا الكيان المؤسسي يولِّد آلية عمل للسلطة المستخدمة باسم الدولة لا يسمح بوجود مفوضين، وهنا تبرز النقطة الأخرى التي تميز النظام الرئاسي عن النظام البرلماني. فالنظام البرلماني يقوم على سلسلة من عمليات تفويض للسلطة تستند إلى عملية انتخابية واحدة، وهذا الوضع يبعد الهوة بين خيارات

---

(١) آلان سياروف، ٢٠٠٣، (الرئاسة المقارنة: استقلالية الامتيازات الرئاسية وشبه الرئاسية والبرلمانية)، المجلة الأوربية للدراسات السياسية، ٤٢/٣، ص٢٨٩.

(٢) جوان ج. لينز، ١٩٩٤، (هل هناك فرق بين الديمقراطية الرئاسية والبرلمانية؟ فشل الديمقراطية الرئاسية)، تحرير: ج. ج. لينز، بالتيمور، ص٣-٨٧.

الشعب والعملية السياسية[٣]. بخلاف النظام الرئاسي، إذ يمكن للرئيس أن يمارس السلطة التنفيذية ويتخذ القرارات ويعمل مع الكوادر التي يعيِّنها اعتمادًا على التفويض الذي أخذه من الشعب مباشرةً.

فالرئيس في النظام الرئاسي هو المسؤول عن السلطة التنفيذية، وعن نتائج السياسات التي تمارسها . وبهذا المعنى يوفر النظام الرئاسي الأرضية المؤسساتية الأكثر مقاومة لانحراف السياسات المطبقة عن طلبات الشعب. وفي النظام البرلماني، تتولد السلطة التنفيذية عن السلطة التشريعية، وتشكيلها وبقاؤها في السلطة مرتبطان بتصويت الثقة في البرلمان، بخلاف السلطة التنفيذية في الأنظمة الرئاسية؛ فهي لا تتولد عن السلطة التشريعية، بل تكتسب شرعيتها من الشعب مباشرةً في إطار فصلٍ تامٍ بين السلطات.

في النظام الرئاسي، يرتبط وجود الوحدات التنفيذية بوجود الرئيس الذي يستمد سلطته وشرعيته مباشرة من الشعب، وهذه الوحدات تتبع لسلطة هذا الرئيس المنتخب. ولا يُشاهَد في النظام الرئاسي ازدواجية السلطة التنفيذية الموجودة في الأنظمة البرلمانية. يشير سارتوري إلى أن عدم أداء البرلمان في الأنظمة الرئاسية أي دور في تعيين الرئيس في منصبه وإقالته، وقبول أولوية الرئيس في السلطة التنفيذية بموجب الجهاز التشريعي- يعد سمةً مميِّزَة. فالأنظمة الرئاسية تمْنَحُ

(٣) وولف غانغ ج. مولر، توربجورنبرغمان، كارة ستورم، ٢٠٠٣. (الديمقراطية البرلمانية: الآمال والمشاكل، التفويض والمسؤولية في الديمقراطيات البرلمانية)، منشورات جامعة أوكسفورد، نيويورك، ص٢٣.

الأولوية للرئيس في تعيين الوزراء والكوادر التنفيذية العليا الأخرى وإقالتهم، ويقوم الرئيس بإدارة السلطة التنفيذية[٤]. وتمنح الأنظمة الرئاسية البرلمانات بشكلٍ عامٍ صلاحيةَ نقضِ تشريعات الرئيس، والاعتراض علىَ قراراته، ومحاكمة الرئيس (impeachment)، وإقالته من مهامه، ولاسيما في القضايا الجنائية وفي نطاقٍ محدود. تطبق هذه الصلاحية في الولايات المتحدة الأمريكية في حالة الجنايات والجنح الخطيرة فقط، ولا تستخدم صلاحية توجيه الاتهام للأسباب السياسية. ففي حالة الجنايات والجنح الكبيرة ذات الصلة بمنصب الرئاسة؛ تُمكن إقالة الرئيس من منصبه بتصويت الأغلبية المطلقة للنواب الحاضرين في مجلس النواب وقرار أغلبية الثلثين في مجلس الشيوخ الذي يعقد برئاسة رئيس المحكمة العليا. باستثناء الرئيس، يمكن توجيه التهم إلى جميع المسؤولين المدنيين والاتحاديين بما فيهم الوزراء، كما يمكن توجيه التهم إلى قضاة المحكمةالعليا وإقالتهم من مناصبهم من قبل الكونغرس. وقد رُفعت دعوى الاتهام بحق ١٩ سناتوراً في الولايات المتحدة الأمَريكية منذ ٢٠١٢، وصدر الحكم ببراءة سبعةٍ من هؤلاء، والعقوبة بحق ثمانية منهم، والإقالة بحق ثلاثة منهم، في حين لم يصدر بحق أحدهم أي قرار بسبب استقالته[٥]. وقد استُخدمت هذه الصلاحية بحق ثلاثة رؤساء حتى اليوم، لكن لم تتم إقَالة أي واحد منهم من منصبه بعد توجيه الاتهام إليه. وفي البرازيل تنقسم الأسباب الداعية إلى إقالة الرئيس والوزراء من قبل الكونغرس قسمين:

---

(٤) جيوفاني سارتوري، ١٩٩٧. (هندسة الدستور المقارن)، ترجمة: أوزبودون، منشورات يتكين، أنقرة، ص ١١٤.

(٥) مجلس الشيوخ الأمريكي، الإقالة،
http://www.senate.gov/artandhistory/history/common/briefing/Senate_Impeachment_Role.htm. (07. 02. 2017).

الجنايات، وإساءة استخدام المنصب؛ ففي الحالة الأولى يُقدَّم الرئيس أو الوزير إلى القضاء بقرار من مجلس النواب، وفي حالة إساءة استخدام المنصب، يُقيله من منصبه مجلس الشيوخ الذي يمثل الجناح الآخر لمجلس الكونغرس؛ بناءً على قرار مجلس النواب بتوجيه الاتهام إلى الرئيس[٦]. وفي بوليفيا، لا توجد صلاحية إقالة رئيس السلطة التنفيذية من منصبه بشكلٍ مباشر؛ بل يُوجَّه الاتهام في هذا القطر إلى الرئيس ويُساق إلى ديوان محكمة العدل العليا[٧].

في النظام الرئاسي، لا تقتصر رقابة الهيئة التشريعية على السلطة التنفيذية على آلية توجيه الاتهام فحسب. مثال ذلك: يمكن استدعاء مسؤولي السلطة التنفيذية إلى التحقيق في الولايات المتحدة الأمريكية عن طريق لجنة التحقيق التابعة للكونغرس. تُعَدّ هذه العملية التي تكون في جلسة علنية آليةَ رقابة فعّالَة وإنْ لم تنته إلى عقوبات سياسيَّة أو قانونيَّة. وقد عُرِضَ الكثيرُ من الوقائعَ في السياسة الأمريكية على الرأي العام في نهاية التحقيقات التي أجرتها لجان التحقيق في الكونغرس. وهذه التحقيقات التي تجريها والتقارير التي تعدّها لجان التحقيق تؤدّي دورًا فعّالًا في تشكيل الحساسيات في بعض القضايا المحددة. وإلى جانب لجان التحقيق في كثير من دول أمريكا اللاتينية توجد كذلك آلياتٌ أخرى، مثل استجواب

---

(٦) يليز يازان، طولغا صاكمان، توتن غول جَليكَل، ٢٠١٦، (عملية التحول الديموقراطي في البرازيل)، الأنظمة الرئاسية في المرحلة الانتقالية، المحرر: خلوق ألقان، منشورات معهد الفكر الإستراتيجي SDE، أنقرة، ص١٢٥-١٢٦.

(٧) خلوق ألقان، يوسف تكين، ي. شوقي حق يَمَز، ٢٠١٥، الأنظمة الحكومة في تركية والنموذج الرئاسي، اللقاء الأسيوي الأوربي Asem، أنقرة، ص٢٠.

الـوزراء، وإعـداد التقرير السـنوي وتقديمه إلى الهيئة التشـريعية، أو المسـؤولية السياسـية المباشرة.

رقابة السـلطة التشريعية على السـلطة التنفيذية في النظام الرئاسي:

تتضمن المواد ٩٨ و٩٩ و١٠٠ و١٠٥ من دسـتور عام ١٩٨٢ بنوداً لصلاحيـة الرقابـة الممنوحـة للسـلطة التشـريعية على السـلطة التنفيذيـة. يتضمـن الجدول الآتـي مقارنةً بين هـذه الصلاحيات.

صلاحية مجلس الشعب التركي الكبير في الرقابة على السلطة التنفيذية:

دستور ١٩٨٢ الحالي	النظام الرئاسي
المادة ١٠٥- ...يُجرَّم رئيس الجمهورية بسبب خيانته للوطن بقرار يوافق عليه على الأقل ثلاثة أرباع العدد الكامل لأعضاء مجلس الشعب التركي الكبير بناءً على طلب ثلث العدد الكامل لأعضاء المجلس ذاته على الأقل.	المادة ١٠٥- يمكن فتح تحقيق بحق رئيس الجمهورية في حال وجود مزاعم بارتكابه جريمةً بناء على مقترح تقدمه الأغلبية المطلقة لكامل أعضاء مجلس الشعب التركي الكبير. يناقش المجلس المقترح خلال شهر على أبعد تقدير، ويقرر فتح تحقيق بعد تصويت سري يشارك فيه ثلاثة أخماس أعضائه. بعد صدور القرار بفتح التحقيق، يُجرِي التحقيق لجنة مكونة من خمسة عشر شخصًا يُختارون بسحب أسمائهم فرادى من أجل كل حزبٍ سياسيٍّ من بين ثلاثة أضعاف الأعضاء الذين يمكن لهذا الحزب أن يقدمهم إلى لجنة التحقيق تبعًا لقوته داخل المجلس. تقدم اللجنة التقرير الخاص بنتائج التحقيق إلى رئاسة المجلس خلال شهرين. وفي حال لم ينته التحقيق ضمن هذه المدة تُعطَى اللجنة مهلة جديدة ونهائية لمدة شهر. ويُوزَّعُ التقرير خلال عشرة أيام اعتبارًا من تاريخ تقديمه إلى الرئاسة، ويُناقَش في المجلس العام خلال عشرة أيام من تاريخ توزيعه. يمكن لمجلس الشعب التركي الكبير أن يقرر إرسال التقرير إلى الديوان الأعلى بعد إجراء تصويت سرّي يشارك فيه ثلثا كامل أعضائه. تتم المحاكمة في الديوان الأعلى خلال ثلاثة أشهر، وفي حال عدم كفاية هذه المدة يُعطَى الديوان الأعلى ثلاثة أشهر إضافية لمرة واحدة فقط، وتتم المحاكمة خلال المدة قطعًا. لا يمكن لرئيس الجمهورية الذي صدر بحقه فتح تحقيق أن يأخذ قرارًا له علاقة بالانتخابات. ويُقَال رئيس الجمهورية المحكوم عليه في الديوان الأعلى بجريمة تمنعه من الترشح للانتخابات. وتُطبَّق أحكام هذه المادة بعد إقالة رئيس الجمهورية من وظيفته جراء جريمة يُدَّعى ارتكابها خلال وجوده على رأس عمله.

المادة ٩٨- يستعمل مجلس الشعب التركي الكبير صلاحياته في الحصول على المعلومات والرقابة من خلال البحث البرلماني والمناقشة العامة والتحقيق البرلماني والأسئلة الخطية. ❖البحث البرلماني يعني الدراسات التي تهدف إلى الحصول على معلومات في موضوع معين. المناقشة العامة هي مناقشة موضوع يهم المجتمع وأعمال الحكومة في المجلس العام لمجلس الشعب التركي الكبير. ❖التحقيق البرلماني هو التحقيق الذي يجرى بحق نواب رئيس الجمهورية والوزراء بموجب البند الخامس والسادس والسابع من المادة ١٠٦. ❖الأسئلة الخطية هي الأسئلة الخطية التي يوجهها نواب البرلمان إلى نواب رئيس الجمهورية والوزراء بغية الإجابة عنها خطيًّا خلال خمسة عشر يومًا. ❖اللائحة الداخلية للمجلس تنظم شكل تقديم المقترَح الخاص بالبحث البرلماني والمناقشة العامة والأسئلة الخطية، ومضمونه وإطاره، وأطر البحث.	المادة ٩٨- يستعمل مجلس الشعب التركي الكبير صلاحياته في الرقابة من خلال السؤال والبحث البرلماني والمناقشة العامة والاستجواب والتحقيق البرلماني. ❖السؤال يعني الحصول على معلومات من رئيس الوزراء أو من الوزراء للإجابة عنه شفهيًّا أو خطيًّا باسم مجلس الوزراء. ❖البحث البرلماني يعني الدراسات التي تهدف إلى الحصول على معلومات في موضوع معين. ❖المناقشة العامة تعني مناقشة موضوع يهم المجتمع وأعمال الحكومة في المجلس العام لمجلس الشعب التركي الكبير. ❖اللائحة الداخلية للمجلس تنظِّم شكل تقديم المقترَح الخاص بالسؤال والبحث البرلماني والمناقشة العامة، ومضمونه وإطاره، وأطر الإجابة والمناقشة والبحث.

المادة ١٠٠- يمكن المطالبة بفتح تحقيق بحق نواب رئيس الجمهورية والوزراء نتيجة وجود مزاعم بارتكابهم جريمة تتعلق بمهامهم، وذلك بمقترَح تقدّمه الأغلبية المطلقة لأعضاء مجلس الشعب التركي الكبير. ❖يناقش المجلس هذا الطلب ويقرر في شأنه بتصويت سري يشارك فيه ثلاثة أخماس العدد الكامل لأعضائه خلال شهر على أبعد تقدير. ❖بعد صدور القرار بفتح التحقيق، تُجرِي التحقيق لجنةٌ مكونةٌ من خمسة عشر شخصًا يُختارون بسحب أسمائهم فرادى من أجل كل حزبٍ سياسيٍّ من بين ثلاثة أضعاف الأعضاء الذين يمكن لهذا الحزب أن يقدّمهم إلى لجنة التحقيق تبعًا لقوته داخل المجلس. ❖تقدم اللجنة التقرير الخاص بنتائج التحقيق إلى المجلس خلال شهرين. وفي حال لم ينته التحقيق ضمن هذه المدة تُعطى اللجنة مهلة جديدة ونهائية لمدة شهر واحد. ❖يُوزَّع التقرير خلال عشر أيام بدءًا من تاريخ تقديمه إلى الرئاسة، ويُناقَش في المجلس العام خلال عشرة أيام من تاريخ توزيعه. يمكن لمجلس الشعب التركي الكبير أن يقرر إرسال التقرير إلى الديوان الأعلى بعد إجراء تصويت سريّ يشارك فيه ثلثا كامل الأعضاء. تتم المحاكمة في الديوان الأعلى خلال ثلاثة أشهر، وإذا لم تتمّ المحاكمة خلال هذه المدة يُعطَى الديوان الأعلى ثلاثة أشهر إضافية ولمرة واحدة فقط، وتتمّ المحاكمة نهائيًا خلال المدة. ❖وتُطبَّق أحكام البند الخامس والسادس والسابع بعد إقالة هؤلاء الأشخاص من وظيفتهم أيضًا جراء جريمة يُزعم أنهم ارتكبوها خلال وجودهم على رأس عملهم. ❖ويُقالُ الوزراء أو نواب رئيس الجمهورية المحكومين عليهم بجريمة تمنعهم من خوض الانتخابات في الديوان الأعلى. ❖يستفيد نواب رئيس الجمهورية والوزراء من الأحكام المتعلقة بالحصانة التشريعية في الجرائم غير المتعلقة بوظيفتهم.

المادة ١٠٠- (تعديل المادة ٣١/٤٧٠٩-٣/١٠/٢٠٠١) يمكن المطالبة بفتح تحقيق بحق رئيس الوزراء أو الوزراء بمقترَح يقدمه على الأقل عُشْرُ العدد الكامل لأعضاء مجلس الشعب التركي الكبير. يناقش المجلس هذا الطلب ويُقرِّر في شأنه بتصويت سريّ خلال شهر على أبعد تقدير.

بعد صدور القرار بفتح التحقيق، تُجرِي التحقيق لجنة مكونة من خمسة عشر شخصًا يُختارون بسحب أسمائهم فرادى من أجل كل حزبٍ سياسيٍّ من بين ثلاثة أضعاف الأعضاء الذين يمكن لهذا الحزب أن يقدمهم إلى لجنة التحقيق تبعًا لقوته داخل المجلس.

تقدم اللجنة التقرير الخاص بنتائج التحقيق إلى المجلس خلال شهرين. وفي حال لم ينته التحقيق ضمن هذه المدة تُعطَى اللجنة مهلة جديدة ونهائية لمدة شهرين (جملة إضافية: المادة ٣١/ ٤٧٠٩-٣/١٠/٢٠٠١). يجب تسليم التقرير إلى رئاسة مجلس الشعب التركي الكبير خلال هذه المدة.

(تعديل: المادة ٣١/٤٧٠٩-٣/١٠/٢٠٠١)

يُوزَّع التقرير خلال عشرة أيام اعتبارًا من تاريخ تقديمه إلى الرئاسة، ويُناقَش خلال عشرة أيام من تاريخ توزيعه، ويتم الإقرار على إرساله إلى الديوان الأعلى إذا اقتضت الحاجة. ولا يُرسَل إلى الديوان الأعلى إلا بعد إجراء تصويت سريّ تشارك فيه الأغلبية المطلقة للعدد الكامل لأعضاء المجلس.

لا يمكن للأحزاب السياسية في المجلس أن تناقش البحث البرلماني وتأخذ قرارات بشأنه.

	المادة ٩٩- يُقدَّم مقترح الاستجواب باسم حزب سياسي أو بتوقيع عشرين نائبًا على الأقل. ❖يُطبَع التماس الاستجواب خلال ثلاثة أيام بعد تقديمه، ويُوزَّع على الأعضاء، ويُناقَش ما إذا كان سيدرج في جدول الأعمال أم لا خلال عشرة أيام اعتبارًا من تاريخ توزيعه. في هذه المناقشة لا يمكن أن يتحدث سوى أحد أصحاب هذا الالتماس أو نائب عن كل حزب سياسي أو رئيس الوزراء أو وزير باسم رئاسة الوزراء. ❖ومع صدور قرار بإدراج التماس الاستجواب في جدول الأعمال تُحددَّ مناقشته، لكن هذه المناقشة لا تتم إلا بعد مرور يومين بدءًا من تاريخ صدور قرار إدراجه في جدول الأعمال، ولا يُترك لفترة أطول من سبعة أيام. ❖ويُصوَّتُ على اقتراح حجب الثقة مع الأسباب الموجبة الذي يقدمه الأعضاء أو المجموعات أو طلب الثقة الذي يقدمه مجلس الوزراء بعد يومٍ واحد كامل. ❖ويتم إسقاط مجلس الوزراءِ أو وزيِر من الوزراء بتصويت الأغلبية المطلقة لكامل أعضاء المجلس، ويعدّ في التصويت فقط أصوات حجب الثقة. ❖يتم تحديد المسائل الأخرى المتعلقة بالاستجواب باللائحة الداخلية بشرط أن تتوافق مع المبادئ المذكورة أعلاه وذلك لتسيير أعمال المجلس بصورة متوازنة.

إن مضمون صلاحيات الرقابة التي يملكها مجلس الشعب التركي الكبير في إطار عرض تعديل الدستور أوسع إلى حد ما من مضمون النظام الرئاسي. ويجري الحفاظ على أسلوب الأسئلة الخطية والمناقشة العامة باعتبارها آليات رقابة لا تصادف كثيرًا في الأنظمة الرئاسية الكلاسيكية. وصلاحياتً التحقيق البرلماني ينبغي الوقوف عنده بشكلٍ خاصٍ؛ لأنها في عهدة البرلمان. ينص العرض على أن لا يوجد ممثلون عن السلطة التنفيذية في التحقيق البرلماني. وهذا الحكم ينبغي تقييمه على أنه يأتي بمعنى أن تخلو عملية التحقيق من ممثلين

عن السلطة التنفيذية، وهو نتيجة طبيعية لفصل السلطات. فلجان التحقيق تعدّ آلية رقابية فعالة جدًا في الأنظمة الرئاسية بشكل يختلف عن الأنظمة البرلمانية(٨).

وأحد الأسباب الكامنة وراء فعالية التحقيق البرلماني كونه يملك صلاحيات الرقابة على السلطة التنفيذية باعتبارها آلية مستقلة عن السلطة التنفيذية. بيد أن تداخل السلطة التشريعية والتنفيذية في النظام البرلماني تحت سقف البرلمان يقيد من استعمال صلاحيات التحقيق باعتبارها آلية رقابة فعالة، أما السبب الثاني الذي يزيد من فعالية لجان التحقيق في النظام الرئاسي فهو وضوح اجتماعات لجان التحقيق وتقاريرها، فكما أن لجان التحقيق تكون سببًا في مساءلة العديد من السياسات التي تتبعها السلطة التنفيذية لدى الرأي العام فإنها كذلك تشكل عنصر ضغط فاعل فيما يخص تغيير السياسات التي تتّبعها السلطة التنفيذية. ومن ثمَّ فإن الدور الفعال الذي تلعبه لجان التحقيق في الرقابة مرتبطٌ بهذين العنصرين.

يبدو أن العنصر الأول قد أُمِّن مباشرةً عبر الترتيبات الموجودة في العرض. أما العنصر الثاني فلم يُنظَّم مباشرةً عبر العرض. فالتحقيق البرلماني بحسب العرض سيتم تبعًا للائحة الداخلية التي سيصدرها مجلس الشعب التركي الكبير بذاته فيما يخص شكل تقديم المقترحات ومضمونها وإطارها والإجابة عليها، وأساليب النقاش والتحقيق. فاللائحة الداخلية الحالية تقدم

(٨) انظر: دوغلاس ل. كرينر، إيريك شيكلر، ٢٠١٦. «استجواب الرئيس: السلطة الرئاسية أمام التحقيق البرلماني، مطبعة جامعة برينستون، نيو جيرسي.

مجالًا واسعًا لحركة لجان التحقيق، وتعطيها صلاحية الاستماع إلى جميع المعنيين بموضوع التحقيق[٩]. ومن ثَمّ يمكن للمجلس أن يشكل لجنة تحقيق في هذا الموضوع، ويطلب آراء جميع المعنيين، بما فيهم نواب رئيس الجمهورية والوزراء. المهمّ في الأمر هنا هو أن يعير المجلس أهمية لمبدأ الوضوح والشفافية لدى تنظيم اللائحة الداخلية. وإتاحة الفرصة للجان التحقيق في استدعاء شخصيات المستوى الأعلى في السلطة التنفيذية لأخذ آرائهم سوف تعزز كثيرًا صلاحيات الرقابة الممنوحة للمجلس.

مسؤولية رئيس الجمهورية:

إن مسؤولية رئيس الجمهورية أمام المجلس، أو التحقيق البرلماني -بعبارةٍ أخرى- نُظِّم في مشروع تغيير الدستور بشكلٍ مختلف تمامًا عن الدستور الحالي. ووفقًا لذلك، يمكن توجيه الاتهام إلى رئيس الجمهورية بتصويت الأغلبية المطلقة في المجلس، ويمكن اتخاذ قرار تقديم رئيس الجمهورية إلى الديوان الأعلى بتصويت أغلبية الثلثين من كامل أعضاء المجلس. وربط إقالة رئيس الجمهورية المنتخب من الشعب بقرار الأغلبية المؤهلة ينسجم مع منطق النظام الرئاسي. أما في الدستور الحالي، فإن توجيه الاتهام ضد رئيس الجمهورية محصور بجريمة خيانة الدولة، ويحتاج سَوق رئيس الجمهورية إلى المحاكمة في الديون الأعلى إلى صدور القرار بموافقة ثلاثة أرباع كامل أعضاء المجلس. ومن النواحي الإيجابية للمشروع كذلك؛ تخفيض معدل أغلبية التصويت من ثلاثة أرباع إلى الثلثين.

---

(٩) النظام الداخلي لمجلس الشعب التركي الكبير، المادة ١٤، https://www.tbmm.gov.tr/ictuzuk/ictuzuk.htm.

واتخاذ القرار بالسوق في الدستور الحالي؛ يكفي لإقالة رئيس الجهورية من منصبه. ويترك هذا التنظيم فراغًا في قضية مسؤولية رئيس الجمهورية في الجرائم الأخرى أيضًا. بالمقابل يوفر المشروع -من خلال توسيع دائرة مسؤولية رئيس الجمهورية- آليةً للرقابة في جميع الجرائم التي يُتَّهَم الرئيس بارتكابها، فآلية الرقابة الجديدة بتناولها الجرائم التي يمكن تعريفها وفقًا لقانون الجزاء بدل جريمة خيانة الوطن المبهمة الموجودة في قانون الجزاء التركي؛ تسلط الضوء على طبيعتها القانونية في منع إساءة استخدام التحقيق بصفتها أداة سياسية.

وكذلك لا يربط الترتيب الجديد بين قرار السَّوق إلى الديوان الأعلى وقرار الإقالة ربطًا مباشرًا. وعدم وجود مثل هذا الربط هو نتيجةٌ طبيعيةٌ لتوسيع دائرة مسؤولية رئيس الجمهورية الجزائية حول الجرائم. ولا يمكن إقالة رئيس الجمهورية من منصبه في هذا المجال إلا أنْ تصدر بحقه عقوبةٌ تمنعه من الترشح للانتخابات.

وأخيرًا، يضع الترتيب قيودًا زمنية للعملية القضائية، ويهدف من خلاله وضع حد لطول التوتر والنقاشات التي تتولد حول شرعية عمل رئيس الجمهورية السياسي خلال مدة محاكمته. فيوجب على المحكمة الدستورية أن تنتهي الإجراءات في غضون ستة أشهر،بما في ذلك الوقت الممدّد.

مسؤولية نواب رئيس الجمهورية والوزراء:

تبين التغييرات المزمعة أن رئيس الجمهورية والوزراء يخضعون إلى الاستجواب أمام المجلس حول الجرائم المتعلقة بمهامهم.

ويخضع رئيس الجمهورية إلى الاستجواب أمام المجلس في جميع الجرائم التي يُتَّهم بارتكابها، ويقتصر الاستجواب بحق الوزراء في اتهامات الجرائم ذات الصلة بمهامهم فحسب. وعلى الرغم من هذا التضييق؛ فإن تجريم الوزراء من قبل مجلس الشعب التركي الكبير وسَوقهم إلى الديوان العالي وشروط التصويت، توازي مسؤولية رئيس الجمهورية.

تُوجَّه التهم إلى نواب رئيس الجمهورية والوزراء بتصويت الأغلبية المطلقة لأعضاء المجلس، ويمكن اتخاذ قرار المحاكمة بحقهم بأغلبية ثلثي الأصوات كما هو الحال مع رئيس الجمهورية. وبشكلٍ مماثلٍ، تبين التغييرات الجارية أن سَوق الوزراء إلى الديوان العالي لا يكفي لإقالتهم من مناصبهم، ولا يُقال الوزير من منصبه في هذه الحالة إلا أن يُدَان بجريمة تمنعه من أهلية الترشح للانتخابات البرلمانية. ويجب على المحكمة الدستورية أيضًا أن تنتهي الإجراءات في غضون ستة أشهر،بما في ذلك الوقت الممدّد.

وما مسؤولية نواب رئيس الجمهورية والوزراء حول الجرائم التي لا صلة لها بالمهنة؟:

المسألةُ واضحةٌ في المشروع، حيث تتضمن المادة ١٠٥ جميع الجرائم الخاصة بمنصب رئيس الجمهورية. ويتضمن المشروع الأحكام المتعلقة باستفادة نواب رئيس الجمهورية والوزراء من الأحكام المتعلقة بالحصانة البرلمانية في الجنايات التي لا صلة لها بمهامهم. ووفقًا لذلك يستفيد نواب رئيس الجمهورية والوزراء من الأحكام المتعلقة بالحصانة البرلمانية الواردة في المادة ٨٣ من الدستور الحالي.

بناءً على ذلك: يسري على نواب رئيس الجمهورية والوزراء حكم « ...النائب الذي إذا اتُّهِم بارتكاب جريمة قبل الانتخاب أو بعده فإنه لا يُعتَقل ولا يجري التحقيق معه ولا يسجن ولا يحاكم ما لم يصدر قرار من المجلس. ويستبعد من هذا الحكم حالات التلبس بالجرائم التي تتطلب العقوبات الشديدة التي تنص عليها المادة ١٤ من الدستور، شريطة أن يبدأ التحقيق بها قبل الانتخابات، وفي هذه الحالة يتوجب على المقام المخوّل تبليغ مجلس الشعب التركي الكبير بالوضع فوراً ومباشرة». وفي هذه النقطة يمكن للمجلس أن يرفع هذه الحصانة في حالة الإدانة بجرائم لا صلة لها بالمهنة بناءً على طلب الهيئة القضائية. وباختصارٍ، يخضع نواب رئيس الجمهورية والوزراء إلى رقابة المجلس وفق الآليات الآتية:

السَّوق إلى الديوان العالي على خلفية جرائم ذات صلة بالمهمة.

موافقة المجلس على رفع الحصانة من أجل المحاكمة حول الجرائم التي لا علاقة لها بالمهنة.

الدعوة إلى لجان التحقيق والاستناد إلى قرارها.

توجيه الأسئلة المكتوبة.

وهذا الإطار سيجلب مسؤولية أوسع من تلك الموجودة في النظام الأمريكي الذي يشار إليه باعتباره النظام الرئاسي الكلاسيكي.

الميزانية باعتبارها آلية من آليات رقابة المجلس:

هناك فرق واسع بين الأنظمة الرئاسية والأنظمة البرلمانية من حيث الدور الممنوح للميزانية. ففي النظام البرلماني تُعدُّ السلطة التنفيذية الميزانية، وهي في الوقت ذاته تشكل الأغلبية

في السلطة التشريعية، لذلك تكون عملية وضع الميزانية إلى حدٍّ كبيرٍ عمليةً إجرائيةً محضةً، ولهذا السبب من غير الممكن ألا توافق السلطة التشريعية على الميزانية، ولهذا السبب أيضًا تعدّ الحكومة التي لا تحصل الموافقة على الميزانية حكومةً فاقدةً للثقة حكمًا، وتعدّ في حكم الحكومة المقالة. ففي الأنظمة البرلمانية لا تتجاوز الميزانية عن كونها نمطًا من جداول التوزيع التي تُعَدّ عن توزيع الدخل العام على المؤسسات العامة.

مقابل ذلك، تتحول الميزانية في النظام الرئاسي إلى وسيلة رقابية بيد السلطة التشريعية على السلطة التنفيذية، وذلك نتيجةً عدم التداخل بين السلطتين التنفيذية والتشريعية، وكون السلطة التنفيذية تقوم بتحديد سياستها ومسؤولية كوادرها الإدارية اعتماداً على شرعيتها المكتسبة من الشعب مباشرة. فالميزانية في الأنظمة الرئاسية، تحتاج إلى موافقة المجلس على المتطلبات المالية اللازمة من أجل سياسات الرئيس الجديدة، ومن ثَمّ تعني موافقة السلطة التشريعية على سياسات الرئيس، وبذلك يمكن اعتبار هيكلة الميزانية شكلاً من أشكال رقابة السلطة التشريعية على السلطة التنفيذية.

والنظام الرئاسي كذلك يحمل صيغةً تمكنه من منع وصول الخلاف بين السلطتين التشريعية والتنفيذية في موضوع الميزانية إلى طريق مسدود، وفي الوقت نفسه تشكل وسيلةً بيد التشريعية لممارسة الرقابة على التنفيذية. ففي حال عدم موافقة المجلس على ميزانية الرئيس في النظام الرئاسي ستشهد بعض الخدمات العامة -وفي مقدمتها دفع الرواتب- صعوبات. ...في مثل هذه الأحوال، قد يكون الامتناع عن الموافقة على

سياسات الرئيس سببًا في تعطيل النظام، ومن ثَمَّ من الضروري في الأنظمة الرئاسية بناء توازن بين رقابة السيطرة التشريعية ومخاطر سيطرة الجمود.

يتضمن قانون تغيير الدستور في موضوع الميزانية الترتيبات الآتية في المادة ١٦١ من الدستور:

«...يقدم رئيس الجمهورية مشروع قانون الميزانية إلى مجلس النواب التركي قبل خمسة وسبعين يومًا على الأقل من بداية السنة المالية. يُستعرَض قانون الميزانية في لجنة الميزانية. و يُعرَض النص الذي سيُوافَق عليه في الجلسة العامة، ويُتوصَّلُ إلى القرار حتى بداية السنة المالية. في حال عدم إقرار قانون الميزانية خلال الفترة الممنوحة، يعتمد قانون ميزانية مؤقتة، وفي حال عدم صدور قانون الميزانية المؤقتة كذلك، تُطبَّق ميزانية العام الماضي مع زيادة بمعدل تقييمٍ جديدٍ حتى يُقَرّ قانون الميزانية الجديد...».

وفقًا لهذا الترتيب، يمنح رئيس الجمهورية الفرصة لإعادة النظر في الميزانية في حال عدم موافقة السلطة التشريعية على الميزانية، وإن لم تحصل الموافقة رغم ذلك، يمكن اعتماد ميزانية العام الماضي مع زيادة بمعدل تقييم جديد؛ أي الأخذ بعين الاعتبار لعناصر، مثل التضخم المالي. بتعبير آخر: تُعتَمَد ميزانية العام الماضي التي وافق عليها المجلس حتى لا يحصل خلل في الخدمات العامة القائمة بسبب النزاع الحاصل في موضوع الميزانية. ومقابل ذلك تُحافظ السلطة التشريعية على صلاحيتها في الرقابة على الموضوعات التي تتطلبها سياسات رئيس الجمهورية الجديدة، وعلى رئيس الجمهورية إقناع المجلس في موضوع المتطلبات المالية لسياساته الجديدة.

الخاتمة: الحياة السياسية هي التي تشكل الرقابة:

إن الإطار الذي تناوله الباحث آنفًا باعتباره الدستوري لا يخالف منطق النظام الرئاسي، وفيه يتبين أنه خلافًا للتقاليد البرلمانية؛ ستكتسب قدرة المجلس على مراقبة السلطة التنفيذية بشكلٍ فعّالٍ مستقلٍ عن المصالح الحزبية الضيقة مدلولها على الأكثر بمقاربات الجهات السياسية الفاعلة. والإطار الجديد الذي يحمله المشروع سيوفر للسلطة التشريعية في موضوع الرقابة الآليات المنسجمة مع منطق النظام الرئاسي، ومن ثمّ سيتمّ تأويل وتقييم الممارسة الفعالة لهذه الآليات باعتبارها أنشطة للسلطة التشريعية.

والتحوّل إلى النظام الرئاسي لا يمكن أن يتحقق بمجرد تغيير ثماني عشرة مادة من الدستور الحالي، بل لا بد من دعم النظام الجديد من خلال تعزيز فعالية الرقابة لدى السلطة التشريعية خاصة، وإجراء الترتيبات اللازمة في موضوع النظام الانتخابي والأحزاب. وهذه الترتيبات التي تقرّب العلاقة بين الناخب والنائب ستعزّز رقابة السلطة التشريعية على التنفيذية أيضًا.

القضاء في النظام الجمهوري الرئاسي

جم دوران أوزون

المدخل:

صوتت تركيا في ١٦ إبريل ٢٠١٧ على استفتاء التعديلات الدستورية ويمكن القول إن هذه التعديلات رغم أنها لا تتعلق بنظام الحكومة مباشرةً، فإن الغاية الأصلية بموجب العرض المصرّح عنه تصب في رفع الوصاية البيروقراطية عنها. كما أن المشكلات الجدية التي يتسبب بها النظام المطبق في اختيار أعضاء المجلس الأعلى للقضاة والمدعين العامين، والتفكير بزيادة المشروعية الديموقراطية لهذا المجلس- أدّيا إلى إدراج الأحكام المتعلقة به في هذه الحزمة من التعديلات. وسنتناول هنا التعديلات المتعلقة بالمجلس الأعلى للقضاء والمدّعين العامّين، وموجباتها، والنقاشات الدائرة حولها.

بحث تركيا عن دستورٍ جديدٍ والنظام الرئاسي الجمهوري:

بدأت النقاشات والانتقادات تتوجه إلى دستور ١٩٨٢ مباشرة عقب قبوله، وبات البحث عن دستورٍ جديد، ونظام حكومة جديد موضوعين مهمّين على طاولة الأجندات منذ ثلاثين عاماً تقريباً. فكانت الفترة الممتدة بين عامي ٢٠١١ و٢٠١٣ التي شهدت تسييراً لأعمال لجنة الوفاق التي تشكلت بعد انتخابات ٢٠١١؛ هي الفترة التي اشتدت فيها الآمال نحو دستورٍ جديد.. لكنه بحلول عام ٢٠١٣ لم تستطع لجنة الوفاق أن تكتب سوى ٦٠ مادةً حول الحقوق الأساسية، وانفرط عقدها؛ نتيجة عدم

الاتفاق حول نصٍّ واحد. وبعد صمت دام قرابة عامين أُدرِج موضوع الدستور الجديد في الأجندات مرةً أخرى، وبسرعةٍ كبيرة عام ٢٠١٦ بفعل تصريحات إداريي حزب العدالة والتنمية وحساباتٍ المجلس والمشهد السياسي المستقر الذي تبلور إثر انتخابات الأول من تشرين الثاني ٢٠١٥.

بهذه الآمال قررت الأحزاب الأربعة الممثَّلَة في مجلس الشعب التركي الكبير -حزب العدالة والتنمية وحزب الشعب الجمهوري وحزب الحركة القومية وحزب الشعوب الديمقراطي- الدخول مرةً أخرى في أعمال الدستور الجديد، وذلك إثر لقاءات بين الأحزاب السياسية في نهاية عام ٢٠١٥[1]. لكن لجنة الوفاق أو لجنة مناقشة الدستور باسمها الجديد انفرطت مع انسحاب حزب الشعب الجمهوري متذرّعًا بالجدل الدائر حول النظام الجمهوري الرئاسي ومهامّ اللجنة، في الوقت الذي كان فيه المجلس يكاد يعقد اجتماعه الثالث يوم الأربعاء ١٧ شباط[2]. وتبين وجود عددٍ كبيرٍ من العراقيل أمام استمرار أعمال اللجنة رغم دعوة رئيس الوزراء ورئيس المجلس الأحزاب مرةً أخرى إلى طاولة المفاوضات. لم يكن انفراط عقد اللجنة مفاجأة لمن يعرف مبادئ عمل اللجنة السابقة التي تشكلت بعد انتخابات ٢٠١١، والأسباب الكامنة وراء إخفاقه في إعداد دستور جديد. إذ كان اتخاذ القرارات بالإجماع والتمثيل المتساوي للأحزاب دون النظر إلى عدد مقاعدها في مجلس الشعب التركي الكبير ومعدل التصويت- هو الذي أدى إلى إخفاق تلك اللجنة. ولم يكن

(١) التوافق على أربعة عناوين في لقاء الحكومة والحزب المعارض الأم، بي بي سي التركية، ٣٠ كانون الأول ٢٠١٥.

(٢) انفراط عقد الاجتماع الثالث للجنة الدستور، صحيفة مليت، ١٧ شباط ٢٠١٦.

عجبًا أن تكون النهاية مشابهة طالما أن اللجنة الجديدة تبنت نفس مبادئ عمل اللجنة السابقة.

ومع انفراط اللجنة ساد الصمت في موضوع البحث عن دستور جديد حتى وقعت محاولة انقلاب ١٥ تموز. فحصل توافقٌ سياسيٌ ومجتمعيٌ ضد محاولة الانقلاب وتنظيم فتح الله غولن الإرهابي، وظهر ما سُمِّيَ لاحقًا بـ(روح يني قابي)، فجرت لقاءاتٌ وقممٌ مشتركةٌ بين زعماء الأحزاب السياسية، ونُوقشت مكافحة تنظيمِ فتح الله غولن الإرهابي وموادّ أخرى في جدول الأعمال، فكان إعادة إحياء عملية البحث عن الدستور الجديد التي يتم العمل على شلّها منذ عام ٢٠١١؛ واحداً من الموضوعات التي تناولتها الأجندات في نهاية هذه الأعمال. وفي نهاية اللقاءات التي جرت بين الزعماء خُطِّطَ لتنفيذ العملية على مرحلتين؛ الأولى: إجراء الترتيبات المتعلقة بالقضاء، والثانية: إعداد دستورٍ جديدٍ شامل(٣).

فأُسِّست لجنة تضم ممثلاً عن كل حزبٍ -الأمين العام لحزب العدالة والتنمية عبد الحميد غول، ونائب الرئيس العام لحزب الشعب الجمهوري بولنت تزجان، ونائب حزب الحركة القومية عن أفيون حصار محمد بَرْصَك- وأتمت هذه اللجنة أعمالها في وقتٍ قصيرٍ، وأعدت حزمةً مصغرةً مكونةً من سبع مواد جرى الاتفاق عليها بتاريخ ٢٣ أيلول ٢٠١٦. ولم تُعْلَن للرأي العام تفصيلات هذه المواد، واقتصر الإعلان على أنه توافق يركز بالدرجة الأولى

(٣) (تعديل الدستور مرة أخرى في جدول الأعمال)، وكالة الأناضول، ١٠ آب ٢٠١٦.

على القضاء[٤]. كان المتوقع -كما تبين من المعلومات المتسربة للرأي العام، والتصريحات المتعلقة بالموضوع- أن تُلغَى المحاكم العسكرية، ومنها المحاكم العسكرية من الدرجة الأولى، ومحاكم القضاء العليا (محكمة الاستئناف العسكرية، والمحكمة الإدارية العسكرية العليا)، وإجراء بعض التعديلات في المواد التي تنظم استقلالية القضاء وحياده، وإخراج القائد العام للجندرمة من عضوية مجلس الأمن الوطني؛ لكن بنية المجلس الأعلى للقضاة والمدّعين العامّين وانتخاب أعضائه ومهامه وصلاحياته -وهو الأمر الأساسي المتوقع ويحمل أهميةً حيويَّةً في القضاء- لم يحالفها الحظ في التوافق بين الأحزاب.

بعد هذه الحزمة المصغرة كان المأمول أن يُعدَّ دستور جديد كامل، لكن غياب التوافق السياسي الذي حصل بعد ١٥ تموز تدريجيًّا أضعف الآمال المتعلقة بالدستور الجديد؛ بل غابت أيضًا مبادراتٌ مهمَّةٌ تُذكر بشأن الحزمة المصغرة التي اتُّفق عليها. وفي هذه الفترةِ التي ساد فيها الاعتقاد بزوالٍ تامٍّ للآمال المتعلقة بالدستور الجديد، انطلقت نقاشاتٌ جديدةٌ حول النظام الرئاسي بعد تقديم الرئيس العام لحزب الحركة القومية دولت بهجه لي بيانًا يقضي بضرورة إنهاء الوضع الفعلي القائم المتعلق بموضوع نظام الحكومة، وتحويله إلى وضعٍ دستوريّ. فقال بهجه لي: «إن الوضع الفعلي القائم يخالف الدستور، ولا يمكن أن يستمر هكذا، فإما أن يجري تحويله إلى نظام برلماني كلاسيكي، أو أن يأخذ قالبًا قانونيًّا عبر إجراء

(٤) (حزمة الدستور المصغر... توصلت اللجنة على الاتفاق حول ٧ مواد)، ستار، ٢٣ أيلول ٢٠١٦.

تعديلات في الدستور»[٥]. وتبلورت الآمال بتأييد حزب الحركة القومية للنص الذي سيعدّه حزب العدالة والتنمية بخصوص النظام الرئاسي، وأن يصل عدد أصوات النواب إلى ٣٣٠ صوتًا، وهو العدد اللازم لتمرير العرض من المجلس، وحزب العدالة والتنمية بنوابه الـ٣١٦ -باستثناء رئيس المجلس- لم يكن يملك هذه المقاعد الكافية لإجراء تعديلات الدستور. وبذل حزب العدالة والتنمية جهدًا حثيثًا، وأعد مقترحًا بتعديل الدستور يتضمن النظام الرئاسي، وتبادل الآراء مع حزب الحركة القومية، وأخذ الأمر منحىً إيجابيًّا بعد تصريحات بهجه لي وحزب الحركة القومية الإيجابية حول مسار اللقاءات وإعداد العرض.

أسفرت المفاوضات الجارية بين الحزبين عن عرضٍ بتعديل الدستور يتضمن ٢٢ مادةً، وقُدِّم لرئاسة مجلس الشعب التركي الكبير بتاريخ ١٠ كانون الأول ٢٠١٦ بعد توقيعه من قبل نواب حزب العدالة والتنمية[٦]. مرّ العرض من لجنة صياغة الدستور في مجلس الشعب التركي الكبير ولكن بعد إجراء بعض التعديلات وتخفيض مواده إلى ١٨ مادة، وفي نهاية مفاوضات دامت أسبوعين تقريبًا في المجلس العام تمّ قبوله بتصويت ٣٣٩ نائبًا باعتباره قانونًا يحمل الرقم ٦٧٧١ بتاريخ ٢٦ كانون الثاني ٢٠١٧ ، من دون أن يطرأ عليه أي تعديلات. وفي ٢ شباط أُرسِل القانون إلى رئيس الجمهورية، فصادق عليه بدوره في ١٠ شباط، وأعيد إلى رئاسة الوزراء ليُنشر في الصحف الرسمية[٧]. وحُدِّد

(٥) (بيان من بهجه لي حول النظام الرئاسي)، حريت، ١١ تشرين الأول ٢٠١٦.

(٦) من أجل نص العرض، انظر: http://www2.tbmm.gov.tr/d26/2/2-1504.pdf

(٧) من أجل النص، انظر:
http://www.resmigazete.gov.tr/eskiler/2017/02/20170211.htm

١٦ نيسـان تاريخًـا لإجراء الاسـتفتاء الشـعبي؛ لأن القانون يقضي بأن يكون الاسـتفتاء بعد شـهرين من نشـره في الصحف الرسمية. يهـدف العـرض المقدَّم بصـورة أساسـية إلى هجر دسـتور ١٩٨٢ الـذي لا يبـدي كامل صفـات النظـام البرلماني، وتأميـن الانتقال إلـى النظـام الرئاسـي. ولا بـد من البيـان هنا بأن نظـام الحكومة المقـدَّم للاسـتفتاء الشـعبي ليـس نظامًـا رئاسـيًّا كامـلاً، بل هو نظامٌ جمهوريٌ رئاسـيٌ خـاصٌ بتركيا.

يختلـف النظـام البرلمانـي عـن دسـتور ١٩٨٢ فـي أمريـن؛ فصلاحيـات رئيـس الجمهوريـة واسـعةٌ أكثـر مـن كونهـا رمزيـةٌ ومراسـيمية، وانتخاب رئيس الجمهورية مباشـرةً من قبل الشـعب. وقـد شـكل هـذا النظـام منـذ زمـنٍ طويـلٍ سـببًا فـي ازدواجية الشـرعية، وخلـق رئاسـتين، وفـرض الوصايـة البيروقراطية على السـلطات السياسـية. والعـرض مـن ثَـمّ يؤكد فـي ذرائعـه العامة علـى أن نظـام الحكومـة القائـم لا يؤمـن الاسـتقرار، وأنه سـببٌ فـي فـرض وصايـة بيروقراطية على السـلطة السياسـية، ويتناول السـلطتين التشـريعية والتنفيذية اللتين ينتخبهما الشعب مباشرةً.

وقـد تبيـن أن العـرض الـذي أُعـدّ يحمـل بعـض العناصـر الأساسـية للنظـام الرئاسـي، لكنـه يتنـاول ترجيحًا بأن يُسـتعمَلَ (رئيـس الجمهوريـة) عوضًـا عـن (الرئيـس) الـذي يمثـل رئيـس الدولـة والسـلطة التنفيذيـة. ونظرًا لهذا السـبب وبعـض الأحكام الخاصـة، مثـل الصلاحيات المعطـاة للمجلس ورئيـس الجمهورية فـي تجديـد الانتخابـات بصـورة متبادلـة؛ ذُكـر النظـام المقتَرَح بالنظام الرئاسـي الجمهوري. وأُلغيت رئاسـةُ الوزراء، وجرى تنظيم السـلطة التنفيذيـة برئيس واحدٍ ينتخبه الشـعب مباشـرةً كما في

النظام الرئاسي، لكن إعطاء رئيس الجمهورية ومجلس الشعب التركي الكبير الصلاحية في عزل بعضهما بصورة متبادلة؛ برز باعتباره علامة فارقة يميزه عن النظام الرئاسي. ويؤكد العَرض بموجبه أن الهدف الرئيس من هذا الأمر هو إزالة الانسداد الذي يمكن أن يحصل بين السلطتين التشريعية والتنفيذية بالذهاب إلى الانتخابات والإرادة الوطنية. وبنفس الشكل اقترح التعديل إجراء انتخابات رئاسة الجمهورية ومجلس الشعب التركي الكبير في وقت واحد من أجل تأمين الانسجام بين القوى الفاعلة في النظام،. وأخيراً يمنح التعديل رئيس الجمهورية الصلاحيات في إصدار القرارات من دون الاستناد إلى القوانين، ويفرض بعض القيود المهمّة على هذه الصلاحيات؛ كأن تكون هذه الصلاحيات مقتصرةً على السلطة التنفيذية، ولا تتناول تنظيم الحقوق الأساسية، وتعترف بسيادة القانون في حالات الخلاف والنزاع.

إلى جانب الأحكام التي تخص النظام الرئاسي يتبين وجود بعض الترتيبات الأخرى في العرض. أخرج العرض الأحكام العرفية التي تُعدّ أصولًا خاصةً بنظام استثنائي تلجأ إليه الدولة في حالات الطوارئ واختلال الأمن من الدستور؛ بذريعة أنها تحمل آثار العقلية الوصائية والانقلاب العسكري في ١٢ أيلول. ففي أصول الأحكام العرفية تتولى المؤسسات العسكرية حفظ الأمن بشكل يختلف عن حالة الطوارئ، إضافة إلى اتساع صلاحيات الدولة، وتُؤسَّس المحاكم العسكرية. كما تم إخراج التشريعات والقرارات بمثابة القوانين الصادرة من الإجراءات المنظمة للسلطة التنفيذية؛ من الدستور، واستُغنِيَ عن مبدأ قانونية السلطة التنفيذية/ قانونية الإدارة بعد إعطاء رئيس الجمهورية

صلاحيـة إصدار القرارات دون الاسـتناد إلـى القوانين. وأخيراً أجريـت تعديلاتٌ مهمّـةٌ ضيَّقَتْ اسـتقلالية الجيش ومؤسسـاته التـي لا تقبـل الرقابـة والتفتيـش، وجعلـت القـوات المسـلحة تابعـةً لـلإرادة المدنية.

القضـاء فـي العـرض الـذي يقتـرح إجـراء تعديـلات فـي الدسـتور:

إلـى جانـب النظـام الرئاسـي الـذي يمكـن إيجـاز خواصـه الأساسـية بالشـكل المذكـور آنفًـا، يتضـح أن أهـم التنظيمـات التـي يتضمنهـا العـرض لهـا علاقـة بالقضـاء. فقد شُـدِّد على اسـتقلالية القضـاء وحيـاده، وإلغاء المحاكـم العسـكرية تماماً بحسـب التوافـق الـذي حصـل بيـن الأحـزاب سـابقًا، وتغييـر أصـول انتخـاب أعضـاء المجلـس الأعلـى للقضـاة والمدعيـن العاميـن بتقليـل أعدادهـم، وأخيـراً إزالـة الحكـم الـذي يترك الإجـراءات التـي يقوم بهـا رئيـس الجمهورية بمفـرده بعيداً عن رقابـة القضـاء- من الدسـتور.

حياد القضاء:

تؤكـد المادة الأولـى من العرض علـى أن اسـتقلالية القضاء يتضمـن حيـاده أيضًا، خصوصًـا بعد إضافة كلمـة (الحياد) إلى المـادة التاسـعة مـن الدسـتور التي تنظـم صلاحيـات القضاء. فدسـتور ١٩٨٢في عددٍ كبيـرٍ من مواده وفـي مقدمتها المادتان ١٣٨ و١٣٩ ينظـم اسـتقلالية القضـاء بشـكلٍ واضـحٍ، ويوفـر ضمانـات للقضاء، ويضمن شـروط اسـتقلاليته، لكنـه لا يتناول مفهـوم الحيـاد الـذي لـه علاقـة قريبـة باسـتقلالية القضـاء. فعمـل العـرض على اسـتدراك هـذا النقص.

عند دراسة القضاء يتبين وجود علاقة وطيدة بين استقلاليته وحياده ولا يمكن التفكير في الفصل بينهما. فالاستقلالية تعبّر عن حماية القضاء من كافة المؤثرات المحيطة– الفردية أو المجتمعية من داخل القضاء أو خارجه- وحل خلاف القضاة بحسب القانون والقناعات الوجدانية. أما الحياد في القضاء فيعني أن يكون القاضي بمنأى عن كافة الأحكام المسبقة بخصوص الدعوى أو الطرفين المتنازعين، وأن لا يعطي قراراً إلا بحسب القانون. والحيا يعني أن يعطي القاضي قراراته بشكل مستقل عن المصالح والأيديولوجيات والمعتقدات والآراء العالمية. فبينما تؤمن الاستقلالية حمايةً للقضاء ضد التدخلات الخارجية، يشكل الحياد عنصراً مطلوباً في مرحلة المحاكمة. وكلاهما؛ أي الاستقلالية والحياد يهدفان إلى تأمين محاكمةٍ عادلة بما يتوافق مع القوانين. والحياد إحدى الخصائص الأساسيةٍ التي تعزز شرعية القضاء ومصداقيته[٨].

يشبه بعض الكتاب استقلالية القضاء وحياديته بوجهي الميدالية. فالهدف الأساسي من استقلالية القضاء هو تأمين حياديته. وهذا يعني أن الهدف النهائي للضمانات التي تُعطَى للقضاء هو تأمين قضاء حياديٍّ لا منحه الامتيازات. فالاستقلالية ليست هدفًا، بل هيٍ أداةٌ لتحقيق الحياد. والعيون المغلقة لذيميس Themis الذي يمثل العدالة تمثل إصدار الأحكام بشكلٍ حياديٍّ من دون رؤية طرفي الدعوى، ومن ثَمّ من دون تفضيل أحدهما على الآخر.

(٨) لوَند غونَنّج، (استقلالية القضاء وحياده –نصوص أبحاث الدستور- ٣)، وقف البحوث الاقتصادية والسياسية التركي TEPAV، أنقرة،٢٠١١، ص ٨–٩.

يذهب مريخ أودن إلى وجود أحكامٍ مختلفة من الدستور تتضمن مبدأ الحياد، وإن لم يكن ذلك بشكل صَريح ومباشر. ويبين مريخ أن مبدأ الحياد محفوظ في القاعدة التي تقول: «إن القضاة يتمتعون بالاستقلالية في مهامهم ويحكمون تبعًا لقناعاتهم الوجدانية بما يتوافق مع الدستور والقانون والحقوق» (البند الأول من المادة الـ١٣٨ من الدستور)، وفي مبادئ أساسية مثل دولة القانون الديمقراطية والمساواة أمام القانون والحاكم الطبيعي (المواد ٢ و٩ و١٠ و٣٧ من الدستور)، وفي أصل حرية البحث عن الحقوق (البند الأول من المادة ٣٦ من الدستور)(٩). ويمكننا بالفعل أن نقول: إن هذه المبادئ تتضمن مبدأ الحياد بشكل غير مباشر.

وينبغي أن نبين هنا أن هناك عددًا كبيرًا من القوانين الخاصة بحياد الحاكم في نظامنا القانوني، وإن خلا منها الدستور. فقوانين الأصول في نظامنا هذا تحدد الحالات التي لا يمكن أن يبقى فيها الحاكم حياديًّا، وتم سن الأحكام التي تطبق في هذه الحالات التي تخل بمبدأ الحياد. وأبرز هذه القوانين يأتي في المواد ٣٤-٤٥ من قانون محكمة الحقوق رقم ٦١٠٠ تحت عنوان: «منع القاضي من النظر في الدعوى ورده». وفي المواد ٢٢-٣٢ من قانون محكمة الجزاء رقم ٥٢٧١ تحت عنوان (عدم نظر الحاكم في الدعوى ورفضها). وفي المادة ٢٤ من هذا القانون ترد هذه العبارة: «كما يمكن رد الدعوى في الحالات التي لا ينظر فيها الحاكم كذلك يمكن ردها لأسباب أخرى من شأنها

(٩) مريه أودن، (عدم نظر القاضي في المحكمة الدستورية للدعوى أو العمل)، مجلة كلية الحقوق، جامعة أنقرة. المجلد ٤٣، عدد: ١، ١٩٩٣، ص ٦٤.

أن تخيم الشك على حياده». هذا يعني أن مبدأ الحياد يرد بشكلٍ شاملٍ في نظام القانون والقضاء، وفي مقدمته قوانين أصول المحاكمات وإن لم ينص عليه الدستور بشكلٍ واضحٍ.

إن مبدأ الحياد في غاية الأهمية لحماية الحريات والحقوق الأساسية. فالقضاء هو الضمان الأصلي والأول للحريات والحقوق الأساسية، والقضاء الحيادي هو الذي يفعّل هذا الضمان تماماً. أما الطرق الأخرى مثل اللجوء إلى محكمة حقوق الإنسان الأوربية والمحكمة الدستورية بشكل فردي ومؤسسة حقوق الإنسان أو اللجوء إلى الرقابة العامة فهي آلياتٌ ثانويةٌ في حماية الحريات. ولهذا السبب شُدِّد على مبدأ (حياد) القضاء في وثائق حقوق الإنسان الدولية الأساسية. وهذه هي بعض الأحكام المتعلقة بالحياد في هذه الوثائق:

تقول المادة ١٠ من البيان العالمي لحقوق الإنسان الصادر عن الأمم المتحدة: «لكل إنسان الحق، على قدم المساواة التامة مع الآخرين، في أن تنظر قضيته أمام محكمة مستقلة نزيهة نظراً عادلاً علنيًّا للفصل في حقوقه والتزاماته وأية تهمة جنائية توجه إليه»، ومن ثَمّ شُدِّد على (محكمة مستقلة نزيهة) أي حيادية.

المعاهدة الدولية المتعلقة بالحقوق الشخصية والسياسية تتضمن الحُكم الآتي: «لكل إنسان الحق في محاكمة عادلة وعلنية من قبل محكمة مخولة مستقلة وحيادية تم تأسيسها قانونًا في حال تم البتَّ في إسناد الجريمة بحقه أو في حال مخالفته للقوانين المتعلقة بالحقوق والواجبات» (المادة ١٤/ البند ١).

وأخيرًا نظمت المادة الـ٦ من معاهدة حقوق الإنسان الأوربية المتعلقة بالمحاكمة العادلة مبدأ الحياد على النحو الآتي: «لكل شخص -عند الفصل في حقوقه المدنية والتزاماته، أو في اتهام جنائي موجه إليه- الحق في مرافعة علنية عادلة خلال مدة معقولة أمام محكمة مستقلة غير منحازة مشَكَّلَة طبقًا للقانون».

هذه الأمثلة تشير إلى أن عرض الدستور بإضافة مبدأ حياد القضاء على دستور ١٩٨٢ يتوافق مع معاهدات حقوق الإنسان، ويبين ضرورة تدارك النقص حتى في الأحكام الموجودة.

وأخيرًا ينبغي البيان هنا أن السبب الآخر لهذه التعديلات له علاقة بالوصاية البيروقراطية المستمرة في تركيا منذ سنوات طويلة. والقضاء إحدى الأدوات التي لجأت إليها البنية الوصائية التي تأسست بدستور ١٩٦١ والتي يشكل الجيش عنصرها الأساسي؛ لتقييد الحكم السياسي، وفرض الرقابة عليه. ففي هذه الفترة لم يعمل القضاء على حماية الحقوق الأساسية أو تأسيس فوقية القانون، بل اختار الدفاع عن امتيازاته وحماية حكم الدولة الوصائية ضد الحكم السياسي. وتم الدفاع عن أعمال القضاء في هذا المنحى والانتقادات الموجهة ضد هذه الأعمال بإبراز استقلالية القضاء، لكن مبدأ الحياد تم تجاهله وخرقه باستمرارٍ بترجيح الأيديولوجية الأساسية للدولة. وهذا يعني أن تشديد عرض تعديل الدستور على الحياد هو نتيجة ردود الأفعال على نظام الوصاية البيروقراطية التي تحاول أن تسحب صلاحيات الحكم السياسي في الإدارة الديمقراطية تحت كسوة القضاء.

تأسيس مجلس القضاة والمدّعين العامّين:

إن أهم الأحكام المتعلقة بالقضاء في النص المقدَّم للاستفتاء الشعبي لها علاقة بمجلس القضاء والمدّعين العامّين (HSK). إذ أجريت بدايةً بعض الترتيبات الرمزية، واستبدلت بعبارة (المجلس الأعلى للقضاة والمدّعين العامّين) (HSYK) عبارةُ (مجلس القضاة والمدعين العامين) (HSK) بعد حذف كلمة (الأعلى). وبعد ذلك أجريت تعديلات مهمّة في بنية المجلس، فاختُزِل عدد الدوائر من ثلاث دوائر إلى اثنتين، وعدد الأعضاء من ٢٢ إلى ١٣، وانتخَب جميعَ أعضائه رئيسُ الجمهورية ومجلس الشعب التركي الكبير بعد إلغاء أصول انتخاب بعض أعضائه مباشرةً من قبل القضاة والمدّعين العامّين.

تُعدُ مجالس القضاء العليا المؤسَّسة لحماية ضمانات القضاة واستقلالية القضاء من أهم الأدوات المستعملة في دولة القانون الديمقراطية لتحقيق دولة القانون وفصل السلطات. هذه المجالس تؤمن استقلالية أجهزة القضاء أمام السلطة التشريعية والتنفيذية، فتحمي حياد القضاء. واستقلالية الشؤون الخاصة بالقضاة والمدّعين العامّين، مثل التعيين والترفيع والتأديب والمعاقبة على السلطة التنفيذية تحمل أهمية مصيرية بالنسبة لضمانات القضاة في دولة القانون. تهدف هذه المجالس إلى تحقيق استقلالية القضاء باعتباره مؤسسةً، والوصول بالقضاة الذين يؤدون وظيفتهم في القضاء إلى موقع آمنٍ مهنيًّا. لهذا السبب أُسِّست مجالس مستقلة تقوم بإجراءات الشؤون الخاصة المتعلقة بمهن القضاة، وهو الأمر الذي صار تطبيقًا شائعًا ولاسيما بعد الحرب العالمية الثانية.

مع تأسيس (المجلس الأعلى للقضاة) بمقتضى دستور ١٩٦١ سُلِّمت -لأول مرة- الشؤون الخاصة بالقضاة في تركيا لمجلسٍ قضائيٍّ مستقلٍّ مشابهٍ لما هو في أوربا بعد أن كانت في عهدة وزارة العدل. وفي عام ١٩٧١ أُسِّس مجلس آخر عُرِف (بالمجلس الأعلى للمدّعين العامّين)، ثم اتحد هذان المجلسان (المجلس الأعلى للقضاء) و(المجلس الأعلى للمدعين العامين) وبموجب دستور ١٩٨٢ في مجلسٍ واحدٍ هو (المجلس الأعلى للقضاة والمدّعين العامّين). ومع الاستفتاء الذي تم قبوله عام ٢٠١٠ أجريت تعديلاتٌ مهمَّةٌ في بنية هذا المجلس.

كان بعض الحقوقيين والأحزاب السياسية يقترحون تقسيم المجلس الأعلى للقضاء والمدّعين العامّين إلى مجلسين: أحدهما للقضاة والآخر للمدّعين العامّين؛ نظرًا لوجود فروقات نوعية بين منصب المدعي العام الذي يمثل الادعاء وبين منصب القاضي الذي يمثل الحكم(١٠). لكن تركيا جربت في الماضي بنية المجلس الواحد وبنية المجلس الثنائي. وعندما ننظر إلى نماذج العالم يمكننا أن نصادف وجود مجلسين منفصلين كما في فرنسا والبرتغال ووجود مجلس واحد كما في إيطاليا. ومن ثَمّ لا يمكننا القول إن تطبيق المجلس الواحد أو المجلسين هو الذي يحدد بمفرده استقلالية القضاء. فالبلدانُ يمكنها أن تطبق نماذج مختلفة في إطار ما لديها من تراكماتٍ تاريخية.

(١٠) في المقترح الذي قدمه حزب الشعب الجمهوري وحزب الحركة القومية لمجلس الأمة التركي الكبير عام ٢٠١٢ يوجد مجلسان مختلفان هما (المجلس الأعلى للقضاة) و(المجلس الأعلى للمدعين العامين).

وفي موضوع انتخاب أعضاء المجلس نرى في تاريخ بلدنا وفي دول القانون الديمقراطية وجود نماذج مختلفةً لا نموذجًا واحدًا. فـ(المجلس الأعلى للقضاة)الذي أُسِّس في تركيا للمرة الأولى بموجب دستور ١٩٦١ يتكون من ثمانية عشر عضوًا على أن يكون ستة منهم من المحكمة العليا، وستة من قضاة من الدرجة الأولى، وستة آخرين ينتخبهم مجلس الشعب التركي الكبير. وبعد تعديل (المادة ١٤٣) بموجب قانون رقم ١٤٨٨ عام ١٩٧١ انخفض عدد أعضاء المجلس إلى أحد عشر عضوًا، تنتخبهم جميعًا المحكمة العليا. وفي دستور ١٩٨٢ ظهر (المجلس الأعلى للقضاة والمدعين العامين)، الذي يضم اثني عشر عضوًا؛ سبعة أعضاء أصلاء وخمسة أعضاء احتياطيين. وتنص (المادة ١٥٩) أن هؤلاء الأعضاء هم: وزير العدل، ومستشار وزير العدل، وخمسة أعضاء أصلاء، وخمسة أعضاء احتياطيون، يعينهم رئيس الجمهورية من المحكمة العليا ومجلس الدولة. وكانت المحكمة العليا تنتخب ثلاثة مرشحين لكل عضوية شاغرة، ورئيس الجمهورية يعيّن من بينهم ثلاثة أعضاء أصلاء وثلاثة أعضاء احتياطيين. بنفس الشكل كان مجلس الدولة ينتخب ثلاثة مرشحين من أجل كل عضوية شاغرة، ورئيس الجمهورية يعيّن من بينهم عضوين أصيلين وعضوين احتياطيين. فكان انتخاب القضاة والقيام بشؤونهم الخاصة من قبل هذا النوع من المجلس الذي يتم انتخاب أغلبية أعضائه من قبل القضاة أمرًا مثيرًا للانتقادات باعتباره سيؤدي إلى نظام الكوبتاسيون (انتخاب القضاة من قبل القضاة)، وأن القضاء لن يبالي بالتغيرات المجتمعية. وظهر في هذه الانتقادات تأكيد ضرورة إسناد هذه المؤسسة المهمّة إلى الإرادة الوطنية ولو بصورة غير مباشرةٍ عملاً بمبادئ الديمقراطية والسيادة الوطنية[11].

تم تعديل المادة الـ١٥٩ تعديلاً تامًّا عام ٢٠١٠ نتيجة النقاشات والانتقادات المتعلقة بتكوين المجلس الأعلى للقضاة والمدّعين العامّين بحلته الأولى وفقًا لدستور ١٩٨٢. فتمّ رفع عدد أعضاء المجلس إلى ٢٢ عضوًا أصيلاً و١٢

(١١) أرغون أوزبُدون، قانون الدستور التركي، دار يتكين للنشر، أنقرة، ٢٠٠٩، ص ٣٧٣.

عضوًا احتياطيًا. وانتخاب سبعة أصلاء وأربعة احتياطيين من بين هؤلاء الأعضاء من قبل قضاة المحكمة العدلية، وانتخاب ثلاثة أصلاء واحتياطيين من قبل قضاة المحكمة الإدارية، وانتخاب ثلاثة أصلاء وثلاثة احتياطيين من قبل المحكمة العليا، وانتخاب عضوين أصيلين وعضوين احتياطيين من قبل مجلس الدولة، وانتخاب أصيل واحتياطي من قبل أكاديمية العدل التركية، وانتخاب أربعة أعضاء من بين المحامين وأعضاء هيئة التدريس. أما وزير العدل ورئيس المجلس ومستشار وزير العدل فهم أعضاء طبيعيون.

من سيَنْتَخِب؟	مِن أين سينتخب؟	العضو الأصيل	العضو الاحتياطي
رئيس الجمهورية	من بين الحقوقيين من أعضاء هيئة التعليم، والمحامين	٤	–
المحكمة العليا	من بين أعضاء المحكمة العليا	٣	٣
مجلس الدولة	من بين أعضاء مجلس الدولة	٢	٢
أكاديمية العدل التركية	من بين أعضائها	١	١
المحكمة العدلية والمدّعون العامّون من الدرجة الأولى	بالانتخابات التي تجري بينهم	٧	٤
المحكمة الإدارية والقضاة والمدّعون العامّون من الدرجة الأولى	بالانتخابات التي تجري بينهم	٣	٢
أعضاء اللجنة الطبيعيون	– وزير العدل	– مستشار وزارة العدل	
الإجمالي: ٢٢ أصيلاً – ١٢ احتياطيًّا			

الجدول١. انتخاب أعضاء المجلس الأعلى للقضاة والمدعين العامين بعد تعديل الدستور عام ٢٠١٠

ونتيجة هذه التعديلات التي قُبِلت في الاستفتاء الشعبي الذي جرى عام ٢٠١٠ قُبِلَ أن ينتخب القضاة خمسة عشر عضوًا من اثنين وعشرين عضوًا بشكلٍ مباشر. كما أسفرت هذه التعديلات والترتيبات القانونية عن صدور أحكامٍ بالغة الأهمية بالنسبة لضمانات القضاة، واستقلالية القضاء، مثل أن يكون للمجلس أمانة عامة ولجنة للتفتيش ومفتشون وموظفون وعاملون وميزانية خاصة به، وأن يعمل المجلس باعتباره مكونًا من ثلاث دوائر شريطة أن لا يكون وزير العدل من أعضاء هذه الدوائر. وأخيرًا أُخرِج من الدستور الحكم الذي يترك قرارات المجلس خارج رقابة القضاء.

ويبدو أنه أُسِّس مجلس مشابه لمجالس القضاء في أوربا ينظر في الشؤون الخاصة بالقضاة في تركيا بموجب دستور ١٩٦١، ولكنه لم ينُجَز نموذج دائم لبينة المجلس وتكوينه، فأجريت عليه تعديلات منذ تأسيسه ولمرات عدة. وفي النقطة التي نحن فيها الآن نرى أن هذه الإصلاحات لم تستطع أن تضع نهايةً للجدل والنقاش. والسبب في ذلك يعود إلى اعتبار القضاء في تركيا أداةً للكفاح السياسي منذ زمنٍ طويلٍ، وتعزيز دور القضاء هذا في النظام نتيجة الوصاية البيروقراطية التي تشكلت بعد انقلاب ٢٧ أيار تحديدًا.

يبدو أن التعديلات التي أجريت عام ٢٠١٠ أسفرت عن تأسيس بنيةٍ تتمتع بمصداقيةٍ كبيرةٍ من حيث دولة القانون واستقلالية القضاء على الورق، لكن تطبيقها على مدى سبعة أعوام لم يثبت صحة هذا المظهر؛ ففي العرض المقدَّم للاستفتاء بعد قبوله في المجلس إثر النقاشات والتجارب التي عيشت أُعيد تنظيم

أصـول انتخاب أعضـاء مجلس القضاة والمدّعيـن العامّين، فقضى العـرض بأن يكـون وزير العدل رئيسـًا للمجلس ومستشـاره عضوًا طبيعيًّـا، وأن ينتخب رئيس الجمهورية أربعـة أعضاء من ١١ عضوًا متبقّيـًا من بيـن القضاة والمدّعيـن العامّين فـي المحكمة الإدارية والعدليـة، وأن ينتخـب المجلـس سـبعة منهـم؛ ثلاثـة مـن هـؤلاء الأعضاء السـبعة من بيـن أعضـاء المحكمة العليـا، وثلاثة آخرين مـن بيـن الحقوقيين من أعضاء هيئـة التعليم والمحاميـن، وواحدًا من بيـن أعضاء مجلـس الدولة.

وقد نُظِّمت المـادة الـ١٤ المتعلقة بمجلس القضاة والمدعين العاميـن على النحو الآتي:

«المـادة ١٤- حُذف عنوان المادة الــ١٥٩ من القانون رقـم ٢٧٠٩، وحُذَفـت كلمـة (العليا) مـن بنديه الأول والتاسـع، وغُيِّر البَند الثاني والثالث والرابع والخامس بالشـكل المذكـور أدناه، وحذفت كلمـة (الأصيل) من البنـد السـادس من نـص المـادة، واسـتُبدلت بعبارة (وفقًـا للقوانين والتشـريعات الأخرى) عبـارةُ (وفقًا للقوانين واللوائـح والتعميمات).

«يتكـون مجلس القضاة والمدّعيـن العامّين من ثلاثة عشـر عضوًا، ويعمل على شـكل دائرتين.

وزيـر العـدل هـو رئيـس المجلـس، ومستشـار وزيـر العـدل هـو عضـو طبيعـي فـي المجلـس. رئيـس الجمهوريـة ينتخـب ثلاثة أعضـاء للمجلس مـن بيـن المحكمـة العدليـة والقضـاة والمدّعيـن العامّيـن مـن الدرجـة الأولـى، وعضـوًا واحـدًا مـن بيـن المحكمـة الإداريـة والقضـاة والمدّعيـن

العامّين من الدرجة الأولى؛ وينتخب مجلس الشعب التركي الكبير ثلاثة أعضاء من بين أعضاء المحكمة العليا، وعضوًا واحدًا من بين أعضاء مجلس الدولة، وثلاثة أعضاء من بين المحامين والحقوقيين من أعضاء هيئة التعليم، الذين يعملون في حقل الحقوق بمؤسسات التعليم العالي المبينة مواصفاتهم في القانون. يجب أن يكون أحد الأعضاء المنتخبين من بين المحامين والحقوقيين في هيئة التدريس؛ يكون أحدهم محاميًا على الأقل وآخرُ أستاذًا جامعيًّا على الأقل. وتُقدَّم الطلبات إلى رئاسة مجلس الشعب التركي الكبير من أجل الأعضاء الذين سينتخبهم لعضوية المجلس. وترسل رئاسة المجلس الطلبات إلى لجنة مشتركة مكونة من أعضاء لجان الدستور والعدل. وتحدد اللجنة ثلاثة أعضاء من أجل كل عضوية بأغلبية ثلثي العدد الكامل للأعضاء. في حال لمْ تنته إجراءات تحديد المرشحين في أثناء الاقتراع الأول فإنهم يُقبَلون في الاقتراع الثاني بأغلبية ثلاثة أخماس العدد الكامل للأعضاء. وفي حال لم يتم تحديد المرشحين في هذا الاقتراع أيضًا، تتم إجراءات تحديدهم بأسلوب سحب اسم من بين مرشحينِ حصلا على أكثرية الأصوات. كما ينتخب مجلس الشعب التركي الكبير أعضاء مجلس القضاة والمدّعين العامّين من بين المرشحين الذين حدّدتهم اللجنة، وذلك بإجراء اقتراع سري من أجل كلّ عضوية. في التصويت الأول يجب

أن تتوفر أغلبية ثلثي العدد الكامل للأعضاء، وأغلبية ثلاثة أخماس العدد الكامل للأعضاء في التصويت الثاني في حال فشل الانتخاب في التصويت الأول. أما إذا فشل الانتخاب في التصويت الثاني فيتم انتخاب الأعضاء بسحب اسم من بين مرشحينِ حصلا على أكثرية الأصوات.

يُنتخَب الأعضاء لأربعة أعوام. كما يمكن انتخاب الأعضاء الذين انتهت مدتهم مرة أخرى.

يُنتخَب أعضاء المجلس خلال ثلاثين يومًا قبل انتهاء مدة وظيفة الأعضاء. وفي حال انفصال أعضاء المجلس قبل انتهاء مدة وظيفتهم يُنتخَب أعضاء جدد خلال ثلاثين يومًا يلي الانفصال».

من سيَنْتَخِب؟	من أين سينتخب؟	العضو الأصيل
رئيس الجمهورية	من المحكمة العدلية والقضاة والمدّعين العامّين من الدرجة الأولى	٣
	من المحكمة الإدارية والقضاة والمدّعين العامّين من الدرجة الأولى	١
مجلس الشعب التركي الكبير	من بين أعضاء المحكمة العليا	٣
	من بين أعضاء مجلس الدولة	١
	من بين الحقوقيين من أعضاء هيئة التعليم، والمحامين	٣
أعضاء اللجنة الطبيعيون	– وزير العدل – مستشار وزارة العدل	
الإجمالي: ١٣ عضوًا		

الجدول٢ : انتخاب المجلس الأعلى للقضاة والمدّعين العامّين المقدَّم للاستفتاء

يتضح أن أعضاء المجلس في البداية لم يكونوا فقط من القضاة والمدّعين العامّين، وأن شركاء القضاء الآخرين مثل الحقوقيين في هيئة التدريس والمحامين يمكنهم أن يكونوا أعضاءً في المجلس، وإن كان التركيز كبيرًا على القضاة، وذلك بما ينسجم مع النماذج العالمية. لكن (تقرير استقلالية القضاة)[١٢] الذي أعدّته لجنة البندقية عام ٢٠١٠ يقول: «ينبغي أن تملك مؤسسات القضاء تركيبةً تعدُديَّةً، وإنّ قسمًا كبيرًا من أعضاء مجلس القضاة يجب أن يكون منَ القضاة وإن لم يشكلوا الأغلبية». وهذا الخيار كان نتاج التجارب السلبية التي حدثت في أولى فترات دستور ١٩٨٢ حيث كان جميع أعضاء المجلس من القضاة باستثناء الوزير ومستشاره.

حُذفت أصول انتخاب (بعض أعضاء المجلس الأعلى للقضاة والمدّعَين العامّين من قبل القضاة والمدّعين العامّين) الذي أسفر عن التعديلات الدستورية عام ٢٠١٠- من النص في التجربة التركية حيث كان محلّ شكوى وانتقاد جميع الأطراف رغم أنه يبدو أسلوبًا ديمقراطيًّا توصي به لجنة البندقية. فأصول

---

(١٢) يمكن تلخيص الآراء حول مجالس القضاء في المادة ٣٢ من التقرير على النحو الآتي: «في المادة ٣٢ بإيجاز، ترى لجنة البندقية امتلاك لجنة قضائية مستقلة تأثيرًا محددًّا في قبول القضَاة في سلك القضاء وترفيعهم أصلٌ مناسبٌ لضمانٍ استقلالية القضاء. ولأن كل واحدة من النماذج المطبقة قيِّمٌ يجب حمايته في ثقافة القوانين الأوربية التي تتمتع بثراءٍ كبير لا يمكن الحديث عن نموذج موحّد وحيد يجب تطبيقه في كل البلدان. تحتَرم لَجنة البندقية هذا التنوع الحاصلً في نظًام القوانين وتقترح على الدول التي لم تقم بعد بهذه التقييمات أن تقيّم خيارات تأسيس مجالس قضائية مستقلة أو تأسيس أجهزة مشابهة لها. وينبغي على المجالس المذكورة أن تملك بنيةً تعددية، وأن يكون بعض أعضائها من القضاة وإن لم يكن جلّهم. وينبغي أن يتم انتخابً هؤلاء القضاة باستثناء الأعضاء الطبيعيين من قبل نظرائهم».
http://www.venice.coe.int/webforms/documents/default.aspx?pdffile=CDL-AD(2010)004-tur

الانتخاب الذي يوجبه جميع المحاكم العدلية في تركيا بدايةً عملٌ مُكْلفٌ يتجاوز إمكانية الأعضاء المستقلين عن المجموعات السياسيَة أو البنى التنظيمية، فضلاً عن أن هذا الأسلوب يمكن أن يتيح المجال أمام البنى التنظيمية على غرار تنظيم فتح الله غولن الإرهابي - وإن كانت بأعداد قليلة - للتحكم بإدارة مؤسسات القضاء كلها، أو الاستيلاء عليها. إلى جانب ذلك أغلقت أصول الانتخاب هذه بموجب طبيعتها المحاكمَ العدلية على مدى العام الأخير، ومنعت القضاة والمدّعين العامّين من مهامّهم الأساسية، وجعلت المحاكم العدلية تأخذ منحى سياسيًّا، وخلقت استقطابًا بين القضاة والمدّعين العامّين، فكانت المنافسة الانتخابية تجري اعتمادًا على الآراء السياسية التي يتبناها المرشحون وعقائدهم وهوياتهم الإثنية والمذهبية، لا اعتمادًا على مشروعاتهم ومؤهلاتهم وكفاءاتهم ووظائفهم، وكانت الأوساط تشهد تقييمات لا يقبلها القضاء بأي شكل من الأشكال[١٣].

وما جرى في انتخابات المجلس الأعلى للقضاة والمدّعين العامّين عامي ٢٠١٠ و٢٠١٤ أظهر وجوب التخلي عن أصول الانتخاب هذه، وأن القضاء التركي لا يمكنه أن يحتمل انتخابات أخرى. وبعد التخلي عن أصول انتخاب القضاة يتشارك رئيس الجمهورية ومجلس الشعب التركي الكبير صلاحيات تعيين أعضاء المجلس، فينتخب مجلس الشعب التركي الكبير سبعة

(١٣) حتى إن العنوانين: (٣ قوميين ويمينيان و٣ من حزب العدالة والتنمية) و(هذه فكاهة مختلطة) اللذين تناولتهما صحيفة مليت، ١٣. ١٠. ٢٠١٤؛ ولدا الانتقادات. انظر أيضًا: إسماعيل صايمز، (هل فاز القوميون في انتخابات المجلس الأعلى للقضاة والمدعين العامين؟)، صحيفة راديكال، ١٤. ١٠. ٢٠١٤.

أعضاء من أصل أحد عشر عضواً باستثناء أعضاء المجلس الطبيعيين. ومنحُ القرار الأهم في تشكيل مجلس القضاة والمدّعين العامّين لمجلس الشعب التركي الكبير يعزّز شرعية المجلس الديمقراطية[١٤] مقارنةً بدستور ١٩٦١ حيث كان مجلس الشعب التركي الكبير ينتخب ثلث أعضاء المجلس (١٨/٦). والأمثلة التي تمنح السلطات التشريعية صلاحية انتخاب جزء مهمّ من أعضاء المجلس في الدول الأوربية كثيرة؛ ففي فرنسا على سبيل المثال تُمْنَحُ السلطات التشريعية انتخاب ٨ أعضاء من المجلس المكون من ٣٠ عضواً، وكامل أعضاء المجلس المكون من ٢٠ عضواً في إسبانيا، و٧ أعضاء المجلس المكون من ١٧ عضواً في البرتغال، وثلث أعضاء المجلس في إيطاليا، و٦ أعضاء مجلس القضاء الوطني المكون من ٢٥ عضواً في بولندا[١٥]. وهذه الأمثلة تشير إلى أن المقترح الموجود في تعديل الدستور الذي يعطي صلاحيات الانتخاب لمجلس الشعب التركي الكبير؛ منسجمٌ مع الدول الأوربية.

والشرط الذي يفرض على مجلس الشعب التركي الكبير أن ينتخب سبعة أعضاء بأغلبية نوعية ويمنع انتخاب الأعضاء بأغلبية بسيطة يحمل المجلس على السعي وراء تحقيق وفاقٍ لبلوغ هذه الأغلبية النوعية. وهذه هي الأصول التي ينتهجها المجلس

---

(١٤) في تقرير لجنة البندقية عام ٢٠٠٧ تحت عنوان (التعيينات القضائية) يتم الحديث عن ضرورة إعطاء البرلمان صلاحيات التعيين (لتأمين الشرعية الديمقراطية) ص٥٠.

http://www.venice.coe.int/webforms/documents/CDL-AD(2007)028.aspx

(١٥) سيف الله جقماق، (المجلس الأعلى للقضاة والمدّعون العامّون ومجالس القضاء في بعض دول الاتحاد الأوربي)، مجلة أكاديمية العدل التركية، العام٣، العدد١١، (تشرين الأول ٢٠١٢)، ص١٦٠-١٦٥.

في انتخاب أعضاء مجلس القضاة والمدّعين العامّين: يجري التصويت على الطلبات المقدّمة لرئاسة المجلس في اللجنة المشتركة المكوّنة من أعضاء لجان الدستور والعدل. وتحدّد اللجنة ثلاثة أعضاء من أجل كل عضويةٍ بأغلبية ثلثي العدد الكامل للأعضاء. في حال لم تنته إجراءاتُ تحديد المرشحين في الاقتراع الأول؛ يُقبَلون في الاقتراع الثاني بأغلبية ثلاثة أخماس العدد الكامل للأعضاء. وفي حال لم يُحدَّد المرشحون في هذا الاقتراع أيضًا، يجري تحديدهم بأسلوب سحب اسم من بين مرشحينِ حصلا على أكثرية الأصوات.

وينتخب مجلس الشعب التركي الكبير الأعضاء من بين المرشحين الذي تم تحديدهم من قبل اللجنة، وذلك بإجراء اقتراع سري من أجل كل عضوية. في التصويت الأول يجب أن تتوفر أغلبية ثلثي العدد الكامل للأعضاء، وأغلبية ثلاثة أخماس العدد الكامل للأعضاء في التصويت الثاني في حال إخفاق الانتخاب في التصويت الأول. أما إذا أخفق الانتخاب في التصويت الثاني فيُنتخَب الأعضاء بسحب اسم من بين مرشحينِ حصلا على أكثرية الأصوات.

إن معدل ثلاثة الأخماس المطلوب في المجلس لانتخاب أعضاء مجلس القضاة والمدّعين العاميّن يعادل تقريبًا معدل الأصوات المطلوبة لتعديل الدستور. لهذا السبب لا يستطع الحزب الحاكم أن يحدّد هؤلاء الأعضاء السبعة بأغلبية بسيطةٍ أو بأغلبية مطلقة للعدد الكامل للأعضاء. ويكون لزامًا أن يحصل توافقٌ بينً الأحزاب، وأن يتم التركيز بشكلٍ أكبر على مؤهلات وقدرات الأعضاء المنتخَبين في نهاية هذا التوافق. فكما أن

حزب العدالة والتنمية لا يملك الأغلبية التي تؤهله لانتخاب أعضاء مجلس القضاة والمدّعين العامّين بمفرده فيما لو حصل الآن على سبيل المثال انتخابٌ في مجلس الشعب التركي الكبير، كذلك الأحزاب الحاكمة التي لديها أغلبيةٌ بهذا المعدل نادرٌ جدًّا في حياتنا السياسية.

فإن أدرجنا وزير العدل ومستشاره في قائمة الأعضاء السبعة الذين سينتخبهم المجلس فإن رئيس الجمهورية سيختار ما تبقّى من الأعضاء الستّة لمجلس القضاة والمدّعين العامّين. وعلى الرغم من أن المعدّل العالي المطلوب في المجلس لانتخاب الأعضاء لم يجلب جدلًا ونقاشًا؛ فإن عدم إعطاء القضاة والمدّعين العامّين بمن فيهم مجلس الدولة والمحكمة العليا صلاحيات انتخاب الأعضاء وإعطاء رئيس الجمهورية صلاحيات التعيين المباشر- أدى إلى خلق بعض الانتقادات. والمستند الأساسي الذي تقوم عليه هذه الانتقادات يكوّنه الوضع الجديد الذي يتم إعطاؤه لرئيس الجمهورية في مشروع التعديل المقدّم[١٦]. فرئيس الجمهورية بحسب النظام الجمهوري الرئاسي ليس «رئيس دولة حياديًّا وفوق السياسة»، بل هو «رئيس دولة وحكومة ينتمي إلى حزب». بهذا الشكل ستكون للسلطة التنفيذية حصةٌ كبيرةٌ في تشكيل مجلس القضاء. وهناك أمثلة في العالم تعطي رئيس الحكومة هذا النوع من صلاحيات التعيين، لكن ذلك لا يتم إلا بعد مصادقة السلطات التشريعية

---

(١٦) عبد الرحمن أرن، (النظام الرئاسي ٢: التعديلات الحاصلة في مجال القضاء)، (تاريخ التأسيس: ١٨ شباط ٢٠١٧).
http://kanuniesasi.com/index.php/kose-yazilari/38-baskanlik-sistemi-2-yargi-alaninda-yapilan-degisiklikler

عمومًا . ولقلة عدد هذه الأمثلة والنماذج في العالم يتلقى العرض جملةً من الانتقادات. لكن هذه الانتقادات تتجاهل أن تعريف رئيس الجمهورية في القوانين الموجودة بأنه «حيادي، فوق السياسة، ولا ينتمي لحزبٍ» لا يتعدى أن يكون سوى حبرٍ على ورقٍ، وأن رؤساء الجمهورية يعكسون هوياتهم السياسية القديمة على عملهم بشكلٍ أو آخر. وعند الأخذ بالحسبان تطهير القضاء الأعلى من تنظيم فتح الله غولن الإرهابي يبدو أن العرض جاء بتوصيات ومقترحات من قبيل إعطاء مجلس الدولة والمحكمة العليا حقَ تحديد مرشحين في التعيين الذي سيقوم به رئيس الجمهورية، أو أن تكون هذه المحاكم العليا مخولةً في انتخاب قسم من أعضاء المجلس بصورة مباشرة.

إلغاء المحاكم العسكرية

يقترح تعديل الدستور المقدم إلغاء جميع المحاكم العسكرية باستثناء محاكم التأديب. والمادة الـ١٣ من القانون ذي الرقم ٦٧٧١ المقدَّم للاستفتاء الشعبي على الشكل الآتي:

«أضيفت الفقرة الآتية إلى المادة ١٤٢ من القانون ذي الرقم ٢٧٠٩ :

لا يمكن تأسيس المحاكم العسكرية باستثناء محاكم التأديب. لكنه في حالات الحروب يمكن تأسيس محاكم عسكرية للنظر في الدعاوى الخاصة بجرائم العساكر المرتبطة بعملهم».

وألغي العمل بالبند E من المادة ١٦. والمادة ١٤٥ من الدستور بعنوان (القضاء العسكري)، والمادة ١٥٦ التي تنظم المحكمة العليا العسكرية، والمادة ١٥٧ التي تنظم المحكمة الإدارية

العسكرية العليا.

فقد كان القضاء العسكري بمحاكمه من الدرجة الأولى ومحاكمه العليا واحداً من أهم عناصر نظام الوصاية الذي تأسس بموجب دستور ١٩٦١، واشتدت قوته لاحقًا. إذ دخلت المحكمة العليا العسكرية الدستور، وأُسِّست المحكمة الإدارية العليا العسكرية نتيجة تعديلات الدستور عام ١٩٧١. وفي دستور ١٩٨٢ أصبحت المحاكم العسكرية أكثر قوةً بحفاظها على حكمها الذاتي. ويمكن القول باختصارٍ إن دستور ١٩٦١ والتعديلات الدستورية التي حصلت عليه لاحقًا وطدّ الوظيفة الوصائية للمحاكم العسكرية. وكانت بعض الترتيبات القانونية الموجهة لهذا الهدف ترمي إلى إضفاء الصفة الدستورية على المحاكم العسكرية وتحويلها إلى ذراعٍ قضائيٍّ موازٍ للمحاكم العدلية وتعزيز مجال صلاحياتها بضم المدنيين إليها[١٧].

وقد وسعت المادة ١٤٨ من دستور ١٩٨٢ مجال عمل المحاكم العسكرية إلى درجةٍ لا يمكن قبولها في دول القانون الديمقراطية. فكانت صلاحياتها في محاكمة غير العسكريين، ومفهوم الجريمة العسكرية الذي تم تعريفها في طيفٍ واسعٍ للغاية، وعدم امتلاك القضاة العسكريين ضمانات حكمٍ كافية- تشكل مشكلات مهمّة جدًّا. وقد تم تدارك هذه المشكلات المتعلقة بالمحاكم العسكرية بنسبةٍ كبيرةٍ من خلال القانون[١٨] ذي الرقم ٥٩١٨ الذي تم قبوله

(١٧) من أجل العمل الوصائي للمحاكم العسكرية والتعديلات التي أجريت بخصوص إلغاء هذه الوصاية العسكرية انظر: فاضل حسنو أردم ووهاب جوشكون، المحاكم العسكرية والوصاية العسكرية، SETA Analiz، أنقرة، ٢٠٠٩.

(١٨) من أجل تفاصيل الإصلاحات الشاملة التي حصلت بهذا القانون انظر: فاضل حسنو أردم ووهاب جوشكون، المحاكم العسكرية والوصاية العسكرية، ص١٦-١٩. وقبل هذا القانون تمت بعض الإصلاحات في المحاكم العسكرية بالقانون رقم

عام ٢٠٠٩، لكن بعض أحكام هذا القانون المهمّة ألغته المحكمة الدستورية نتيجة طلبٍ قدمه حزب الشعب الجمهوري[١٩]. وجاءت تعديلات الدستور عام ٢٠١٠ لإحداث الإصلاحات المطلوبة من خلال القانون الذي جرى تفريغ مضمونه بعد قرار المحكمة الدستورية.

وبهذه التعديلات:

- ألغيت صلاحيات المحاكم العسكرية في محاكمة المدنيين إلا في حالات الحرب.
- حذفت عبارة الجرائم (المرتكبة في المناطق العسكرية) التي تعدّ معياراً يحدد مجال عمل المحاكم العسكرية؛ من الدستور.
- جرى التشديد على أن تنظر المحاكم العدلية في «الدعاوى التي تخصّ الجرائم التي تضر بأمن الدولة والنظام الدستوري وعمل هذا النظام».
- حذفت عبارة «متطلبات الخدمة العسكرية» من المعايير المتعلقة بالشؤون الخاصة بالقضاة والمدّعين العامّين العسكريين، وجرى الاتفاق على أن يتم تنظيمها تبعاً لأسس (استقلالية القضاء) و(ضمانات القضاء).
-

ورغم هذه الخطوات المهمّة التي أحدثت لجرّ المحاكم العسكرية إلى مقاييس دولة القانون الديمقراطية؛ فإن هذه المحاكم العسكرية بقيت إلى جانب المحاكم العدلية

٤٩٦٣ بتاريخ ٣٠ . ٠٧ . ٢٠٠٣، والقانون رقم ٥٥٣٠ بتاريخ ٢٩ . ٠٦ . ٢٠٠٦.

(١٩) اتحاد نقابة المحامين في تركيا،

E.2009/52, K.2010/16, K.T. 21.01.2010, RG, 27.01.2010, S.27475.

باعتبارها ذراعًا قضائيًّا آخر في النظام القضائي التركي. يندر الآن في الديمقراطيات الغربية وجود المحاكم العليا العسكرية والمحاكم العسكرية المستقلة، لكن وجود ذراعٍ عسكريٍّ للقضاء على غرار المحاكم الإدارية العسكرية والمحكمة الإدارية العسكرية العليا- مثالٌ لا نظير له. يبدو أن المحاكم العسكرية وفي مقدمتها المحكمة العليا العسكرية والمحكمة الإدارية العليا العسكرية- تطورت نتيجة التفكير بتشكيل القوات المسلحة التركية حكمًا ذاتيًّا مستقلاً عن الرقابة المدنية، وأنها تحولت إلى أداة مهمّة في يد النظام الوصائي القضائي والعسكري الذي تشكّل مع دستور ١٩٦١ و١٩٨٢، وأنها أسّست في النهاية بنيةً ثنائية الرئاسة في القضاء[٢٠]. وكان وجود هاتين المحكمتين العلويتين مخالفًا لوحدة القضاء ومبدأ المساواة أمام القانون.

اقترحت مسودة الدستور التي قدمتها الأحزاب الأربعة الموجودة في لجنة الوفاق لمجلس الشعب التركي الكبير في دورته الرابعة والعشرين- استمرار وجود المحاكم العسكرية وإلغاء المحاكم العليا العسكرية. والأمر المهمّ الذي حصل بعد ١٥ تموز هو اتفاق اللجنة المكونة من ممثلين عن الأحزاب الثلاثة (حزب العدالة والتنمية وحزب الشعب الجمهوري وحزب الحركة القومية) على موضوع إلغاء المحاكم العسكرية. وبشكلٍ مماثلٍ اقترح كثيرٌ من التقارير والمسودات الخاصة بالدستور إلغاء المحاكم العسكرية

(٢٠) فاضل حسنو أردم ووهاب جشكون، المحاكم العسكرية والوصاية العسكرية، ١٤- ١٥.

أو المحاكم العليا العسكرية[٢١]. ويمكن القول باختصار إن الرأي العام قد تشكّل حول خلوٍّ الدستور الجديد من المحاكم العسكرية أو المحاكم العليا العسكرية فقط. وبهذه الأسباب الموجبة اتفق الجميع على إلغاء كافة المحاكم العسكرية في العرض المقدم للاستفتاء.

الأحكام الأخرى المتعلقة بالقضاء:

كما تضمنت الحزمة بعض الأحكام الثانوية التي تؤثر في القضاء إلى جانب هذه الأحكام الأساسية الثلاثة. فقد انخفض عدد أعضاء المحكمة الدستورية من سبعة عشر إلى خمسة عشر عضوًا، وانخفض عدد الأعضاء الكافي لانعقاد اجتماعاته من اثني عشر إلى عشرة أعضاء نتيجة عدم تعيين عضوين من المحكمة العليا العسكرية والمحكمة الإدارية العليا العسكرية في المحكمة الدستورية عقب إلغائهما. واشتدت أعباء العمل في المحكمة الدستورية مع البدء بقبول المراجعات

---

(٢١) اتحاد HAK-İş ومقترح الدستور،
https://anayasa.tbmm.gov.tr/docs/hak_is_anayasa_gorusu.pdf
تقرير معهد الفكر الإستراتيجي، الدستور الجديد الذي يستند إلى كرامة الإنسان من أجل تركيا ديمقراطية خالية من نظام الوصاية، معهد الفكر الإستراتيجي، أنقرة ٢٠١١، ص ٢٣. تقرير لجنة الدستور الذي أعده وقف الدراسات الاقتصادية والاجتماعية التركي TESEV، نحو دستور جديد لتركية، منشورات TESEV، إسطنبول ٢٠١١، ص ٣٠. تقرير الدستور الذي أعده اتحاد نقابة العمال الثوريين DİSK، مبادئ الحرية والمساواة والديمقراطية والاجتماعية أساسية من أجل دستور جديد، منشورات DİSK، رقم ٥٧، أنقرة ٢٠٠٩، ص ٧٦. انظر أيضًا: أوزْبُدون، رغم وجود المحكمة العسكرية في مشروع تعديل الدستور المقدم من اتحاد نقابة المحامين في تركيا؛ فإنه لم يعط مكانًا للمحكمة الإدارية العسكرية العليا. من أجل مقترح آخر لاستبدال المحكمة العليا المدنية بالمحكمة العليا العسكرية انظر: فخر الدين دميرداغ، (مقترح الدستور والمحاكم العسكرية باعتبارها مؤسسات دستورية)، مجلة اتحاد نقابة المحامين التركية، العدد ٧٥، ٢٠٠٨، ص٢٤٦-٢٦٦.

الفردية في عام ٢٠١٢. وبلغت هذه الزيادة أوجها في الفترة الأخيرة[٢٢]؛ رغم أن هذا الانخفاض الحاصل في عدد أعضاء المحكمة الدستورية ليس مهمًّا جدًّا؛ فإنه يمكن أن يؤثر سلبًا في وتيرة العمل فيه.

لن يكون الحزب الحاكم والحزب المعارض الأم في مجلس الشعب التركي الكبير في نظام الحكومة الجديد. لهذا السبب استبدلت بعبارة (الحزب الحاكم والحزب المعارض الأم في المجلس) اللذين لديهما الصلاحية في فتح دعوى إلغاء المحكمة الدستورية الموجودة في المادة الـ١٥٠ من الدستور، عبارةُ (الحزبين السياسيين الذين يملكان أكثر الأعضاء في مجلس الشعب التركي الكبير). ولا يتضمن تعديل الدستور المقترح أحكامًا تتعلق بأساليب انتخاب أعضاء المحكمة الدستورية أو مهامهم. ويمكن لاحقًا مناقشة بنية المحكمة الدستورية ومهامها من جديدٍ بما يتوافق مع نظام الحكومة الجديد.

ومع الحكم الآخر المتعلق بالقضاء حذفت العبارة التي تترك قرارات الشورى العسكرية العليا خارج رقابة القضاء من الدستور، وأصبح طريق القضاء مفتوحًا تمامًا ضد قرارات الشورى. ففي اللوائح الموجودة حاليًّا لا تخضع إجراءات الترفيع في الشورى

(٢٢) تفيد التصريحات التي قدمها الوكيل العام للمحكمة الدستورية أنغين يلدريم في ٢٤ تشرين الثاني ٢٠١٦ أن مجموع عدد الطلبات التي تمت عام ٢٠١٦ بلغ ٧٥ ألف ومن المحتمل أن يبلغ ١٠٠ ألف في نهاية العام. (أنغين يلدريم: عدد المراجعات سيبلغ ١٠٠ ألف حتى نهاية العام)، خبر ترك، ١٤ تشرين الثاني ٢٠١٦. ولكن مع تأسيس (لجنة دراسة حالة الطوارئ) بموجب القرار بمثابة القانون رقم ٦٨٥ بتاريخ ٢٣ كانون الأول ٢٠١٧ ستخف أعباء العمل في المحكمة الدستورية التي ازدادت إثر محاولة انقلاب ١٥ تموز ومكافحة تنظيم فتح الله غولن الإرهابي.

العسكرية العليا وإجراءات التقاعد بسبب عدم توفر الكوادر (أو الملاك)؛ للرقابة القضائية. وسيخضع نظام الحكومة الجديد الإجراءات المتعلقة برئيس الجمهورية كافة للرقابة القضائية؛ لأنه يتطلب النوعية. وأخيرًا حُذفت وظيفة مجلس الدولة في إبداء الرأي بخصوص مسودة القوانين واللوائح من الدستور؛ لأن العرض لم يأت على ذكرهما . فمن المعروف أن هاتين المؤسستين فارغتان من الناحية الوظيفية في هذين الموضوعين عمليًّا، وأن مجلس الوزراء ليس بحاجة لاستشارة مجلس الدولة.

الخاتمة:

إن الذريعة العامة للقانون رقم ٦٧٧١ بخصوص التعديلات الدستورية المقدمة للاستفتاء الشعبي هي تغير نظام الحكومة في سبيل إلغاء نظام الوصاية البيروقراطية وبناء سلطة تنفيذية فعالة. فالعرض يقتصر فقط على الأحكام المتعلقة بنظام الحكومة لتحقيق هذا الهدف تحديداً، ولا يتضمن أحكامًا تتعلق بالمسائل الدستورية الأخرى. لكنه يتناول بعض الأحكام التي تتضمن الموضوعات التي اتفقت عليها الأحزاب الثلاثة فيما يخص القضاء في نهاية عام ٢٠١٦ . ومن هذه الأحكام ما هو متعلق بالمجلس الأعلى للقضاة والمدّعين العامّين نظرًا لاهتراء القضاء لدرجة لا يمكنه أن يتحمل انتخابات جديدة. فبعد التجارب التي عاشتها البلاد بعد ٢٠١٠ تبيّن أن الأسلوب الذي ينتهجه القضاة في انتخاب أعضاء المجلس يؤدي إلى التحول السياسي والاستقطاب داخل القضاء، ويكون معرضًا لاستغلال تنظيمات سرية مشابهة لتنظيم فتح الله غولن الإرهابي رغم اكتسائه أسلوبًا ديمقراطيًّا يشبه التطبيقات القائمة في الدول الأوربية. فألغيت فيه أصول الانتخاب، وأعطي مجلس الشعب

التركي الكبير صلاحية انتخاب سبعة أعضاء من أعضائه الثلاثة عشر بغية تعزيز الشرعية الديمقراطية. لكن استمرار رئيس الجمهورية في صلاحيته في تعيين الأعضاء رغم حمله (صفة رئيس حكومة ينتمي لحزب) وإعطاء مجلس الدولة والمحكمة العليا صلاحياتٍ انتخاب الأعضاء كان سببًا في بعض الانتقادات.

وإلى جانب كون إلغاء المحاكم العسكرية بشكلٍ تامٍّ ينسجم مع التطورات في دول القانون الديمقراطية فإنه يمكن القول أيضًا بحصول توافقٍ عامٍّ في السياسة بخصوص هذا الموضوع. لهذا السبب لم تحصل أي معارضة على هذا الموضوع. والحكم الذي يؤكّد حيادية القضاء واستقلاليته كان نتاج ردود الأفعال على إمكانية أن يكون القضاء أداةً في يد نظام الوصاية. مقابل هذه الأحكام لا بد من سنّ قوانين أشمل فيما يخص القضاء بما يتوافق مع أسس حياده واستقلاليته إلى جانب ترسيخ العناصر الأساسية لنظام الحكومة الجديد.

السيرة الذاتية للكتّاب

السيرة الذاتية للكتّاب

- **رمضان يلدرم**

أستاذ كلية الإلهيات بجامعة إسطنبول، ورئيس تحرير مجلة رؤية تركية وهي مجلةٌ فصليَّةٌ مُحَكَّمَةٌ تصدر عن مركز الدراسات السياسية والاقتصادية والاجتماعية (SETA)، وهي الوحيدة الأولى التي تصدر باللغة العربية في تركية. له عدة كتبٍ منها؛ « نقاشات حول الخلافة»، و«الجدل والكلام عند المعتزلة»، ومتخصص في مواضيع العلاقة بين الدين والدولة ومدارس علم الكلام، وله عدة دراساتٍ وأبحاثٍ حول الحركات الدينية والإسلامية. يشارك بشكلٍ فاعلٍ في توثيق العلاقات الأكاديمية والبحثية التركية العربية من خلال المؤتمرات والفعاليات المشتركة المختلفة. حصل على شهادة الدكتوراة في كلية الإلهيات من جامعة أنقرة.

- **محمود سمير الرنتيسي**

باحث في العلاقات الدولية، مساعد رئيس تحرير مجلة رؤية تركية الصادرة عن مركز سيتا، مرشح لنيل درجة الدكتوراة من جامعة غازي، مختص بالشأن التركي والخليجي إضافة للقضية الفلسطينية، صدر له كتاب السياسة الخارجية القطرية تجاه بلدان الربيع العربي والقضية الفلسطينية، وله عدة دراسات منشورة في مركز الجزيرة للدراسات ومجلة السياسة الدولية .

- **برهان الدين ضوران**

رئيس مركز سيتا للدراسات السياسية والاقتصادية والاجتماعية، وعضو هيئة التدريس في جامعة ابن خلدون، وهو مؤلف ومحرر لعدة كتب حول تاريخ تركيا والسياسة الخارجية التركية وحاضرفي أقسام العلاقات الدولية في عدة جامعات مثل جامعة إسطنبول شهير وجامعة أنقرة للعلوم الاجتماعية وقد حصل على شهادة الدكتوراة من جامعة بلكنت.

- **نبي ميش**

أستاذ مساعد في جامعة ساقاريا، قسم العلوم السياسية والإدارة العامة، رئيس قسم البحوث السياسية في مركز البحوث السياسية والاقتصادية والاجتماعية –ستا، حصل على درجة الدكتوراة من جامعة سكاريا حول السياسة الأمنية في تركيا من ١٩٢٣ إلى ٢٠٠٣

- **محمد أوجوم**

كبير مستشاري الرئيس أردوغان وقد بدأ العمل كمستشار للرئيس التركي رجب طيب أردوغان في مطلع ديسمبر ٢٠١٥ وقد اختير في نوفمبر ٢٠١٥ نائبا في الانتخابات البرلمانية عن مدينة قارص. وقد عمل في تخصص الحقوق والمحاماة.

- **أحمد إيبمايا**

سياسي تركي ورئيس «لجنة العدل» في البرلمان التركي. ونائب حالي وسابق في البرلمان التركي لأكثر من دورة ممثلا عن حزب العدالة والتنمية وحاصل على العديد من الجوائز كأفضل حقوقي في عدد من المجلات الدولية.

- **محمد زاهد صوباجي**

عضو الهيئة التدريسية في جامعة أولوداغ، حصل على درجة الدكتوراة في عام ٢٠٠٩ حول الإصلاح الإداري والتحول السياسي بين النظرية والتطبيق، وله العديد من الدراسات حول القضايا الدستورية والتشريعية وعلاقتها بالتحول السياسي.

- **علي يشار صاريباي**

بروفسور في جامعة أولوداغ ويعطي دروسا في الجامعة في مجال الدين والاجتماع والحضارة منذ العام ١٩٧٦ ولديه العديد من الكتب والدراسات حول المجتمع المدني وقد أنهى دراسة الدكتوراة من جامعة اسطنبول عام ١٩٧٣.

- **سردار غولنر**

أنهى درجة الدكتوراة في جامعة سكاريا في عام ٢٠١٠ ويعمل حاليا كباحث في قسم السياسة الداخلية في مركز سيتا بالإضافة إلى عمله في المجال الأكاديمي في جامعة سكاريا، وله العديد من الدراسات والأبحاث في الشأن الداخلي التركي.

- **خلوق ألقان**

عضو هيئة التدريس في أكثر من جامعة تركية مثل جامعة إسطنبول ومرمرة - كلية الاقتصاد - قسم العلوم السياسية العلاقات الدولية، له العديد من المؤلفات المتعلقة بالنظام السياسي في تركيا والمؤسسات السياسية التركية وقد أنهى درجة الدكتوراة من جامعة مرمرة. وله العديد من الدراسات والأبحاث

- **جيم دوران أوزون**

حاصل على درجة الدكتوراة في الحقوق من جامعة أنقرة، عمل كباحث زائر لمدة عام في جامعة نورث كارولينا، عضو هيئة التدريس في جامعة تشانكايا، ومدير قسم الحقوق في مركز سيتا وله العديد من الدراسات والأبحاث في المجال الحقوقي.